RUDOLF STEINER GESAMTAUSGABE
VORTRÄGE

VORTRÄGE VOR MITGLIEDERN
DER ANTHROPOSOPHISCHEN GESELLSCHAFT

RUDOLF STEINER

Das Initiaten-Bewußtsein

Die wahren und die falschen Wege der geistigen Forschung

Elf Vorträge, gehalten in Torquay
vom 11. bis 22. August 1924

1983

RUDOLF STEINER VERLAG
DORNACH/SCHWEIZ

Nach vom Vortragenden nicht durchgesehenen Nachschriften
herausgegeben von der Rudolf Steiner-Nachlaßverwaltung
Die Herausgabe besorgten R. Friedenthal und U. Trapp

1. Auflage Dornach 1927
2. Auflage Freiburg i. Br. 1955
und Gesamtausgabe Dornach 1960
3. Auflage, Gesamtausgabe Dornach 1969
4. Auflage, neu mit den Stenogrammen verglichen
Gesamtausgabe Dornach 1983

Bibliographie-Nr. 243
Zeichnungen im Text nach Tafelzeichnungen von Rudolf Steiner
ausgeführt von Assja Turgenieff †, Hedwig Frey † (S. 130) und Leonore Uhlig

Printed in Switzerland by Zbinden Druck + Verlag AG, Basel
ISBN 3-7274-2430-3

Zu den Veröffentlichungen aus dem Vortragswerk vom Rudolf Steiner

Die Grundlage der anthroposophisch orientierten Geisteswissenschaft bilden die von Rudolf Steiner (1861–1925) geschriebenen und veröffentlichten Werke. Daneben hielt er in den Jahren 1900 bis 1924 zahlreiche Vorträge und Kurse, sowohl öffentlich wie auch für die Mitglieder der Theosophischen, später Anthroposophischen Gesellschaft. Er selbst wollte ursprünglich, daß seine durchwegs frei gehaltenen Vorträge nicht schriftlich festgehalten würden, da sie als «mündliche, nicht zum Druck bestimmte Mitteilungen» gedacht waren. Nachdem aber zunehmend unvollständige und fehlerhafte Hörernachschriften angefertigt und verbreitet wurden, sah er sich veranlaßt, das Nachschreiben zu regeln. Mit dieser Aufgabe betraute er Marie Steiner-von Sivers. Ihr oblag die Bestimmung der Stenographierenden, die Verwaltung der Nachschriften und die für die Herausgabe notwendige Durchsicht der Texte. Da Rudolf Steiner aus Zeitmangel nur in ganz wenigen Fällen die Nachschriften selbst korrigieren konnte, muß gegenüber allen Vortragsveröffentlichungen sein Vorbehalt berücksichtigt werden: «Es wird eben nur hingenommen werden müssen, daß in den von mir nicht nachgesehenen Vorlagen sich Fehlerhaftes findet.»

Über das Verhältnis der Mitgliedervorträge, welche zunächst nur als interne Manuskriptdrucke zugänglich waren, zu seinen öffentlichen Schriften äußert sich Rudolf Steiner in seiner Selbstbiographie «Mein Lebensgang» (35. Kapitel). Der entsprechende Wortlaut ist am Schluß dieses Bandes wiedergegeben. Das dort Gesagte gilt gleichermaßen auch für die Kurse zu einzelnen Fachgebieten, welche sich an einen begrenzten, mit den Grundlagen der Geisteswissenschaft vertrauten Teilnehmerkreis richteten.

Nach dem Tode von Marie Steiner (1867–1948) wurde gemäß ihren Richtlinien mit der Herausgabe einer Rudolf Steiner Gesamtausgabe begonnen. Der vorliegende Band bildet einen Bestandteil dieser Gesamtausgabe. Soweit erforderlich, finden sich nähere Angaben zu den Textunterlagen am Beginn der Hinweise.

INHALT

ZUR EINFÜHRUNG

Aus: «Unsere Sommerkurse in Torquay»

In Torquay, an der südwestlichen englischen Küste, haben diesmal die Freunde der anthroposophischen Bewegung in England die Sommerkurse veranstaltet. Mr. Dunlop, der feinfühlige, nach weiten Zielen schauende Anthroposoph, und Mrs. Merry, die unermüdlich Tätige und der Bewegung liebevoll Ergebene, haben sich, im Verein mit den anderen Freunden, der großen Arbeit unterzogen, diese Kurse zu ermöglichen.

Die Arbeit besteht in einem fortlaufenden Kurse für Mitglieder und Freunde der Anthroposophie, den ich an den Vormittagen halte und für den das Thema gewünscht worden ist: «Die wahren und die falschen Wege der geistigen Forschung»; in einem Kursus für die Lehrkräfte der in der Begründung begriffenen, im anthroposophischen Geiste gehaltenen Schule, der in den ersten Nachmittagsstunden stattfindet; in fünf Eurythmieaufführungen, die von Marie Steiner geleitet werden und bei denen diese auch die Rezitation leistet; in Mitgliedervorträgen und Klassenstunden; ferner in Vorträgen Dr. v. Baravalles...

Die Übersetzung meiner in deutscher Sprache gehaltenen Vorträge leistet in der aufopferndsten Art Mr. Kaufmann.

Wir stehen, da ich dieses schreibe, mitten in dem Kurse darinnen.

In den Vormittagsvorträgen setze ich mir zur Aufgabe, die Wege der menschlichen Seele zu den verschiedenen Bewußtseinszuständen zu zeigen, durch die sich dem Menschen die dem gewöhnlichen Bewußtsein verborgenen Weltgebiete offenbaren. Zunächst habe ich dargestellt, welche Veränderungen die Bewußtseinsverfassung des Menschen im Laufe der geschichtlichen Entwickelung durchgemacht hat. Ich habe dazu zwei Beispiele gewählt: die alten Chaldäer und die Lehrer der Schule von Chartres im Mittelalter. Bei den Chaldäern ist ein Anschauen vorhanden, das an den Sinnesoffenbarungen auch noch das Geistige mit-wahrnimmt. Bei ihnen ist noch nicht das gedankengetragene Wachbewußtsein vorhanden, das die heutige Menschheit hat, sondern ein solches, das in Bildern Sinnliches und Geistiges wachend zusammenschaut; dafür aber bleibt ihnen auch der traumlose Schlaf nicht erinnerungslos; sie besinnen sich auf denselben und nehmen dadurch das Geistige wahr, dem der Mensch vor der Geburt und nach dem Tode angehört. Die Lehrer von Chartres sprechen aus ihrem Bewußtsein heraus, das sie zwar nicht mehr voll entwickelt, aber dem Inhalte nach traditionell überliefert haben, von der «Natur» nicht wie der gegenwärtige Mensch als einer bloßen Summe von Naturgesetzen, sondern wie von einem lebendigen Wesen, das im lebendigen Tun die Erscheinungen der Natur hervorbringt. Die Anschauung dieses lebendigen Wesens, die der Mensch einstens besessen hat, ist damit verlorengegangen, daß die Erinnerungsfähigkeit an die Erlebnisse des traumlosen Schlafes erloschen ist. Ich ging dann dazu über, zu zeigen, wie der Mensch die verschiedenen Bewußtseinszustände in sich erzeugt, wie er dadurch zu der Erkenntnis dessen kommt, was geistig hinter dem Menschen-, dem Tier-, Pflanzen- und Mineralreiche waltet. Ich schilderte die geistige Wesenhaftigkeit einzelner Metalle und deren Beziehung zu dem sich zur geistigen Anschauung entwickelnden sowie auch zu dem kranken Menschen. Ich stellte ferner dar, wie der Bewußtseinszustand ist, der das Leben des Menschen über den Tod hinaus verfolgen kann. Auch stellte ich den Zuhörern vor Augen, wie gewisse Bewußtseinszustände, die entwickelt werden können, dem Menschen ermöglichen, sein geistiges Gesichtsfeld von der Erde hinweg in den Kosmos, zu den Sternensphären zu erweitern.

So versuche ich, die Grundlage dafür zu gewinnen, die rechten Wege zur Erkenntnis der geistigen Welt zu zeigen, um dann weitergehend die Abirrungen auf unrichtige Bahnen anschaulich machen zu können...

ERSTER VORTRAG

Torquay, 11. August 1924

Die Natur ist die große Illusion
«Erkenne dich selbst»

Warum forschen wir überhaupt nach einem Geistigen?

Es ist mir der Wunsch ausgedrückt worden, in diesen Vorträgen zu sprechen über die Wege in die übersinnliche Welt, in das geistige Leben hinein, die Wege, welche zu übersinnlichen Erkenntnissen führen und die sich vereinigen können mit den in so großer, schöner Weise in der neueren Zeit gegangenen Wegen zur Erkenntnis der sinnlichen, der physischen Welt. Denn nur derjenige Mensch kann die Wirklichkeit erkennen, der zu den großen, bewunderungswürdigen Erkenntnissen, welche die Naturwissenschaft, die historische Wissenschaft, welche anderes Erkennen in der neueren Zeit geleistet hat, hinzufügt dasjenige, was man in bezug auf die geistige Welt wissen kann.

Überall, wo uns die Welt entgegentritt, ist sie in Wahrheit geistig und physisch, und es gibt nirgends ein Physisches, das nicht hinter sich in irgendeiner Weise als den eigentlichen Akteur ein Geistiges hätte. Und es gibt nicht irgendein Geistiges, das, nur um sich zu langweilen in der Welt, ein wesenloses, tatenloses Dasein führte, sondern jedes Geistige, das irgendwo gefunden werden kann, wird auch bis ins Physische hinein zu irgendeiner Zeit oder an irgendeinem Orte wirksam.

Wie man innerhalb der physischen Tatsachen auf der einen Seite, wie man durch die Anschauung des Geistigen auf der anderen Seite die Welt, in der der Mensch lebt, in ihrer Totalität erkennen kann, darüber soll gesprochen werden, gesprochen werden so, daß die richtigen und die falschen Methoden dieser Erkenntnis hier in diesen Vorträgen zur Darstellung kommen.

Heute möchte ich, bevor ich den eigentlichen Gegenstand, mit dem ich morgen anfangen werde, bespreche, eine Art Einleitung geben, damit Sie sehen, was eigentlich von diesen Vorträgen zu erwarten ist, was mit ihnen beabsichtigt ist. Es wird sich darum handeln, zunächst die Frage uns nahezulegen: Warum forschen wir denn überhaupt nach einem Geistigen? Warum befriedigen wir uns als Menschen, die in der Welt denken, in der Welt fühlen, die in der Welt etwas tun, warum befriedigen wir uns nicht damit, die sinnlich-physische Welt einfach aufzufassen, in ihr zu wirken? Warum streben wir nach der Erkenntnis eines Geistigen?

Ich darf dabei auf eine alte Anschauung, ein altes Wort hinweisen, das aber eine immer erweiterte Wahrheit enthält, das herübertönt aus Urzeiten menschlichen Denkens und menschlichen Strebens, das wir aber auch finden, wenn wir heute forschen nach dem Wesen der Welt. Ohne daß hier auch nur das geringste gebaut werden soll auf fremde alte Anschauungen, möchte ich aber immer da, wo es am Platze ist, auf solche alten Anschauungen hinweisen.

Da tönt uns mit einem Alter von Jahrtausenden aus dem Orient herüber das Wort: Die Welt, die wir mit den Sinnen sehen, ist Maja. Diese Welt, die wir mit den Sinnen sehen, ist die große Illusion, denn Maja ist ja die große Illusion. Und wenn – so fühlte man immer im Verlaufe der menschlichen Entwickelung – diese Welt die große Illusion ist, so muß der Mensch über diese große Illusion hinaus zur wahren Wirklichkeit kommen.

Aber warum faßt denn der Mensch diese Welt, die er mit seinen Augen sieht, mit seinen Ohren hört, mit seinen übrigen Sinnen wahrnimmt, als die große Illusion auf? Warum taten sich denn auf, gerade in den ältesten Zeiten der Menschheit, wo der Mensch dem Geist nähergestanden hat als heute, Mysterienstätten, die zu gleicher Zeit zur Pflege der Wissenschaft, der Religion, der Kunst, des praktischen Lebens da waren, und die auf die Realität, auf die Wahrheit hinweisen wollten gegenüber dem, was im nur äußeren Leben die große Illusion darstellt, in der der Mensch erkennt und in der er mit seinem gewöhnlichen Wirken zunächst auch lebt? Warum die überragenden Weisen, die ihre Schüler ausbildeten in den heiligen Mysterien der alten Zeiten, die zur Wahrheit führen wollten gegenüber der Illusion – warum das? Ja, diese Frage, sie beantwortet sich nur, wenn man etwas unbefangener, vorurteilsloser auf den Menschen selber hinsieht.

«Erkenne dich selbst», so tönt ja ein anderes altes Wort wiederum zu uns. Und ich möchte sagen, aus dem Zusammenfügen dieser beiden Worte: «Die Welt ist Maja», aus dem Orient, «Erkenne dich selbst», aus dem alten griechischen Wort – erfloß der ganzen neueren Menschheit ihr Streben nach einer spirituellen Erkenntnis. Aber in allen alten Mysterien erfloß auch das Streben nach der wirklichen Wahrheit aus diesem Zusammenempfinden, daß die Welt eigentlich Illusion ist, daß der Mensch sich selbst erkennen müsse.

Aber erst im Leben kommt man zurecht mit dieser Frage; nicht im Denken, sondern im Wollen und im vollen Drinnenstehen in der uns Menschen zunächst zugänglichen Wirklichkeit. Nicht im vollen Bewußtsein, nicht in deutlicher Erkenntnis, aber in einem intensiven Fühlen sagt sich jeder Mensch innerhalb jeder Erdenlokalität: So wie die äußere Welt, die du siehst, die du hörst, kannst du selbst nicht sein.

Diese Empfindung ist eine tiefgehende, meine verehrten Anwesenden. Man muß nur einmal sich das ganz klar vor die Seele stellen, was das bedeutet, wenn der Mensch sich sagt: So wie die äußere Welt, die du siehst, die du hörst, mit deinen übrigen Sinnen wahrnimmst, kannst du selbst nicht sein. – Wir betrachten die Pflanzen, wir sehen sie im Frühling mit ihren grünen Blättern aus der Wurzel aufsprießen. Wir sehen sie im Laufe des Sommers zur Blüte, gegen den Herbst zu als Frucht sich entfalten. Wir sehen sie entstehen und vergehen. Wir sehen das Leben eingespannt in einen Jahreslauf. Wir sehen allerdings, wie manche Pflanzen aus dem Irdischen Härteres, wenn ich so sagen darf, aufnehmen, sich mit Härterem durchdringen, einen Baumstamm sich bilden. Und als wir im Auto hierher gefahren sind, um schnell noch hierherzukommen gestern abend, sahen wir unterwegs recht, recht alte Pflanzen, die viel von dem Irdischen aufgenommen haben, um nicht in einen Jahreslauf ihr Leben zu bannen, sondern um länger ihr Dasein zu führen und immer wieder neue und neue Sprossen an ihrem

Stamme hervorzubringen. Aber der Mensch hat Gelegenheit, auch das Entstehen und Vergehen solcher Pflanzen zu beobachten.

Der Mensch betrachtet die Tiere. Er sieht sie entstehen, er sieht sie vergehen. Er tut es zuletzt auch mit den Mineralien. Er beobachtet dasjenige, was sich in der Erde abgelagert hat an Mineralien, an den mächtigen, grandiosen Gebirgszügen. Er ist in der neueren Wissenschaft darauf gekommen, daß auch diese grandiosen Gebirgszüge entstehen und vergehen. Und endlich wendet sich der Mensch zu irgendeiner Anschauung, sei sie ptolemäisch oder kopernikanisch, oder zu irgendeinem der alten oder der neueren Mysterien, und der Mensch kommt zu der Anschauung: Was du siehst in den majestätischen Sternen, was dir entgegenleuchtet aus Sonne und Mond mit all den wunderbaren, verwickelten Bahnen, all das entsteht und vergeht ja auch. – Und außer dem Entstehen und Vergehen trägt es Eigenschaften, die so sind, daß der Mensch, wenn er sich selbst erkennen soll, nicht annehmen darf, daß er gleich sei mit all dem, was da entsteht und vergeht, mit Pflanzen, Mineralien, mit Sonne, Mond und Sternen. Dann kommt der Mensch aber zu der Anschauung: Ich trage ja etwas in mir, was anders ist als das, was ich in meiner Umgebung sehe, was ich in meiner Umgebung höre. Ich muß auf die Wahrheit meines eigenen Wesens kommen. Das finde ich nicht in dem, was ich sehe und höre.

Und es war in allen alten Mysterien der Drang, nach der Wahrheit des Menschenwesens zu kommen. Dieser Wahrheit des Menschenwesens gegenüber, die man suchte, empfand man dasjenige, was draußen im Raume und in der Zeit entsteht und vergeht, als die große Illusion. Und so suchte man um der Erkenntnis des Menschenwesens willen ein anderes, als die äußeren Sinne geoffenbart haben. Und dieses andere empfand man als eine geistige Welt. Wie diese geistige Welt eben richtig gesucht werden kann, das wird der Gegenstand der Vorträge sein. Denn Sie können sich ja denken, zunächst wird der Mensch dasjenige, was er gewöhnt ist, als Weg zu haben, um in der Sinneswelt zu suchen, fortsetzen wollen. Er wird gerade so, wie er das Wesen der äußeren Sinneswelt sucht, sein Suchen auch in die geistige Welt hinein fortsetzen wollen. Wenn aber die Forschung über die Sinneswelt im gewöhnlichen Leben Illusionen gibt, dann steht ja zu erwarten, daß die Illusion nicht kleiner, sondern größer wird, wenn man dieselben Wege, die man zur Erkenntnis in die Sinneswelt wählt, auch in die geistige Welt zur Erkenntnis wählt. Und so ist es auch. Das wird sich uns zeigen. Forscht man in der geistigen Welt so, wie man forscht in der Sinneswelt, kann die Illusion nicht kleiner werden, sondern muß größer werden, und wir leben uns, indem wir die sinnliche Forschung fortsetzen in die geistige Welt hinein, nur in eine um so größere, stärkere Illusion hinein.

Und wiederum, wenn wir ahnen vom Geistigen, wenn wir unbestimmt in dunkler Mystik vom Geistigen ahnen, träumen vom Geistigen, ja, dann bleibt uns das Geistige eben unbekannt. Wir ahnen es nur. Wir glauben nur; wir wissen nichts davon. Wenn wir diese Mystik, diesen Glauben, dieses Ahnen gegenüber der geistigen Welt bloß fortsetzen wollen, dann wird sie uns nicht bekannter, sondern immer unbekannter, so daß der Mensch sozusagen zwei falsche Wege finden kann.

Auf der einen Seite: er benimmt sich gegenüber der geistigen Welt so wie gegenüber der sinnlichen Welt. Da liefert ihm die sinnliche Welt zunächst die Illusion. Sucht er denselben Weg in die geistige Welt hinein fortzusetzen, wie es etwa die gewöhnlichen Spiritisten tun, so kommt er nicht etwa zu einer geringeren, sondern zu einer größeren Illusion.

Und es ergibt sich der andere Weg, nicht mit durchdringlicher, mit klarer Forschung in die geistige Welt eindringen zu wollen, sondern glauben zu wollen, mystisch ahnen zu wollen. Dann bleibt die geistige Welt unbekannt. Wenn man sich noch so anstrengt, um diesen Weg des Ahnens, des Mystizierens fortzusetzen, wird sie immer unbekannter und unbekannter. In beiden Fällen kommt man nicht in die geistige Welt hinein. In dem einen Fall wird die Illusion größer, in dem anderen Fall wird die Ignoranz größer. Gegenüber diesen beiden falschen Wegen ist eben der richtige zu suchen.

Man muß sich vor Augen halten, wie unmöglich es ist, von der Erkenntnis der Illusion in dem angegebenen Sinne zu der Erkenntnis des wahren Selbstes zu kommen, und auch wiederum von dem Ahnen des wahren Selbstes, von dem mystischen Fühlen des wahren Selbstes zu dem Durchschauen der Wirklichkeit in der Illusion zu kommen, wenn man sich vorbereiten will, die wahren, die echten Wege in das geistig wirkliche Erkennen hinein zu finden.

Betrachten wir einmal ganz unbefangen, was da vorgeht. Man kann eigentlich mit materialistischem Sinn niemals ein so großer Verehrer sein von all den neueren naturwissenschaftlichen Forschern, *Darwin, Huxley, Spencer* und so weiter, wie man es sein kann als Erkenner der geistigen Welt, denn diese Menschen und viele andere seit der *Giordano Bruno*-Zeit haben wirklich Unendliches getan, um dasjenige zu erkennen, was man zu allen Zeiten in den Mysterien als die große Illusion durchschaute. Man braucht sich gar nicht bei Darwin, Huxley, Spencer, bei *Kopernikus, Galilei* und so weiter an die Theorien zu halten. Mögen die Menschen theoretisch über das Weltenall denken, was sie wollen, wir wollen uns darauf gar nicht einlassen; aber wir wollen uns einmal klarmachen, welche Anregung gegeben worden ist durch alle diese Menschen, um im einzelnen dieses oder jenes Organ im Menschen, in der Pflanze, im Tier, dieses oder jenes Geheimnis, das im Steine waltet, rein materiell zu durchschauen. Man soll sich nur vorstellen, was wir alles über Drüsen-, Nerven-, Herz-, Hirn-, Lunge-, Leberleben und so weiter in der neueren Zeit durch die Anregung dieser Forschung beobachtet haben. Man wird schon die nötige Hochschätzung bekommen. Allein der Mensch kommt mit allen diesen Erkenntnissen im ganzen wirklichen Leben nur bis zu einem Punkte. Das möchte ich Ihnen an drei Beispielen zeigen.

Man kann außerordentlich minuziös erkennen, wie der erste Eikeim des Menschen sich bildet, wie sich nach und nach in wunderbarer Weise dieser Keim zum menschlichen Embryo gestaltet, wie er Organe nach und nach ansetzt, wie aus peripherisch angeordneten kleinen Organen zuletzt das wunderbare Herz- und Zirkulationssystem sich aufbaut. Man kann das alles erkennen. Man kann erkennen, wie wunderbar sich in der Pflanze von der Wurzel auf bis zur Blüte und zum Samen alle die Dinge materiell entwickeln, und kann sich daraus eine Welt aufbauen nach den Anschauungen, die man sich gebildet hat, eine Welt, die bis zu den Sternen reicht. Es haben unsere astronomischen, unsere astrophysischen Theoretiker das getan. Man hat sich eine Welt aufgebaut aus einem Nebel-Sternsystem heraus, die zu immer deutlicherer und deutlicherer Struktur gekommen ist, Leben aus sich entwickeln konnte und so weiter.

Man kann sich das alles aufbauen. Aber zuletzt steht man da und frägt nun doch wiederum nach dem eigenen menschlichen Wesen, nach dem, was Antwort sein soll auf die Frage: «Erkenne dich selbst.» Und wenn man sich nur in demjenigen Selbst erkennt, das beschlossen ist in dem, was man erkennt an den Steinen, Pflanzen, Tieren, an den menschlichen Organen, am menschlichen Drüsen-, am menschlichen Zirkulationssystem – was erkennt man? Diejenige Welt erkennt man, die man bei der Geburt betritt, mit dem Tode verläßt. Nichts anderes.

Das aber erfühlt der Mensch in der Tiefe seines eigenen Wesens, daß das nicht seine wahre, letzte Grenze ist. Und so muß der Mensch aus dem Innersten seines Wesens alldem entgegenrufen, was in so großer Vollendung, in so großer Majestät an äußerer Erkenntnis an ihn herantreten kann: Das alles nimmst du nur an zwischen der Geburt und dem Tode. Was bist du in deinem wahren Wesen? – In dem Augenblick, wo die Frage der Naturerkenntnis und der Menschenerkenntnis sich religiös wendet, in dem Augenblicke kommt der Mensch mit dem, was hineinschaut in die Welt der großen Illusion, nicht weiter. Die Frage: Erkenne dich selbst, so daß du weißt, woher du stammst im Innersten deines Wesens, wohin du gehst mit dem Innersten deines Wesens – diese Frage, die Erkenntnisfrage ins Religiöse gewendet, bleibt unbeantwortet.

Das war es, was die alten Mysterien ihren Schülern schon an den Pforten klarmachten: Du magst erkennen, was du willst mit deinen äußeren Sinnen, wendest du die Frage religiös, dann bleibt dir die große Menschheitsfrage, das große Menschenrätsel unbeantwortet. Und weiter. Wir mögen noch so genau hinschauen können auf die Art, wie ein menschliches Gesicht geformt ist, wir mögen noch so genau hinschauen können, wie ein Mensch seine Arme und Hände bewegt, wie er geht und steht, wir mögen uns ein noch so feines Gefühl aneignen für die Gestalt eines Tieres, die Gestalt der Pflanzen, so weit wir das mit den Sinnen erkennen können – in dem Augenblick, wo wir dieses unser Fühlen, wo wir dasjenige, was wir so auffassen, künstlerisch wenden wollen, bleibt uns wiederum eine Frage unbeantwortet. Denn wie haben die Menschen das, was sie von der Welt wußten, von jeher künstlerisch gewendet? Die Mysterien, sie haben in alten Zeiten dazu angeregt. Man wußte das oder jenes über die Natur nach den Erkenntniskräften, die da waren. Aber man vertiefte dasjenige, was man so wußte, in die Anschauung des Geistigen.

Man braucht nur ins alte Griechenland zurückzugehen. Wenn wir heute einen Bildhauer, einen Maler sehen, er greift – wenigstens war das vor kurzer Zeit noch ganz der Fall, heute ist es schon weniger der Fall –, er greift nach dem Modell. Er will etwas nachmachen. Er will etwas imitieren. Das hat der Grieche nicht getan. Man glaubt das nur, daß es der Grieche getan habe. Der Grieche hat den geistigen Menschen in sich gefühlt. Wollte er bildhauerisch einen Arm in seiner Bewegung modellieren, dann wußte er: In dem, was ich da außen am Modell anschaue, da steckt das Geistige darinnen. – Er wußte, daß alles Materielle nach dem Geistigen geschaffen ist, und er strebte danach, dieses Geistige nachzuschaffen.

Der Maler noch zur Renaissancezeit stellte sich nicht hin und schaute das Modell an; es war ihm nur Anregung. Dasjenige, was er von innen heraus wußte, daß es im Arm, in der Hand lebte, das brachte er in die Bewegung hinein. Wie der Mensch innerlich mit dem Geiste lebte, das brachte er hinein. Bloß das Äußere anschauen in der großen Illusion, in der Maja, bloßes Imitieren des Modelles läßt uns da stehenbleiben, wo wir stehen, nicht im Menschen, sondern vor dem Menschen. Künstlerisch die Frage gewendet, stehen wir, wenn wir bei der Illusion stehenbleiben, vor der großen Menschheitsfrage, vor den gewaltigen Menschenrätseln, die unbeantwortet bleiben.

Wiederum war es schon an der Pforte der alten Mysterien, wo man nun dem Schüler, der eingeweiht werden sollte, klarmachte: Willst du innerhalb der äußeren Welt der Illusion stehenbleiben, kannst du nicht in die menschliche Wesenheit, aber auch nicht in die Wesenheit eines anderen Naturreiches eindringen. Du kannst kein Künstler werden. – Man war wiederum auch auf dem Wege der Kunst in die Notwendigkeit versetzt, an den Menschen das anschauliche «Erkenne dich selbst» heranzubringen. Da fühlte man die Notwendigkeit der spirituellen Erkenntnis.

Sie werden sagen: Aber es gibt doch recht materialistische Bildhauer, materialistische Maler, die können doch auch etwas, die wissen ganz gut dem Modell die Geheimnisse abzulocken und es in die Gestalten, in die Stoffe hineinzulegen. – Gewiß, aber woher können sie das? Sie wissen das gar nicht von sich aus. Man durchschaut das nur nicht. Sie haben das gelernt von den älteren Malern; diese wieder von den [noch] älteren Malern. Tradition ist es. Man weiß, wie Ältere das gemacht haben. Man sagt sich das nicht immer, weil man doch selber tüchtig sein will. Aber man ist es nicht. Man weiß nur, wie die Älteren tüchtig waren und macht es ihnen nach. Aber die Ältesten von diesen Älteren, die haben eben das Geheimnis gerade aus den spirituellen Anschauungen der Mysterien heraus bekommen. Ältere Maler, ältere Bildhauer haben es von den Mysterien bekommen; *Raffael, Michelangelo* haben es von solchen bekommen, die es noch aus den Mysterien bekamen. Aber wirkliche Kunst muß aus dem Spirituellen geschöpft sein. Anders geht es nicht. Sobald man an den Menschen herankommt, läßt einem das Anschauen der großen Illusion, der Maja, unbeantwortet die Lebensrätsel, die Menschenrätsel. Wollen wir wiederum zum Ursprünglichen einer Kunst kommen, zum schaffenden Künstlerischen, brauchen wir wiederum einen Einblick in die spirituelle Welt.

Ein drittes Beispiel: Man kann als Botaniker, als Zoologe wunderbar kennen jede Form der einem zugänglichen Pflanzen. Man kann in Chemie, Physiologie die Prozesse beschreiben, die in den Pflanzen vor sich gehen. Man kann die Prozesse kennenlernen, wie sich Nahrungsmittel verwandeln in den Verdauungsorganen und innerhalb des Blutes und weiter bis zu den Nerven hin. Man kann das alles kennenlernen. Man kann ein sehr kluger, gescheiter Anatom oder Physiologe oder Botaniker oder Zoologe werden, vieles erforschen in der Welt der großen Illusion – will man heilend, medizinisch an den Menschen mit all diesen Kenntnissen herankommen, will man wiederum den Weg finden von der Natur des Menschen, ja, von der Innennatur des Menschen zu seinem Wesen: man kann es nicht.

Sie werden sagen: Es gibt aber genug materialistisch denkende Ärzte, die wollen nichts wissen von der geistigen Welt, die gehen nur nach dem, was man mit der Naturwissenschaft erforschen kann, und sie heilen doch. – Ja, warum heilen sie? Sie heilen, weil sie wiederum die Tradition aus einer alten Weltanschauung haben. Alte Heilmittel waren ja auch aus den Mysterien heraus entnommen; aber sie haben alle eine merkwürdige Eigentümlichkeit. Wenn Sie, meine sehr verehrten Anwesenden, ein altes Rezept in die Hand nehmen: das ist ungeheuer kompliziert, das erfordert, um es darzustellen und zu dem anzuwenden, wovon einem gesagt wird nach der Tradition, daß es angewendet werden soll, außerordentlich viel.

Wenn Sie nun in die alten Mysterien gegangen wären und einen Mysterienarzt gefragt hätten, wie solch ein Rezept zustande kommt, der würde Ihnen nie geantwortet haben: Da mache ich chemische Versuche, da probiere ich zuerst einmal, ob die Stoffe miteinander sich so und so verhalten, und dann wende ich das bei den Kranken an und sehe, was sich da ergibt. – Das würde Ihnen der alte Mysterienarzt nie geantwortet haben, ihm wäre dies nicht eingefallen. Die Menschen wissen nur nicht, wie das in früheren Zeiten war. Der hätte Ihnen geantwortet: Ich lebe in dem Laboratorium – wenn wir es so nennen wollen –, das mir im Sinne des Mysteriums eingerichtet worden ist, und wenn ich zu einem Heilmittel komme, so haben mir das die Götter gesagt. – Denn er war sich klar darüber: Durch die ganze Stimmung, die in seinem Laboratorium erzeugt worden ist, kam er in lebendigen Verkehr mit der geistigen Welt. Da wurden geistige Wesen so gegenwärtig für ihn, wie es sonst die Menschen sind. Und da wurde er sich bewußt: Durch den Einfluß der geistigen Wesen in der geistigen Welt kann er mehr sein als ohne solchen Einfluß. Und er setzte seine komplizierten Rezepte zusammen. Nicht mit Naturerkenntnis, nach Götterart setzte er sie zusammen. Man wußte innerhalb dieser Mysterien selber: Will man an den Menschen herankommen, dann darf man nicht in der Illusion stehenbleiben, dann muß man zur Wahrheit der göttlichen Welt vordringen.

Die Menschen sind heute in ihrem äußeren Erkennen der Wahrheit der göttlichen Welt noch viel ferner, als die Alten es waren mit ihren Mysterien. Aber der Weg muß wieder zurückgefunden werden. Denn das ist das dritte, was ich Ihnen als Beispiel anführen kann: Wenn man mit der allerausgebreitetsten Erkenntnis der Natur, das heißt der großen Illusion, gerüstet ist und will heilen – man steht wiederum mit unbeantworteten Fragen vor dem Menschenleben, vor dem Menschenrätsel. Kommt man von der Illusion an den Menschen heran, von dem «Die Natur ist die große Illusion» zu dem «Erkenne dich selbst», wie es auch beim Heilen dargelegt werden muß: man kann keinen Schritt weitermachen.

Und so kann man aus diesen drei Beispielen sagen: Der Mensch, der die Brücke schlagen will zwischen der Welt der großen Illusion, der Maja, und dem «Erkenne dich selbst», der sieht, wie er vor dem Nichts steht, wenn er nur von der Illusion ausgehen will, sobald er an den Menschen religiös fühlend, künstlerisch schaffend und helfend als Heiler, als Arzt herankommen will. Er kann es nicht, wenn er nicht übergeht zu einer ganz anderen Erkenntnis, als die Erkenntnis der äußeren Natur, die Erkenntnis der großen Illusion, der Maja, ist.

Die Erkenntnis der Welt in ihrer Totalität durch geistige Anschauung innerhalb der physischen Tatsachen

Wir wollen nun noch einen Vergleich anstellen zwischen der Art, wie man in alten Zeiten aus dem Geiste der Mysterien heraus versucht hat, die Totalerkenntnis von der Welt zu erwerben, und wie man heute versucht, es zu tun, um daran uns zu orientieren in bezug auf die Wege zu einer solchen Totalerkenntnis von der Welt.

Ganz anders sprach man vor einigen Jahrtausenden über die Welt und ihr Wesen, als heute diejenigen Gelehrten sprechen, die auf Autorität Anspruch machen. Wollen wir uns einmal einige Jahrtausende zurückversetzen in die Zeit, wo eine glänzende, majestätische Erkenntnis in Vorderasien blühte, aus heiligen Mysterien heraus, wollen wir uns einmal mit einigen charakteristischen Strichen in die Art dieser Erkenntnis hinein vertiefen.

Da wurde etwa im alten Chaldäa, sagen wir, folgendes gelehrt: Der Mensch erlebt die äußersten Grenzen des Daseins, bis zu denen er kommen kann mit seinen Seelenkräften, wenn er den geistigen, den Seelenblick auf den wunderbaren Gegensatz lenkt zwischen dem Leben, wenn er schläft – das Bewußtsein ist dumpf, der Mensch weiß nichts von seinem Leben –, und demjenigen Leben, das er verbringt, wenn er wach ist – es ist hell um den Menschen herum, der Mensch weiß von seinem Leben.

Anders wurden diese Wechselzustände zwischen Schlafen und Wachen vor Jahrtausenden empfunden. Der Schlaf war nicht so bewußtlos, das Wachen war nicht so bewußtvoll. Im Schlafe nahm man sich wandelnde, mächtige Bilder, webend-wellendes Weltenleben wahr; man war unter Wesenhaftem, wenn man schlief. Daß der Schlaf so bewußtlos geworden ist, ist erst mit der Entwickelung der Menschheit geschehen. Dafür aber war vor Jahrtausenden das Wachleben nicht so durchsonnt, nicht so durchleuchtet wie heute. Die Dinge hatten nicht feste Grenzen, waren verschwommen. Sie sprühten noch allerlei Geistiges aus. Es war kein so schroffer Übergang zwischen Schlafen und Wachen. Aber man konnte unterscheiden, und man nannte alles das, worinnen man lebte, im Wachen der damaligen Zeit, etwa «Apsu». Das war die Welt des Wachens.

Man nannte dasjenige, worin man war, wenn man schlief, das Webend-Wellende, das, wodurch man nicht so gut unterscheiden konnte, wie wenn man wach war, Mineralien, Tiere und Pflanzen, man nannte das «Tiamat».

Nun wurde in den chaldäischen Mysterien gelehrt: Mehr ist der Mensch im Wahren, im Wirklichen drinnen, wenn er im Tiamat schlafend webt, als wenn er wachend unter den Mineralien, Pflanzen und Tieren lebt. Tiamat ist ursprünglicher, ist mehr der Welt des Menschlichen verbunden als Apsu; Apsu ist unbekannter; Tiamat stellt dasjenige dar, was dem Menschen naheliegt. Aber es traten

Veränderungen ein im Tiamat im Laufe der Zeit. So sagte man und lehrte man den Schülern der Mysterien. Aus dem Weben und Leben entstanden Dämonengestalten, pferdeähnliche Gestalten mit Menschenköpfen, löwenähnliche Gestalten mit Engelsköpfen. Sie entstanden aus dem Gewebe des Tiamat. Das, was da lebte als dämonische Gestalten, wurde dem Menschen feindlich.

Da aber trat in die Welt ein mächtiges Wesen ein: «Ea». Wer heute noch Laute fühlt, der fühlt in dem Zusammenklange von E und A den Hinweis auf jenes mächtige Wesen, das dem Menschen hilfreich im Sinne dieser alten Mysterienlehre zur Seite war, als die Dämonen aus Tiamat mächtig waren: Ea, Ia, was dann später, indem man die Seinspartikel «soph» voraussetzte, Soph Ea = Sophia wurde. Ea, ungefähr dasjenige, was wir mit dem abstrakten Worte: Weisheit, die in allen Dingen waltet, bezeichnen. Ia = die in allem waltende Weisheit, Sophia. Soph = eine Partikel, die ungefähr «seiend» bedeutet. Sophia, Sophea, Sopheia = die waltende Weisheit, die überall waltende Weisheit schickte dem Menschen einen Sohn, jenen Sohn, den man dazumal mit dem Namen bezeichnete: «Marduk», den wir gewohnt worden sind in einer etwas späteren Terminologie als Michael zu bezeichnen, als den aus der Hierarchie der Archangeloi heraus waltenden Michael. Das ist dieselbe Wesenheit wie Marduk, der Sohn von Ea, der Weisheit, Marduk-Michael.

Und Marduk-Michael – so ist die Mysterienlehre – war mächtig, groß und gewaltig. Und alle jene Dämonenwesen, wie Pferde mit Menschenköpfen, Löwengestalten mit Engelsköpfen, alle diese webenden, wogenden Dämonen standen eben in ihrem Zusammenhange als die große Tiamat ihm gegenüber. Er war mächtig, Marduk-Michael, den Sturmwind, der durch die Welt wogt, zu beherrschen. Also Tiamat, alles das wurde wesenhaft vorgestellt, mit Recht, denn so sah man es, wesenhaft. Alle diese Dämonen zusammen bildeten einen mächtigen Drachen, der feuerwütig sich entgegenstellte als die Summe all der Dämonengewalten, die aus Tiamat, der Nacht, herausgeboren wurden. Als sein Wesen feuerwütig Marduk-Michael entgegentrat, da stieß er ihm erst seine anderen Waffen, dann die ganze Gewalt des Sturmwindes in die Eingeweide, und das Wesen Tiamat barst und rollte auseinander, zerbarst in alle Welt. Und Marduk-Michael konnte oben formen den Himmel und unten die Erde. Und so entstand das Oben und Unten.

Und so lehrte man in den Mysterien: Der große Sohn der Ea, der Weisheit, er hat Tiamat bezwungen und aus einem Teil des Tiamat das Obere, die Himmel gebildet, aus einem anderen Teil des Tiamat das Untere, die Erde gebildet. Siehst du hin in die Himmel zu den Sternen, o Mensch, dann siehst du einen Teil desjenigen, was aus den furchtbaren Abgründen der Tiamat Marduk-Michael oben geformt hat zum Heile der Menschen.

Und siehst du nach unten, wo die Pflanzen aus dem mineraldurchsetzten Irdischen wachsen, wo die Tiere sich gestalten, dann findest du den anderen Teil, den der Sohn der Ea, der Weisheit, aus Tiamat zum Heile der Menschheit umgeformt hat.

Und so sah jene alte Menschheitszeit im alten Chaldäa zurück auf ein Gestalten in der Welt, sah hin auf Wesenhaftes. Alles das empfand man wesenhaft: diese Dämonengestalten, die die Nacht bevölkerten, all das, was aus diesen Nachtgestalten, aus den waltenden, webenden Wesenheiten in der Tiamat, die ich Ihnen geschildert habe, Marduk-Michael geformt hat als oben die Sterne, als unten die Erde – all das, was uns aus den Sternen entgegenglänzt: umgewandelte, durch Marduk-Michael umgewandelte Dämonen – all das, was uns aus der Erde selber herauswächst: durch Marduk-Michael umgewandelte Haut, umgewandeltes Gewebe von Tiamat, so sah man in alten Zeiten dasjenige an, was man durch die alten Seelenfähigkeiten sich vergegenwärtigen konnte. Das war Erkenntnis.

Und dann haben die Leiter eines Mysteriums ihre Schüler ganz im Geheimen vorbereitet, seelenkräftig vorbereitet. Und wenn die Schüler solche Seelenkräfte entwickelten, dann haben sie die ersten Elemente desjenigen erkennen können, was wir heute schon den Kindern in der Schule als Elementarlehre davon beibringen, daß die Sonne stillsteht, die Erde sich herumdreht, daß sich aus Nebeln Welten gebildet haben. Diese Naturlehre, die wir heute in der Schule den Kindern beibringen, die war das große Geheimnis. Dagegen das, was vor aller Welt entfaltet wurde, das war dasjenige, was ich Ihnen eben erzählt habe von den Taten des Marduk-Michael. Wir lernen heute in unseren Schulen – wenn sie auch nicht mehr mysterienhaft aussehen –, auf unseren Universitäten, aber auch schon in den niederen Schulen bis zur Volksschule hin dasjenige, was kopernikanische Weltanschauung als astrophysisches Weltenwissen ist, das die alten Weisen sich erst nach langer Vorbereitung erringen durften und erringen konnten. Was heute jedes Schulkind weiß, das konnte man in alten Zeiten nur wissen, wenn man eingeweiht wurde. Heute lernt man alles dieses in der Schule.

Es gab eine Zeit – sie liegt noch weiter zurück als die Weisheit des alten chaldäischen Mysterienwesens –, da redeten die Menschen nur von solchen Dingen, wie ich sie Ihnen geschildert habe, von Ea, von Marduk-Michael, von der Apsu und Tiamat, nur von diesen Dingen redeten diese Menschen. Da verabscheuten sie alles, was diese schrullenhaften Mysterienlehrer sagten von der Bewegung der Sterne, von der Bewegung der Sonne, und wollten nur das Äußere, Sichtbare erforschen, nicht das Unsichtbare, was sich eben, wenn auch in Form des alten Hellsehertums, vor die Menschheit hinstellte. Man verachtete dasjenige, was sich die alten Eingeweihtenlehrer und -schüler aneigneten.

Dann kam die Zeit, wo sich allmählich vorbereitete aus dem Orient das uralte Wissen. Da schätzte man beides. Man schätzte dasjenige, was man in dem Herausleben des Wesenhaften der geistigen Welt hatte, man schätzte zum Beispiel dasjenige, was die Taten des geistigen Wesens Marduk-Michael sind; man schätzte eben das, was man auf die Tafel zeichnen könnte (es wird gezeichnet): in der Mitte die Sonne, ringsherum die Sterne, sich bewegend in Zyklen und Epizyklen. Man schätzte das alles.

Dann kam die Zeit, in der man das Hineinschauen in geistige Welten, in Dämonen- und Götterwelten nicht mehr hatte, und in der sich besonders ausbildete das andere, das intellektuelle Wissen, jenes Wissen, auf das der heutige Mensch so stolz ist, das sich allmählich bis zur Kulmination gegen unser Zeitalter hin ausgebildet hat. Wir stehen nun ungefähr in der äußeren Welt in jenem Zeitalter, wo man so verachtet das Spirituelle, wie in alten Zeiten das Materielle von denjenigen verachtet wurde, denen das Spirituelle selbstverständlich war. Wir müssen uns hineinleben in die Zeiten, wo wir wieder imstande sein werden, neben dem, was Astronomen, Astrophysiker, was Zoologen und Biologen lehren, dasjenige aufzunehmen, was die spirituelle Erkenntnis an geistigen Wesensinhalten gibt. Diese Zeit ist gekommen. Dieser Zeit muß der Mensch entgegenleben, wenn er seine Aufgaben lösen will, wenn er wiederum zum Religiösen, zur Kunst, zur Heilkunde und so weiter kommen will.

So wie in alten Zeiten der Spiritualismus geleuchtet hat unter den Menschen, das Materielle aber verachtet worden ist, und dann ein Zeitalter gekommen ist, wo man die materielle Erkenntnis aufgenommen hat, die dann groß geworden ist und die Spiritualität verdrängt hat, so wie man also in einem Irrtum in alten Zeiten mit dem Spirituellen allein gelebt und die äußere Welt verachtet hat, und so, wie man in der Zeit, als man das Materielle schätzte, irrtümlicherweise den Spiritualismus verachtet hat, so muß jetzt eine Zeit kommen, wo man von der umfassenden und wunderbaren Erkenntnis der äußeren Welt wiederum zu einem neuen Mysterienwissen kommen muß.

Wir müssen, nachdem die materielle Erkenntnis, die so wunderbar geworden ist, von der alten Spiritualität Stück für Stück sich abgerissen hat, so daß wie von uralten Gebäuden nichts mehr vorhanden ist auf der Erde als höchstens jene Überreste, die man wie die alten materiellen Gebäude ausgräbt – wir müssen wiederum zu einer Spiritualität kommen, aber mit voller Erkenntnis dessen, was wir aufzeigen können, wenn wir, in alte Erdenzeiten zurückblickend, wie in der Historie graben. Wir müssen wiederum zu solcher Spiritualität kommen durch ein neues religiöses Vertiefen, durch ein neues künstlerisches Gestalten, durch ein neues, in das Menschenwesen eindringendes Geistwissen durch Heilpraxis und so weiter.

Das sind drei Beispiele, die ich heute vor Ihnen ausgeführt habe, um wiederum Mysterien zu erbauen, vor denen wir dann stehen werden wie vor etwas, das uns bringen kann Erkenntnis der Wesenstotalität der Welt und Handeln des Menschen zum Heile der Menschheit im Sinne der Totalität, nicht bloß der einseitigen materiellen Wirklichkeit.

ZWEITER VORTRAG

Torquay, 12. August 1924

Die drei Welten und ihre Spiegelbilder

Bewußtseinsunterschiede der alten und der neuen Zeit

Wenn man über geistige Forschung sich eine Anschauung bilden will, muß man vor allen Dingen zunächst einen Begriff bekommen von verschiedenen Bewußtseinszuständen, in denen die menschliche Seele sich befinden kann. Im gewöhnlichen Leben, das der Mensch heute in diesem Zeitalter auf der Erde führt, befindet er sich in einem ganz bestimmten Bewußtseinszustande. Dieser Bewußtseinszustand ist dadurch charakterisiert, daß der Mensch einen gewissen Unterschied zwischen dem Wachen und dem Schlafen erlebt, die ungefähr, wenn auch nicht der Zeit nach zusammenfallend, übereinstimmen mit dem Gang der Sonne um die Erde beziehungsweise der Erde um sich selbst. In unserer gegenwärtigen Zeit ist zwar die Ordnung, auf die ich hiermit deute, in einer gewissen Weise durchbrochen. Wenn wir aber in nicht sehr alte Zeiten mit dem regelmäßigen Leben zurückschauen, so finden wir ja, daß die Menschen damals von Sonnenaufgang ungefähr bis Sonnenuntergang gearbeitet haben und von Sonnenuntergang bis Sonnenaufgang geschlafen haben.

In unserer Zeit ist das etwas durchbrochen. Ich habe sogar schon Menschen kennengelernt, die die Sache umgekehrt haben, indem sie bei Tag geschlafen haben und in der Nacht wach gewesen sind. Ich habe oftmals nachgeforscht, warum das so sei. Da haben die betreffenden Menschen, die gerade in meiner Bekannschaft dann meistens Dichter oder Schriftsteller waren, gesagt, daß das eben so zum Dichten gehört. Aber ich habe die betreffenden Menschen dann niemals, wenn ich sie bei Nacht getroffen habe, beim Dichten angetroffen!

Nun, ich möchte eben darauf hindeuten, meine sehr verehrten Anwesenden, daß für das heutige Bewußtsein das die allerwichtigste

Tatsache ist, sozusagen während der Sonnenzeit sich wach zu befinden, oder eine Zeit, die so lang ist wie die Sonnenzeit, sich wach zu befinden, und eine Zeit, die so lang ist wie die Nachtzeit, sich schlafend zu befinden. Mit einem Bewußtsein, das solches erlebt, ist aber vieles, vieles andere verbunden. Es ist damit verbunden, daß man einen gewissen ganz bestimmten Wert auf die Sinneswahrnehmungen legt. Man sieht in den Sinneswahrnehmungen die hauptsächlichste Wirklichkeit. Und wenn man von den Sinneswahrnehmungen zu den Gedanken übergeht, sieht man in den Gedanken eben etwas bloß Gedachtes, etwas, was nicht so wirklich ist, wie die Sinneswahrnehmungen wirklich sind.

Der Mensch sieht heute den Stuhl als etwas Wirkliches an. Er kann ihn auf den Boden aufstoßen. Er hört das auch. Er sieht das als etwas ganz Wirkliches an. Er weiß auch, daß er sich auf den Stuhl setzen kann. Allein den Gedanken des Stuhles sieht der Mensch nicht als etwas Wirkliches an. Wenn er den Gedanken, von dem er glaubt, daß er in seinem Kopfe ist, aufschlägt, dann hört er das nicht. Und der Mensch glaubt auch nicht – für die heutige Konstitution des Menschen natürlich mit Recht –, daß er sich auf den Gedanken des Stuhles niedersetzen kann. Und Sie wären wohl alle nicht zufrieden, wenn wir Ihnen bloß Gedanken von Stühlen in den Saal hereingestellt hätten!

Nun, vieles andere noch ist verbunden mit diesem Erleben des Bewußtseins, das sich nach der Sonne richtet. Das war nicht so der Fall bei denjenigen Menschen, die ihre Unterweisungen, die die Anregungen zu allen ihren Lebensverhältnissen von den Mysterien, zum Beispiel der Chaldäer, die ich gestern erwähnt habe, erhalten haben. Diese Menschen lebten auch in ihrem Bewußtsein ganz anders als heutige Menschen.

Zunächst, sehen Sie, kann ich eine Äußerlichkeit anführen, welche Ihnen zeigen kann, wie der Bewußtseinsunterschied der damaligen Zeit und der heutigen Zeit bei den Menschen ist. Wir kommen mit unserer Jahresberechnung, das Jahr zu dreihundertfünfundsechzig Tagen angenommen, nicht ordentlich zurecht. Wenn wir so fortzählen würden durch die Jahrhunderte, daß wir immer das Jahr zu dreihundertfünfundsechzig Tagen zählten, so würde zuletzt etwas herauskommen, das mit dem Sonnenstande nicht mehr stimmte. Wir würden zurückbleiben hinter der Sonne und ihren Zuständen. Wir machen daher dieses, daß wir alle vier Jahre einen Tag einschalten. Dann kommen wir ungefähr im Laufe längerer Zeiträume mit dem Stand der Sonne zurecht.

Wie haben das die Chaldäer gemacht in ihren ältesten Zeiten? Nicht so wie wir. Sie haben für lange Zeiträume eine ähnliche Zählung gehabt wie wir, aber sie haben sie anders erreicht. Sie haben nötig gehabt, weil sie das Jahr zu dreihundertsechzig Tagen gerechnet haben, alle sechs Jahre einen ganzen Schaltmonat einzufügen, nicht wie wir ein Schaltjahr nach vier Jahren mit einem Schalttag, sondern nach sechs Jahren einen Schaltmonat einzufügen. So daß sie sechs Jahre mit zwölf Monaten gehabt haben, dann ein Jahr, das siebente, mit dreizehn Monaten, sechs Jahre mit zwölf Monaten, wiederum das siebente mit dreizehn Monaten und so fort.

Sehen Sie, solche Dinge registrieren die heutigen Gelehrten. Sie sagen, das war so. Aber daß das mit intensiven Änderungen des Bewußtseinszustandes der Menschen verbunden ist, das weiß man nicht. Diese Menschen, die nicht einen Schalttag nach vier Jahren, sondern einen Schaltmonat nach sechs Jahren eingeschaltet haben, schauten die Welt ganz anders an als wir. Warum? Weil sie diesen Unterschied zwischen Tag und Nacht gar nicht so empfanden wie wir heute. Sie empfanden, wie ich schon gestern angedeutet habe, bei Tag nicht eine solche Klarheit und Helligkeit wie wir heute. Wenn irgend jemand mit dem heutigen Bewußtsein sich hierher stellt und in den Saal hineinsieht, sieht er die Menschen so – nun, wie Sie das wissen – mit scharfen Konturen. Bei dem einen sind sie weiter auseinandergetrieben, bei dem anderen schmäler und so weiter, aber man sieht die Menschen mit scharfen Konturen.

Das war nicht so bei denjenigen, die aus den alten chaldäischen Mysterien ihre Anregungen bekommen haben. Es war ganz anders bei ihnen. Man sah dazumal die Menschen sitzen – wenn ich jetzt dieses Bild gebrauche – nicht so, wie wir jetzt sitzen, das war nicht üblich dazumal, aber man sah die Menschen sitzen mit einem aurischen Nebel umgeben, den man mit zum Menschen dazurechnete. Und während man jetzt so philiströs jeden Menschen mit scharfen Konturen auf seinem Stuhle sitzen sieht, und das Ganze sich so ausnimmt, daß man ganz bequem zählen kann, hätte man dazumal so gesehen, daß man die linke und die rechte Stuhlanordnung hier so in einer Art von aurischer Wolke, die sich hinzog wie ein Gas, gesehen hätte, hier eine Wolke, da eine Wolke, und dann dunklere Stellen, und diese dunklen Stellen hätten die Menschen angedeutet.

So hätte man, nicht im späteren, aber im ältesten Chaldäa noch dieses Bild gesehen. Bei Tag würde man nur die Stellen in diesem

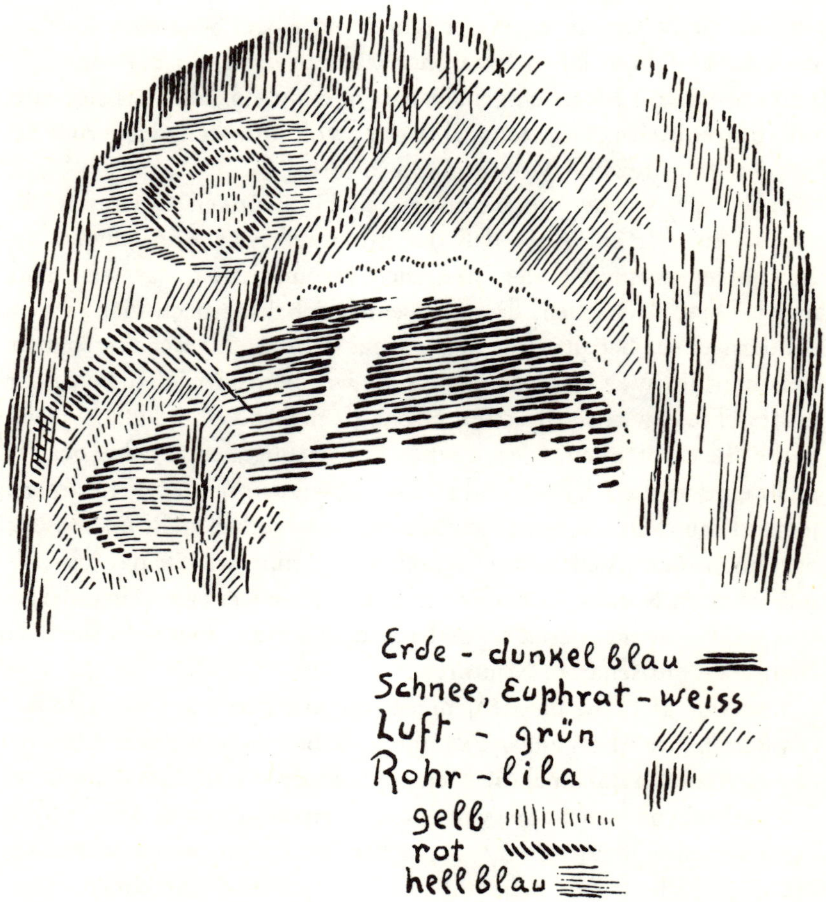

aurischen Nebelgebilde dunkel gesehen haben. Bei Nacht hätte man etwas ganz Ähnliches gesehen und auch im Schlafzustand, denn der war dazumal nicht so tief wie der heutige. Er war mehr träumerisch. Man hätte das nicht so gesehen, wie man heute das sehen würde. Wenn heute einer schliefe und Sie alle hier sitzen würden, so würde er gar nichts von Ihnen sehen, wenn Sie auch alle hier sitzen würden. Dieser Schlaf war dazumal gar nicht erreicht, sondern man sah auch im Schlafe die Traumgestalt der aurischen Wolke links und rechts, und darinnen die einzelnen Menschen als Lichtgestalt, bei Tag in der aurischen Wolke dunkel, bei Nacht in der aurischen Wolke als Lichtgestalt.

Also einen so großen Unterschied im Anschauen der täglichen und der nächtlichen Verhältnisse, wie das heute der Fall ist, gab es dazumal nicht. Und so hat man auch nicht den Unterschied zwischen der am Himmel stehenden Sonne und der in der Nacht abwesenden Sonne empfunden, sondern man hat die Sache so empfunden, daß man die Sonne bei Tag als eine Lichtkugel, als einen Lichtkreis gesehen hat, ringsherum aber eine wunderbare Sonnenaura, so etwa, daß ich das in der folgenden Weise zeichnen könnte. Man hat sich vorgestellt: da unten ist die Erde (dunkelblau), oben überall Wasser, ganz oben Schnee liegend. Von da oben, stellte man sich vor, kommt der Euphrat. Dann dachte man sicher über dem Ganzen die Luft (grün). Man sah da oben gehen die Sonne, umhüllt von einer wunderschönen Aura. So ging die Sonne von Osten nach Westen.

Dann stellte man sich vor, daß es etwas gibt, wovon man etwa sagte, so, wie wenn man heute von einem Rohre sprechen würde: abends geht die Sonne in dieses Rohr hinein, morgens kommt sie aus diesem Rohre heraus (lila). Aber man sah die Sonne in diesem Rohre darinnen. Und man sah die Nachtsonne etwa so: in der Mitte einen grünblauen und ringsherum einen gelbroten Schein. So stellt man sich die Sonne vor, morgens aus dem Rohre heraus, in der Mitte hell, ringsherum von einer Aura umgeben. Sie geht über das Himmelsgewölbe, schlüpft im Westen in den Himmel, in das Rohr hinein, wird dunkel, hat eine Aura, die aber über das Rohr herausragt, und so geht sie unten weiter. Man sprach von einem Rohre, von einem Hohlraum, weil man eben die Sonne dunkel, schwarz sah. Man sprach das aus, was man sah. Also auch, wenn man hinaufsah zum sonnenbesetzten Himmel, sah man den Unterschied nicht so stark zwischen Tag und Nacht wie heute.

Dagegen sah man etwas anderes in der damaligen Zeit sehr stark. Man sah hin auf seine Kindheit. Da hatte man die ersten sechs, sieben Jahre des Lebens zugebracht. Da sah man sich förmlich drinnenstekken noch in dem Göttlichen, in dem man darinnen war, bevor man auf die Erde herabgestiegen war. Dann sah man sich zwischen dem siebenten und vierzehnten Lebensjahre etwas herausschlüpfen aus dem aurischen geistigen Ei, weiter herausschlüpfen bis zu seinen Zwanzigerjahren; und erst wenn man in diesen Zwanzigerjahren war, fühlte man sich so recht auf der Erde. Da sah man dann etwas stärker den Unterschied zwischen Tag und Nacht.

Man sah am eigenen Menschenwesen eine Entwickelung heraufkommen, die in Zeiträumen von sechs, sieben Jahren verlief. Das stimmte einen zusammen mit dem Gang des Mondes, nicht der Sonne. Der Mond, der in achtundzwanzig Tagen voll und weniger beleuchtet erscheint, der stimmte einen zusammen mit dem, was man selbst erlebte durch die Zahl sechs, sieben, am eigenen Lebensgange. Und man empfand: Dasjenige, was da der Mond in einem Monat macht, das macht man in achtundzwanzig Jahren durch, in vier mal sieben Jahren. Und man drückte das in der äußeren Zeitrechnung aus; man schaltete alle sechs Jahre einen dreizehnten Monat ein. Man rechnete mit dem Monde, nicht mit der Sonne. Und man sah nicht hin auf die äußere Natur in der Weise wie heute. Heute sieht man, wenn man wacht, die äußere Natur in ihren scharfen Konturen ungeistig. Damals sah man bei Tag und Nacht die äußere Natur, nur nicht mit scharfen Konturen, aber man sah sie geistig aurisch. Heute sieht man bei Tag alles, bei Nacht nichts. Das alles drückt man dadurch aus, daß man der Sonne die Wichtigkeit beilegt, die Tag und Nacht bewirkt.

Diese Wichtigkeit hatte die Sonne für die alten Chaldäer in ihrer Mysterienweisheit nicht, sondern der Mond hatte diese Wichtigkeit, weil er in seinen Gestalten ein Abbild zeigte von dem, wie man selbst als Mensch heranwuchs. Man sah noch mehr auf den Menschen und seine Entwickelung hin. Man empfand sich ganz anders als Kind und als Jüngling und als erwachsener Mensch, während man heute das gar nicht empfindet. Es ist kein so großer Unterschied mehr zwischen den ersten sieben Jahren und den zweiten sieben Jahren, wenn man auf sie zurückblickt. Heute sind die Kinder schon gescheit, oh, so gescheit, daß man gar nicht mit ihnen auskommt. Man muß extra Erziehungsmethoden ersinnen, um mit den Kindern nur fertig zu werden. Sie sind so gescheit wie die Großen. Und alle Menschen sind gleich gescheit, wie alt sie auch sein mögen.

Das war im alten Chaldäa durchaus nicht der Fall. Da waren die Kleinen so, daß sie noch in dem Göttlich-Geistigen drinnensteckten, und man wußte später: als man klein war, da steckte man noch in dem Göttlich-Geistigen drinnen, und später wurde man erst irdisch, kroch aus dem aurischen Ei aus. Und man rechnete nicht mit dem, was die Sonne bewirkt, aber man zählte an dem Monde, an den Bildern, die der Mond nach der Siebenzahl angeordnet am Himmel darbietet; danach zählte man. Daher schaltete man im siebenten Jahre einen Monat ein – dasjenige, was sich auf den Mond bezog.

Aber diese äußere Kennzeichen der Zivilisationsentwickelung, daß wir heute mit Schalttagen, die Chaldäer mit Schaltmonaten gerechnet haben, das weist darauf hin in Wirklichkeit, daß der Bewußtseinsunterschied zwischen Tag und Nacht nicht vorhanden war bei den alten Chaldäern, dagegen mächtige Bewußtseinsunterschiede zwischen den einzelnen menschlichen Lebensaltern.

Wir sagen heute, wenn wir uns morgens den Schlaf aus den Augen wischen: Ich habe geschlafen. – Die alten Chaldäer wachten auf mit dem einundzwanzigsten, zweiundzwanzigsten Lebensjahre, wurden hell in ihrem Anschauen der Welt und sagten: Ich habe geschlafen bis zum einundzwanzigsten, zweiundzwanzigsten Lebensjahre. – Sie glaubten dann, daß sie bis in die Fünfzigerjahre wach lebten, daß sie dann aber allerdings nicht einschliefen als Greise, sondern in ein viel heller bewußtes Leben kämen. Daher wurden die Greise angesehen als diejenigen, welche weise waren, welche mit dem, was sie sich als Bewußtsein seit dem zwanzigsten Jahre erworben hatten, nun hineingingen in die Schlafeswelt, aber da ungemein hellsichtig wurden.

So erlebte der alte Chaldäer drei Bewußtseinszustände. Wir erleben zwei, den dritten nur angedeutet als Traumzustand: Wachen, Schlafen, Träumen. Diese drei Zustände erlebte nicht so im Tageswechsel der alte Chaldäer, sondern er erlebte einen dumpfen, schlafenden Bewußtseinszustand bis in die Zwanzigerjahre hinein; dann einen Zustand, in dem er mit der Welt lebte, einen Wachzustand, wo er sagte, daß er aufgewacht sei, bis in die Fünfzigerjahre hinein. Und dann einen Zustand, wo die anderen von ihm sagten: Der nimmt sein irdisches Bewußtsein in die geistige Welt hinein. Der ist jetzt so, daß er viel mehr weiß als die anderen. – Man sah zu den Alten als zu den Wissenden hinauf. Heute tut man das nicht. Heute betrachtet man sie als alte Schöpse, die schwachsinnig geworden sind. Das ist eben der große Unterschied, der bis in die innerste Konstitution des Menschenlebens hineingeht.

Diesen Unterschied muß man sich klarmachen, denn er bedeutet ungeheuer viel für das Menschenwesen. Wir schauen eben einfach die Welt nicht nur durch einen Bewußtseinszustand an. Man lernt die Welt nur kennen, wenn man weiß, wie der Bewußtseinszustand ist, der beim Kinde zum Beispiel im alten Chaldäa vorhanden war. Er gleicht, das heißt, er ist nicht gleich, sondern er ist nur ähnlich unserem Traumzustand. Aber er ist ein viel lebendigerer Traumzustand. Er ist ein Traumzustand, aus dem heraus gehandelt wird. Heute tritt das als Krankheitszustand auf. Was heute krank ist, war bei den Chaldäern ein Bewußtseinszustand des Kindes. Und der Tageszustand, den wir heute so philiströs empfinden, war noch nicht vorhanden. Ich sage philiströs, denn daß wir alle Menschen in ihren physischen Konturen haben, meine sehr verehrten Anwesenden, das ist ja philiströs; die Menschen in ihren scharfen Konturen wahrzunehmen und sie gar zu malen in diesen scharfen Konturen, ist philiströs. Gewiß, man wird das nicht zugeben, aber es ist so. Dieser Zustand, der war also im alten Chaldäa noch nicht vorhanden, sondern da sah man eben, wie ich es beschrieben habe, die Menschen physisch und aurisch. Und im Alter sah man durch den Menschen durch bis in die Seele hinein. Es war ein dritter Bewußtseinszustand, der heute ausgelöscht ist, denn es ist der Zustand, wo wir traumlos schlafen. Mit dem läßt er sich vergleichen.

Und so sehen wir, wenn wir die Sache historisch betrachten, daß wir beim Menschen, je weiter wir zurückgehen, auf verschiedene Bewußtseinszustände kommen, die sich immer mehr und mehr unterscheiden, während wir heute mit den Bewußtseinszuständen, die wir im gewöhnlichen Leben haben, gar nicht besonders Staat machen können. Darauf wird gar kein Wert gelegt, was der Mensch erlebt, wenn er ohne Träume schläft, denn davon weiß er in der Regel gar nicht viel zu erzählen. Es gibt ganz wenige Menschen, die wissen einem schon noch zu erzählen, was sie im traumlosen Schlafe auch heute noch erleben; aber es gibt eben ihrer wenig, sehr wenig. Träumen, sagt man, das ist eben Phantasie, und den Wachzustand betrachtet man als den respektablen, als denjenigen Zustand, worauf man etwas halten kann.

So war es bei den alten Chaldäern nicht. Der kindliche Bewußtseinszustand mit dem lebendigen, auch zur Aktivität führenden Träumen galt als derjenige, wo die Kinder noch halb drinnensteckten im vorirdischen Leben, wo sie, wenn sie etwas sagten, einem etwas sagen konnten, das der göttlichen Welt angehörte. Man hörte den Kindern zu, weil man wußte: die haben sich verschiedenes heruntergebracht aus der göttlichen Welt. Man sah ganz anders hin auf die Kinder damals.

Dann war der Bewußtseinszustand da, wo die Menschen schon irdisch waren, aber mit ihren Auren noch seelisch. Dann war der Bewußtseinszustand der Greise da. Wenn man ihnen zuhörte, war einem klar: da erfährt man etwas über die geistige Welt, da wird einem kundgegeben, was in der geistigen Welt vorgeht. Und von denen, die in den Mysterien immer höher und höher stiegen, von denen wurde gesagt: In den Fünfzigerjahren besiegen sie das bloß Sonnenhafte, treten ein in das eigentlich Geisteshafte, werden von Sonnenhelden zu Vätern – zu Vätern, die mit der geistigen Heimat der Menschen in Verbindung stehen.

So wollte ich Ihnen aus dem Historischen heraus andeuten, wie verschiedene Bewußtseinszustände da sind im Menschen.

Lassen wir zunächst, um die menschlichen Bewußtseinszustände zu betrachten, den traumlosen Schlaf des heutigen Menschen weg und betrachten wir dasjenige, was Sie ja alle kennen, den gewöhnlichen Wachzustand, den Sie eben dann haben, wenn Sie sagen: Ich bin wach, ich sehe die Gegenstände um mich her, ich sehe die anderen Menschen, ich höre sie zu mir sprechen, ich unterhalte mich mit ihnen und so weiter.

Und nehmen wir dann den zweiten Zustand, den Sie auch alle kennen, wo sie vermeinen, im Schlafe zu sein, wo aber aus dem Schlafe herauftauchen die oft so beängstigenden, oft so wunderbar befreienden Träume, denen gegenüber Sie, wenn Sie in gesunder Lebensverfassung sind, sagen müssen: Das sind Dinge, die nicht zum gewöhnlichen heutigen Leben gehören, die aus irgendeiner naturhaften Phantasie herauf sich leben und weben, die in der verschiedensten Weise an den Menschen herandringen. Der ganz philisterhafte Mensch wird nicht viel auf Träume hinschauen. Der abergläubische Mensch wird sie sich deuten lassen in einer äußerlichen Weise. Der poetische Mensch, der nicht philisterhafte, nicht abergläubische Mensch sieht aber noch auf dieses wunderbare Traumesweben und Traumesleben hin. Denn es dringt da aus naturhaften Tiefen des Menschen etwas herauf, was zwar nicht so seine Bedeutung hat, wie der Abergläubische es meint, was aber doch darauf hinweist, daß auch der im Schlaf befindliche Mensch aus dem Naturhaften herauf Erlebnisse hat, die aufsteigen wie Wolken, wie Nebel, wie schließlich auch Berge sich erheben, im Laufe von langen Zeiten wieder versinken. Nur daß das im Traumesleben schnell geht, während im Weltenall langsam die Gebilde auf- und niedersteigen.

Und noch eine zweite Eigentümlichkeit haben die Träume. Wir träumen von Schlangen, die um uns sind, auch wohl von Schlangen, die uns berühren an unserem Körper. Menschen, welche in unfugartiger Weise zum Beispiel Kokain genießen, können dieses Schlangenerlebnis traumhaft in besonders hohem Maße haben. Wer sich dem Laster des Kokaingenusses hingibt, bei dem kriechen die Traumschlangen aus allen Winkeln des Leibes heraus in seiner Traumwahrnehmung, auch wenn er nicht schläft.

Und so können wir sagen: Wir sehen auf Träume hin, die so geartet sind, wie die eben beschriebenen. – Wir werden immer, wenn wir achtgeben auf das Leben, sehen, daß das solche Träume sind, die uns anzeigen, daß in unserem eigenen Inneren etwas nicht in Ordnung ist. Wir merken eine Verdauungsstörung, wenn wir solche Schlangenträume haben. Die Windungen der Verdauungsorgane symbolisieren sich uns in der Traumanschauung in Windungen von Schlangen.

Oder jemand träumt, er gehe spazieren und er komme plötzlich an eine Stelle, wo sich ein ganz weißer Pflock erhebt, der aber oben schadhaft ist – ein weißer Steinpflock, eine Steinsäule, die oben schadhaft ist. Er wird unruhig im Traume über diese schadhafte obere Spitze des Pflockes. Er wacht auf: Zahnschmerzen! Er fühlt sich unbewußt gedrängt, irgendeinen seiner Zähne anzugreifen, er fühlt ja den Zahn. Ich meine den heutigen, gewöhnlichen Menschen, nicht einen älteren Menschen, der über solche Dinge erhaben war. Ein richtiger heutiger Mensch sagt: Jetzt muß ich zum Zahnarzt gehen, da gehört ja eine kleine Plombe hinein, der Zahn ist schadhaft. Was ist denn da geschehen? Dieses ganze Zahnerleben, mit Schmerz verbunden, das eine Unordnung im ganzen Organismus darstellt, stellt sich im symbolischen Bilde dar. Der Zahn ist ein weißer Pflock, etwas schadhaft, etwas angefressen. Wir nehmen im Traumbilde etwas wahr, was eigentlich in unserem Inneren ist.

Oder aber wir träumen lebhaft, daß wir in einem Zimmer sind, in dem wir gar nicht atmen können. Wir geraten im Traume in innere Unruhe, was aber alles Traumerleben ist. Da – wir haben es früher nicht gesehen – steht in einer Ecke ein Ofen, der ganz heiß ist. Es ist zu stark eingeheizt. Ah, jetzt wissen wir im Traume, warum wir nicht atmen können: es ist heiß im Zimmer! Das alles im Traume. – Wir wachen auf. Wir haben ein heftiges Herzklopfen und einen stark laufenden Puls. Die Zirkulation, die ins Unregelmäßige geraten ist, symbolisiert sich in dieser Weise im Äußeren als Traum. Es ist etwas da, etwas, das in uns selber ist; wir nehmen es wahr, aber wir nehmen es nicht so wahr wie bei Tag. Wir nehmen es im symbolischen Bilde wahr. Oder aber wir träumen davon, daß da draußen irgendwo außerhalb des Fensters lebhaft die Sonne scheint. Aber das Sonnenlicht beunruhigt uns. Wir werden unruhig im Traum über diese scheinende Sonne, an der wir sonst Wohlgefallen haben. Wir wachen auf – das Haus des Nachbarn brennt. Ein äußeres Ereignis symbolisiert sich nicht so, wie es ist, sondern in einem ganz anderen Bilde. So sehen wir schon, es ist eine naturhaft schaffende Phantasie im Traume. Äußeres drückt sich aus im Traume.

Nun brauchte es nicht dabei zu bleiben. Der Traum kann sich sozusagen aufraffen, seine eigene innere Bedeutung und Wesenheit zu haben. Wir träumen irgend etwas, und der Traum, der sich uns allerdings im Bilde darstellt, kann nicht auf ein Äußeres bezogen werden. Wenn wir nach und nach darauf kommen, sagen wir, daß sich im Traume eine ganz andere Welt zum Ausdruck gebracht hat. Es sind andere Wesen handelnd, da begegnet uns ein dämonisches oder auch ein elfenartig schönes Wesen. Also nicht nur, daß unsere gewöhnliche physisch-sinnliche Welt, wie sie an uns und außer uns ist, im Traume sich bildhaft darstellt, es kann sich in den Traum auch eine ganz andere Welt hereindrängen, als unsere ist. Menschen können von der höheren übersinnlichen Welt in sinnlichen Traumesbildern träumen.

So hat das heutige menschliche Bewußtsein den Traum neben dem gewöhnlichen Wachbewußtsein. Und man muß ja in der Tat sagen: Veranlagt sein zum Träumen macht uns eigentlich zu Poeten. – Die Menschen, die nicht träumen können, werden immer schlechte Poeten bleiben. Denn man muß sozusagen dasjenige, was naturhaft im Traume auftritt, übersetzen in die tagwachende Phantasie, um Poet, um überhaupt Künstler sein zu können, Künstler auf allen Gebieten.

Derjenige zum Beispiel, der mehr von der Art träumt, daß sich ihm äußere Gegenstände symbolisieren, wie das brennende Haus des Nachbarn durch die in das Zimmer hereinscheinende Sonne, der wird am nächsten Tag, nachdem er einen solchen Traum gehabt hat, sich angeregt fühlen zum Komponieren. Er ist ein Musiker. Derjenige, der, sagen wir, sein eigenes Herzklopfen als einen kochenden Ofen empfindet, der wird am nächsten Tag sich angeregt fühlen, zu modellieren, oder Architekturgebilde zu schaffen. Er ist Architekt oder Bildhauer oder auch Maler.

Diese Dinge hängen so zusammen, wie ich sie geschildert habe. Es bleibt im gewöhnlichen Bewußtsein bei dem, was ich eben beschrieben habe. Aber man kann jetzt weitergehen. Man kann dieses gewöhnliche Bewußtsein so ausbilden, wie ich es in meinen Büchern beschrieben habe, in «Wie erlangt man Erkenntnisse der höheren Welten?», das hier als «Initiation» übersetzt ist, oder in meiner «Geheimwissenschaft im Umriß», das hier übersetzt ist als «Occult Science». Man kann das gewöhnliche Bewußtsein dadurch ausbilden, daß man gewisse seelische Übungen macht – wir werden von ihnen noch zu sprechen haben –, man kann das ganze Gedankenleben, Gefühlsleben, Willensleben, das ganze Innenleben dadurch, daß man sich ganz bestimmten Vorstellungen und auch Sprachzusammenhängen hingibt, aktiver machen, so daß die Gedanken wie zum Greifen werden, daß die Gefühle wie lebendige Wesen werden. Ich werde das noch später zu beschreiben haben.

Dann tritt etwas ein, was der Anfang einer modernen Initiation ist. Dann tritt das ein, daß wir bei Tag fortträumen. Aber hier komme ich an einen Punkt, wo leicht Mißverständnisse möglich sind. Derjenige, der ganz naturhaft bei Tag ins Träumen hineinkommt, der ist mit seinem Träumen nicht besonders hoch zu schätzen. Allein derjenige, der trotz seines Tagträumens so wach ist wie ein anderer Mensch und dennoch fortträumen kann, deshalb, weil er Denken und Fühlen in sich viel aktiver gemacht hat als andere Menschen, der beginnt Initiat zu werden. Dann nämlich, wenn man dazu gelangt, dann tritt das Folgende ein. Dann sieht man wiederum – weil man doch ein vernünftiger Mensch ist, der während des Tages nicht unvernünftiger als die anderen ist, nicht allerlei tolle Streiche macht, weil man träumt, sondern weil man gerade so nüchtern ist am Tage wie die anderen vernünftigen Menschen –, dann sieht man auf der einen Seite den Menschen so, wie er ist für das gewöhnliche Bewußtsein: man sieht seine Nasenform, seine Augenfarbe, seine schöne oder häßliche Haaranordnung und so weiter. Man sieht alles, aber man fängt an, um den Menschen herum noch von etwas anderem zu träumen, aber jetzt die Wahrheit zu träumen, die Aura zu träumen, und den inneren geistigen Sinn der Handlungen, die zwischen Menschen vollbracht werden, geistig zu sehen. Man fängt an, im vollen Wachleben sinnvolle, wirklichkeitsgemäße Träume zu haben. Das Träumen hört morgens beim Aufwachen nicht auf, dauert bis zum Einschlafen, dann setzt es sich in Schlaf um. Aber es ist sinnvoll. Das, was man an dem Menschen sieht, ist wahrhaftig seelisch an ihm. Das, was man an Handlungen sieht, ist wahrhaftig geistig da. Man ist in einer wahrhaftigen Tätigkeit, wie sonst in bloßen Reminiszenzen oder im bloßen Traume. Aber man träumt geistige Realität.

Ein zweiter Bewußtseinszustand tritt zu dem ersten hinzu. Das Tagträumen wird ein höheres Wirklichkeitswahrnehmen, als es das gewöhnliche Anschauen im philisterhaften Leben ist. Man sieht während des vollen wachen Bewußtseins etwas zu der gewöhnlichen Wirklichkeit hinzu, was eine höhere Wirklichkeit ist. Der gewöhnliche Traum nimmt uns etwas von der Wirklichkeit. Er gibt uns nur phantastische Fetzen. Das, was man in der jetzt geschilderten Weise bei Tag träumt, womit sich alles durchsetzt, die einzelne menschliche Gestalt durchsetzt, die Tiere, die Pflanzen sich durchsetzen, wo die Handlungen sinnvolle Wahrnehmungen werden, so daß geistiger Inhalt in den Handlungen darinnen liegt, das alles gibt einem zu der gewöhnlichen Wirklichkeit etwas hinzu, macht diese Wirklichkeit reicher.

Sehen Sie, da fügt sich tatsächlich zu dem, was man sonst im gewöhnlichen Bewußtsein wahrnimmt, ein Zweites hinzu, und man fängt jetzt an, die Welt ganz, ganz anders zu sehen. Am eklatantesten zeigt sich dieses Anderssehen, wenn man nun Tiere ansieht, die tierische Welt. Diese tierische Welt, sie erscheint einem jetzt so, daß man sagt: Ja, was habe ich denn vorher eigentlich gesehen? Nur einen Teil von dieser Welt habe ich ja gesehen. Das ist ja gar nicht alles, was ich früher von dem Tierischen gesehen habe. Ich habe ja nur das Äußere von den Tieren gesehen. Eine ganz neue Welt fügt sich hinzu zu den Tieren, so daß für jede Tiergattung, für alle Löwen, für alle Tiger, für alle verschiedenen Tiergattungen etwas da ist, was einem Menschen gleicht, was richtig einem Menschen gleicht. So eine Tierart wird wirklich etwas ganz Besonderes. Es läßt sich schwer am Bilde des Menschen veranschaulichen, aber ich bitte Sie, das in folgender Weise zu machen.

Denken Sie sich einmal, Sie ergänzen gewissermaßen Ihren Leib. Binden Sie sich an jeden Finger Ihrer Hände einen Faden, also zehn Fäden an, und am Ende eines jeden Fadens eine Kugel in einer gewissen Ferne, die vielleicht sogar mit allerlei Figuren bemalt ist. Dann haben Sie also zehn solche Schnüre. Nun eignen Sie sich ein furchtbar behendes Spiel Ihrer Finger an, so daß sie alle möglichen Bewegungen machen. Und jetzt machen Sie das auch mit Ihren Zehen. An jede Zehe binden Sie sich einen Faden an, am Ende eines jeden Fadens eine Kugel mit Figuren. Und jetzt gewöhnen Sie sich, so geschickt zu springen und die Zehen so geschickt zu bewegen, daß etwas ganz Wunderbares entsteht aus dieser Form. Jeder Finger ist viel länger und hat am Ende solch eine Kugel, die Figuren hat, und jede Ihrer Zehen hat das auch.

Denken Sie sich, Sie sehen das nun mit Ihrer menschlichen Gestalt verbunden. Ihre Seele beherrscht das alles. Jede Kugel ist ein Einzelnes, aber in dem Augenblick, wo man das alles anschaut, glaubt man, das gehöre alles dazu. Sie sind nicht so verbunden mit allen diesen Kugeln und Schnüren wie mit Ihren Fingern und Zehen. Aber Sie beherrschen das alles. Das ist alles eine Einheit. Wenn Sie anfangen, das so zu beherrschen, wie ich es erzählt habe, so sehen Sie da oben die Löwenseele, und die einzelnen Löwen, die hängen so daran wie die Kugeln. Das ist eine Einheit. Vorher, wenn Sie die zwanzig Kugeln da liegen haben und schauen die zwanzig Kugeln an, dann ist das eine Welt für sich. Nun kommen Sie und fügen den Menschen dazu, fügen die ganze innere Beweglichkeit dazu – da wird es etwas ganz Neues. So ist es mit Ihrer Anschauung. Sie sehen da die Löwen einzeln herumgehen. Das ist so wie die Kugeln, die da herumgehen. Jetzt sehen Sie hin auf die selbstbewußte Löwenseele, die ja so wie ein Mensch ist in der geistigen Welt, und die einzelnen Löwen sehen Sie wie aufgefangen in den Kugeln, sehen da überall aus dem Selbstbewußtsein des Löwen die einzelnen Löwen herauskommen. Sie sind aufgestiegen zu einer ganz neuen Wesenheit.

Und so steigen Sie für alles im Tierreich auf zu ganz neuen Wesenheiten. Die Tiere haben auch so etwas wie Menschen an sich, Seelenhaftes, aber das ist nicht in der Welt, in der der Mensch sein Seelenhaftes hat. Wenn Sie durch die Welt gehen, dann tragen Sie ganz aufdringlich auf der Erde Ihre Seele herum mit dem Selbstbewußtsein. Jedem Menschen können Sie Ihr Selbstbewußtsein an den Kopf werfen. Das kann der Löwe nicht. Aber da gibt es eine zweite Welt. Die grenzt an diese Welt, wo wir unser Selbstbewußtsein jedem Menschen an den Kopf werfen. Aber da droben, da tun das die Löwenseelen. Für die sind die einzelnen Löwen nur solche torkelnden Kugeln. So daß wir frappiert werden, besonders wenn wir das Tierreich in seiner wahren Wesenheit betrachten, durch ein Bewußtsein, das wir uns angeeignet haben. Da kommt eine zweite Welt dazu.

Und jetzt sagen wir uns: Ach, in dieser Welt sind wir als Menschen ja auch eigentlich drinnen. Aber wir schleppen diese Welt hier herunter in die gewöhnliche Erdenwelt. – Das Tier läßt etwas oben: seine Gattungsseele, seine Artseele, und geht nur mit demjenigen, was da auf vier Beinen herumgeht, auf der Erde herum. Wir schleppen das, was die Tiere oben lassen, auf die Erde herunter, bekommen dadurch auch einen anders gestalteten Körper als das Tier, aber wir schleppen es eben doch herunter. So daß wir sagen können: Dasjenige, was in uns ist, gehört auch dieser höheren Welt an, nur schleppen wir es hier in die Erdenwelt herein als Menschen. Und so, sehen Sie, machen wir also Bekanntschaft mit einer ganz anderen Welt, mit einer Welt, die wir zunächst an den Tieren wahrnehmen. Aber wir müssen ein anderes Bewußtsein noch haben. Wir müssen das Traumbewußtsein zum Erwachen bringen, dann können wir in dasjenige hineinschauen, was in der Tierwelt noch vorhanden ist. Derjenige, der das kann, der nennt dann diese zweite Welt die Seelenwelt gegenüber der physischen Welt, oder den Seelenplan, den Astralplan gegenüber dem physischen Plan. Das, was Astralplan, Astralwelt ist gegenüber der physischen Welt, das erreicht man durch ein anderes Bewußtsein. Man muß sich also bekanntmachen damit, daß andere Bewußtseine uns in Welten hineinschauen lassen, die nicht die Welt sind des gewöhnlichen Lebens.

Man kann nun in der Durchkraftung und Verstärkung des Seelenlebens noch weitergehen. Man kann nicht nur, so wie ich es in den genannten Büchern beschrieben habe, meditieren, sich konzentrieren, sondern man kann anstreben, das, was man als starken Seeleninhalt in der Seele hat, wiederum fortzuschaffen. So daß man dazu kommt, nachdem man zuerst mit aller Gewalt das Seelenleben verstärkt hat, das Denken, das Fühlen stark gemacht hat, das alles wiederum abzuschwächen und sogar ins Nichts zurückzuführen. So daß dasjenige hergestellt ist, was man leeres Bewußtsein nennen kann.

Nun, wenn man im gewöhnlichen Bewußtsein dieses Bewußtsein leer macht, schläft man ein. Man kann das ja auch experimentell machen. Man hat einen Menschen. Man entzieht ihm zunächst die Augeneindrücke, so daß er im Dunklen ist. Man entzieht ihm alle Gehörseindrücke, so daß er im Stummen, Lautlosen ist. Dann versucht man auch die anderen Sinne abzustumpfen. Der Mensch schläft allmählich ein. So ist es nicht, wenn man zunächst Denken und Fühlen verstärkt. Da kann man ganz willkürlich das Bewußtsein leer machen, und man wacht. Man tut nichts als wachen durch seine Willkür. Man schläft nicht ein. Aber man hat nicht mehr die Sinneswelt vor sich. Man hat nicht mehr seine gewöhnlichen Gedanken und Erinnerungen in sich. Man hat leeres Bewußtsein. Da kommt aber nun sogleich eine wirkliche geistige Welt herein in dieses leere Bewußtsein. So wie im gewöhnlichen Tagesbewußtsein die Sinneswelt mit ihren Farben, mit ihren Tönen, mit ihrem Wärmereichtum hereinkommt, so kommt in dieses leere Bewußtsein eine geistige Welt herein. Wir sind umgeben, wenn wir erst das Bewußtsein wach und leer gemacht haben, von einer geistigen Welt.

Wiederum können wir frappierend intensiv dieses neue Bewußtsein und diesen Zusammenhang mit einer geistigen Welt wahrnehmen an etwas in der äußeren Natur. Wie wir vorher gewissermaßen die nächste Schichte des Bewußtseins wahrgenommen haben an der anderen Art, wie wir die Tiere anschauen, so können wir jetzt das anders gewordene Bewußtsein, das Auftreten der neuen Schichte des Bewußtseins wahrnehmen an dem ganz Andersartigen, was wir an den Pflanzen sehen, an der Pflanzenwelt der Erde.

Wie sehen wir die Pflanzenwelt der Erde im gewöhnlichen Bewußtsein? Wir gehen hin über die Erde, wir sehen herauswachsen aus der mineralischen Erde den Farbenreichtum und die Grünheit der Pflanzenwelt. Wir erfreuen uns an dem, was blau und gelb und rot und weiß blüht, was grün lebt. Wir nehmen diesen ganzen Teppich der Pflanzenwelt wahr, lassen ihn auf unser Gemüt wirken. Es wird innerlich lebendig. Es wird innerlich voller Freude. Es erhebt sich zu innerlichem Aufjauchzen, wenn wir diese wunderbar farbenglänzende Pflanzendecke über die Erde hingebreitet und aus der Erde herausragen sehen. Jetzt schauen wir auf. Wir erblicken oben die Sonne, die uns blendet. Wir schauen hinaus in das blaue Himmelszelt. Wir erblicken nichts Besonderes als das, was sich uns eben bei Tag darbietet, wenn wir einen wolkenfreien oder wolkenbedeckten Tag haben, was Sie ja alle kennen. Wir wissen zunächst nicht, was es für eine Beziehung hat, die Pflanzendecke, den Pflanzenteppich der Erde anzuschauen und hinaufzuschauen.

Wir können aber auch noch weitergehen. Nehmen wir an, wir haben innerlich die tiefste Freude erlebt an dem Tagesteppich, der in der Pflanzenwelt die Erde bedeckt. Wir warten an einem schönen Tage bis zur hereinbrechenden Nacht. Wir blicken jetzt hinauf auf das Himmelsgezelt. Wir sehen die mannigfaltig angeordneten, in Figuren aufleuchtenden, über den ganzen Himmel hin sich breitenden Sterne funkeln, glänzen. Ein neues Aufjauchzen der Seele beginnt, etwas, was von oben wirkt, was von oben in unsere Seele freudig-innerliches Aufjauchzen hereinsendet.

So können wir bei Tag hindeuten auf dasjenige, was in der Erde wächst in dem farbenreichen Teppich der Erde, in der Pflanzenwelt: ein innerlich uns mit Freude, mit Jauchzen durchdringendes Wahrnehmen. Wir können dann hinaufblicken, können das uns bei Tag blau erscheinende Himmelsgewölbe nachts besät sehen mit den funkelnden, glänzenden Sternen. Wir können innerlich aufjauchzen über das, was sich von oben herunter in unserer Seele offenbart. Das gilt für das gewöhnliche Bewußtsein.

Haben wir jenes Bewußtsein ausgebildet, das leer, aber wach ist, in das die geistige Welt hereingebrochen ist, dann sagen wir uns, wenn wir während des Tages unseren Blick ausbreiten über die Pflanzendecke und des Nachts hinaufschauen auf die glänzenden, funkelnden Sterne: Ja, während des Tages hat uns angelockt, mit innerlichem Jauchzen durchdrungen dasjenige, was als Farbenteppich die Erde bedeckt. – Aber was haben wir denn da eigentlich bei Tag gesehen? Jetzt blicken wir hinauf während der Nacht zum sternenglänzenden Himmel. Die Sterne funkeln nicht mehr bloß vor diesem wachend leeren Bewußtsein, das heißt für die Erde leeren Bewußtsein. Die Sterne nehmen die mannigfaltigsten Gestalten an. Das bloße Funkeln der Sterne hat aufgehört, und da oben ist wunderbares Wesenhaftes. Da breitet sich aus wachsendes, webendes Leben, groß und gewaltig und erhaben. Und wir stehen erkennend in Anbetung, anbetend im Erkennen. Ja, wir haben eine mittlere Stufe der Initiation erreicht und sagen uns: Pflanzen, die sind ja erst da oben. Die wirklichen Pflanzenwesen, das ist dasjenige, was uns vorher nur in einzelnen Punkten in den Sternen entgegengestrahlt hat. – Es ist ja jetzt so, als ob da oben die wahre Pflanzenwelt erst wäre. Es ist, als ob das Veilchen uns nicht als Veilchen erschiene, sondern als ob von dem Veilchen des Morgens, wenn es voll Tau wäre, wir nicht das Veilchen, sondern nur die einzelne Tauperle erglänzen sehen würden. Wenn wir nur den einzelnen Stern sehen, da funkelt ja die einzelne Tauperle in dem Stern. In Wahrheit ist dahinter eine mächtige, wesenhafte, webende Welt. Zu der schauen wir hinauf. Jetzt wissen wir, was Pflanzenwelt ist. Die ist gar nicht auf der Erde, die ist draußen im Kosmos, ist mächtig und erhaben und gewaltig und groß. Und was ist das, was wir da unten gesehen haben bei Tag in der farbigen Pflanzendecke, was ist das? Das ist das Spiegelbild von da oben.

Und wir wissen jetzt, der Kosmos mit seinem webenden Gestaltenleben, mit seinem wesenhaften Gestaltenleben, der spiegelt sich auf der Erde. Die ist ein Spiegel in ihrer Oberfläche. Wenn wir in einen Spiegel schauen, wissen wir, das ist nur Spiegelbild von uns. Wir stehen da. Wir spiegeln uns, so wie wir sind in der äußeren Form. Die Seele ist nicht darinnen. Der Himmel spiegelt sich nicht an der Erde in einer so ganz adäquaten Weise, sondern so, daß er in den Pflanzenfarben gelb, grün, blau, rot, weiß erglänzt. Das ist das Spiegelbild des Himmels, das schwache, schattenhafte Spiegelbild des Himmels. Und wir haben eine neue Welt kennengelernt. Da oben sind die Pflanzen Menschen, Wesen mit Selbstbewußtsein. Und zu der gewöhnlichen physischen Welt, zu der astralen Welt haben wir eine dritte, eine eigentlich geistige Welt hinzu. Die Sterne sind ja wie Tauperlen, die kosmischen Tauperlen aus dieser Welt. Die Pflanzen sind das Spiegelbild dieser Welt. Sie sind hier nicht alles, was an ihnen ist; ja sie sind in dem, als was sie uns auf der Erde hier erscheinen, nicht einmal eine Wesenheit, sie sind bloßes Spiegelbild gegenüber der unendlich mannigfaltig-reichen, intensiven Realität, die da oben in der eigentlich geistigen Welt ist, und aus der die einzelnen Sterne als die kosmischen Tauperlen herausglänzen. Wir haben eine dritte, die eigentlich geistige Welt, und wir wissen jetzt, all das herrliche Pflanzenwesen spiegelt ja nur diese Welt ab.

Und jetzt lernen wir kennen, wie wir als Menschen auch dasjenige in uns tragen, was von den Pflanzen die eigentliche Wesenheit da oben ist. Wir bringen nur ins Spiegelleben der Erde herunter das, was die Pflanzen oben lassen. Die Pflanzen bleiben oben im Geisterland. Sie senden auf die Erde ihre Spiegelbilder. Die Erde füllt sie ihnen mit Materie, mit Erdenmaterie aus, diese Spiegelbilder. Wir Menschen tragen unser Seelenhaftes, das auch dieser Welt angehört, hier in diese Spiegelwelt herein, sind nicht bloße Spiegelbilder, sondern sind jetzt auf Erden auch seelische Realitäten. Wir leben auf Erden zunächst in drei Welten: in der Welt des Physischen, in der Welt, in der die Tiere mit ihrem Selbstbewußtsein nicht leben. Aber wir leben als Menschen

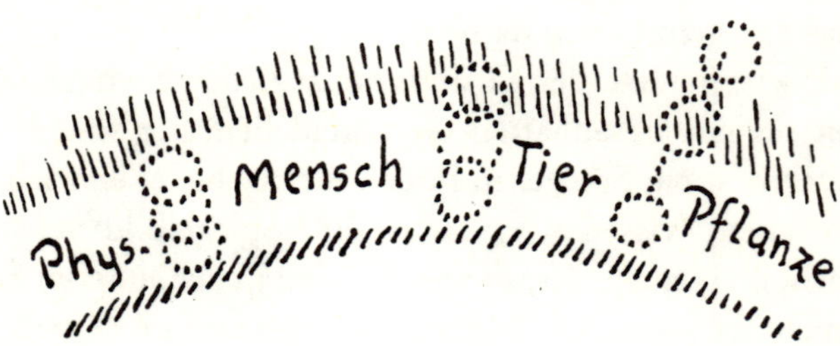

zu gleicher Zeit in einer zweiten Welt, in der die Tiere mit ihrem Selbstbewußtsein leben, in der astralischen Welt. Nur tragen wir diese mit uns herunter in die physische Welt. Wir leben auch noch in der dritten Welt, in der Welt, in der die Wahrheit des Pflanzenwesens lebt, in der geistigen Welt. Nur senden die Pflanzen auf die Erde bloß ihre Spiegelbilder herunter, wir unsere Seelenrealitäten. Und jetzt können Sie sagen: Ein Wesen, das hier auf der Erde Leib, Seele und Geist hat, lebt mit Leib, Seele und Geist in der physischen Welt und ist Mensch.

Ein Wesen, das auf der Erde Leib und Seele hat, aber in einer angrenzenden zweiten Welt den Geist hat, dadurch weniger wirklich ist in der physischen Welt, ist das Tier.

Ein Wesen, welches in der physischen Welt nur seinen Leib hat, in der zweiten Welt seine Seele, und in einer weiteren, dritten Welt seinen Geist, so daß der Leib nur noch das Spiegelbild des Geistes ist, nur von irdischer Materie ausgefüllt, das ist die Pflanze.

Sie erkennen an der Natur drei Welten. Sie erkennen, daß der Mensch diese drei Welten in sich trägt. Sie fühlen gewissermaßen die Pflanzen bis zu den Sternen hinaufwachsen. Sie sehen sich die Pflanzen an, sagen sich: Du bist ein Wesen, von dem ich ja auf Erden nur das Spiegelbild sehe, das wesenlose Spiegelbild. Je mehr ich den Blick hinaufwende, zu den Sternen des Nachts aufschaue, desto mehr sehe ich das wahre Wesen da oben. Natur, sie wird ganz, wenn ich von der Erde aufschaue bis zu den Sternen, wenn ich den Kosmos mit der Erde als eines anschaue. Dann schaue ich zurück auf mich als Mensch und sage mir: Was in der Pflanze bis da nach oben reicht, ich habe es auf der Erde in mir zusammengeschoben. Ich trage in mir als Mensch die physische, die astralische, die geistige Welt.

Das durchschauen, mit der Natur hinaufzuwachsen bis zu den Himmeln, in den Menschen hineinzuwachsen bis dahin, wo die Himmel sich in ihm eröffnen, das heißt, zum Geistesforschen aufsteigen.

DRITTER VORTRAG

Torquay, 13. August 1924

Form und Substantialität des Mineralischen mit Bezug auf die Bewußtseinszustände des Menschen

Das Wesen der kristallisierten Mineralien

Ich versuchte gestern zu zeigen, wie das innere Erleben der Seele ist, wenn der Mensch sich erhebt durch Trainierung, durch Übung der Seele zu anderen Bewußtseinszuständen, und ich versuchte zu zeigen, wie das, was man im gewöhnlichen Bewußtsein nur als die chaotischen, ungeordneten Erlebnisse des Traumes kennt, die während des Schlafzustandes auftreten, verwandelt werden kann in vollbewußte, exakte Wacherlebnisse, wie man dadurch zu einem Bewußtseinszustand kommt, der gewissermaßen der dem gewöhnlichen Bewußtsein nächstliegende ist, indem man zum Beispiel die Tierwelt erst in ihrer Totalität wahrnimmt, wie sie hinaufreicht in eine höhere, in eine Seelenwelt, in eine Astralwelt. Und ich versuchte dann, zu zeigen, wie der Pflanzenteppich der Erde in seiner Totalität erscheint, wenn man mit einem weiteren Bewußtseinszustande, der ausgeht von dem vollständig wachen, aber gegenüber der Sinneswelt, gegenüber der physischen Welt leeren Bewußtsein, wenn man mit diesem Bewußtseinszustand sich zu der Sternenwelt erhebt und innerhalb der Sternenwelt erst kennenlernt die Wahrheit über den Pflanzenteppich der Erde; wenn man dann einsieht, wie dasjenige, was wir als die aus der Erde hervorsprossenden Pflanzen schauen, ein Spiegelbild ist von Majestätischem, Großartigem, das uns äußerlich in der Sternenwelt nur entgegenglänzt wie etwa auf der Erde die Tauperlen an den Pflanzen. Ich möchte sagen, was da in den Weiten des Weltenraumes himmelwärts ausgedehnt ist, gewinnt Wesenhaftigkeit, gewinnt Gestalt, gewinnt Farben, gewinnt sogar Tönendes, wenn wir uns in dieser Weise mit dem leeren Bewußtsein zu ihm erheben. Dann können wir zurückschauen auf die Erde und erblicken eben die Wahrheit über die Pflanzenwelt, daß sie ein Spiegelbild ist eines kosmischen Wesens, eines kosmischen Geschehens und so weiter.

Nun haben wir im Anschauen der Sternenwelt auf der einen Seite, der Pflanzenwelt auf der anderen Seite eine Eigentümlichkeit zu beobachten. Und, meine verehrten Anwesenden, ich möchte diese Dinge nun ganz aus der inneren Erfahrung heraus schildern, wie sie sich einfach ergeben. Meiner Schilderung werden keinerlei literarische oder sonstige Traditionen zugrunde liegen, wird nichts Traditionelles zugrunde liegen, sondern ich werde die Dinge zunächst so schildern, wie sie sich der unmittelbaren, spirituellen Erfahrung und Forschung ergeben. Und da möchte ich auf eine Eigentümlichkeit zunächst aufmerksam machen, die sich demjenigen ergibt, der so, wie ich es geschildert habe, in die Dinge hineinsieht.

Wenn wir uns das graphisch darstellen (siehe Zeichnung S. 52), da haben wir die Sternenwelt (oben), da haben wir die Erdenwelt. Wir stehen ja immer, wenn wir beobachten, an einem gewissen Punkte, den wir unseren Gesichtspunkt nennen können. Und mit dem zweiten Bewußtsein, von dem ich gesprochen habe, mit dem Bewußtsein, das Sterne und Pflanzenwelt so zusammenschaut, wie ich es geschildert habe, nehme ich deutlich wahr, wie da oben die wahrhaften Gebilde sind, wie sich diese spiegeln, aber nicht wie gewöhnliche Spiegelbilder, sondern wie die realen Pflanzen sind, die die Spiegelung durch den Spiegel Erde ergeben. So ist der Anblick. Man kann diesen Anblick so schildern, daß man sagt: Da oben das kosmische Leben, da unten die Erde als Spiegel. – Und natürlich nicht wie tote, wesenlose, schattenhafte Spiegelbilder, sondern wie eine reale Spiegelung, durch die Erde bewirkt, kommen diese Pflanzen herauf. Man hat aber immer das Gefühl, da muß unten die Erde sein, da muß ein Spiegel sein, damit das, was im Kosmos ist, aus der Erde heraussprießen kann. Ohne die Erde, auf der wir stehen, auf der wir gehen, wären keine Pflanzen da. So wie ein Spiegel, wenn wir davor stehen, dem Lichte Widerstand entgegensetzt, wie Resistenz da sein muß, denn sonst erblicken wir den Spiegel nicht, so muß die Erde da sein als das Spiegelnde, damit die Pflanzen entstehen.

Nun können wir aber weitergehen, indem wir von dem zweiten Bewußtsein, das ich gestern geschildert habe, von der wachen Leerheit des Bewußtseins dazu übergehen, daß wir entwickeln eine Kraft der Seele, die gewöhnlich nicht als eine Erkenntniskraft geschätzt wird: die Kraft der Liebe zu allen Dingen, zu allen Wesen. Und wenn wir uns ganz mit dieser Kraft durchdringen, nachdem wir hinausgekommen sind in diese ganz andersartige Welt, die uns den Kosmos nicht mehr sternenhell, sondern wesenoffenbarend zeigt, nachdem wir hinausgekommen sind, ich möchte sagen, in diesen spirituellen Ozean des Weltenalls, wenn wir dann uns dasjenige bewahren können, was wir ja auf Erden als eine Gabe unserer geistig-seelisch-physischen Organisation haben, wenn wir uns bewahren können und ins Unermeßliche ausdehnen können die Kraft der Liebe, des Hingebens zu allen Wesen, dann bilden wir auch unsere Erkenntniskraft immer mehr und mehr aus. Und dann erlangen wir die Fähigkeit, nun nicht bloß das tierische, das pflanzliche Reich exakt clairvoyant zu überblicken, sondern dann erblicken wir auch das mineralische Reich, und zwar zunächst jenes mineralische Reich, das seiner Natur nach den Kristall enthält. Kristalle, mineralische Kristalle, sie werden ein wunderbares Forschungs- und Beobachtungsobjekt für denjenigen, der gerade in die höheren spirituellen Welten eindringen will.

Hat man sich durchgearbeitet durch das Anschauen der tierischen, der pflanzlichen Welt, so kann man an die kristallisierte mineralische Welt herankommen. Wiederum fühlt man sich gedrängt, von dem mineralisch Kristallisierten, das einem auf der Erde entgegentritt, den Blick zu erheben zum Weltenall, zum Kosmos. Wiederum schaut man in den Weiten des Kosmos Wesenhaftes, wie man dasjenige schaut, das dem Pflanzendasein zugrunde liegt. Aber die ganze Anschauung ist jetzt eine andere. Man erlebt etwas ganz anderes, wenn man im Schauen von einem kristallisierten Mineral ausgeht, als wenn man im Schauen von der Pflanzenwelt ausgeht. Man erlebt wiederum da draußen im Weltenall Wesenhaftes (Zeichnung auf S. 52: Ranken), man sagt sich wiederum: Was man hier unten im Erdendasein sieht als kristallisiertes Mineral, das ist veranlaßt durch Geistig-Lebendiges, das in den Weiten des Kosmos ist.

Aber indem das herunterwirkt (Pfeile von oben), spiegelt es sich nicht auf der Erde oder durch die Erde. Sehen Sie, das ist das Wesentliche. Wenn wir vom Mineral uns erheben in den Kosmos und schauen wiederum zur Erde zurück, dann ist für das Mineralische die Erde kein Spiegel mehr. Es ist so, wie wenn die Erde gar nicht da wäre. Sie entfällt unserem Blicke. Wir können nicht sagen, wie wir es bei der Pflanze sagen können: Da unten ist die Erde, die spiegelt. – Nein, sie spiegelt nicht, sie verhält sich, wie wenn sie gar nicht da wäre. Wenn wir uns konzentriert haben auf ein solches Schauen, das ausgeht von dem kristallisierten Mineral, wenn wir den Blick hinausgewendet haben in die Weltenweiten und wiederum zurückschauen, dann ist unter uns ein beängstigender, ein zunächst beängstigender, furchtbarer Abgrund, ein Nichts. Wir müssen warten. Aber wir müssen Geistesgegenwart haben; das Warten darf nicht lange dauern. Warten wir zu lange, dann wird die Angst riesengroß, weil wir fühlen, wir haben den Boden unter den Füßen verloren. Das ist ein ganz ungewohntes Gefühl, das sich als eine riesengroße Angst äußert, wenn wir nicht Geistesgegenwart haben und aktiv durchdringen dieses Nichts.

Wir müssen durch die Erde durchschauen. Das heißt, sie ist nicht da. Wir müssen weiter schauen, weil sie nicht da ist. Und wir sind genötigt, für die Mineralien jetzt nicht nur das zu schauen, was über uns ist, sondern den ganzen Umkreis zu schauen. Die Erde muß wie weggelöscht sein. Wir müssen unten dasselbe schauen wie oben, westwärts dasselbe wie ostwärts (siehe Zeichnung S. 52).

Und dann kommt uns von der anderen Seite eine Strömung entgegen, die nun von unten heraufkommt, im Gegensatze zu der Strömung, die ja auch bei den Pflanzen vorhanden ist, die von oben herunterkommt. Und wenn wir da hinausschauen und eine Strömung von da kommt, dann kommt eine andere Strömung von der entgegengesetzten Seite. Von allen Seiten her erblicken wir einander begegnende Strömungen des Kosmos. Die treffen zusammen. Die treffen da unter uns zusammen. So daß wir von oben die Strömung für die Pflanzen haben – ich habe sie hier grün gezeichnet –, sie geht herunter, die Erde leistet Widerstand, die Pflanze wächst heraus. Wenn wir aber

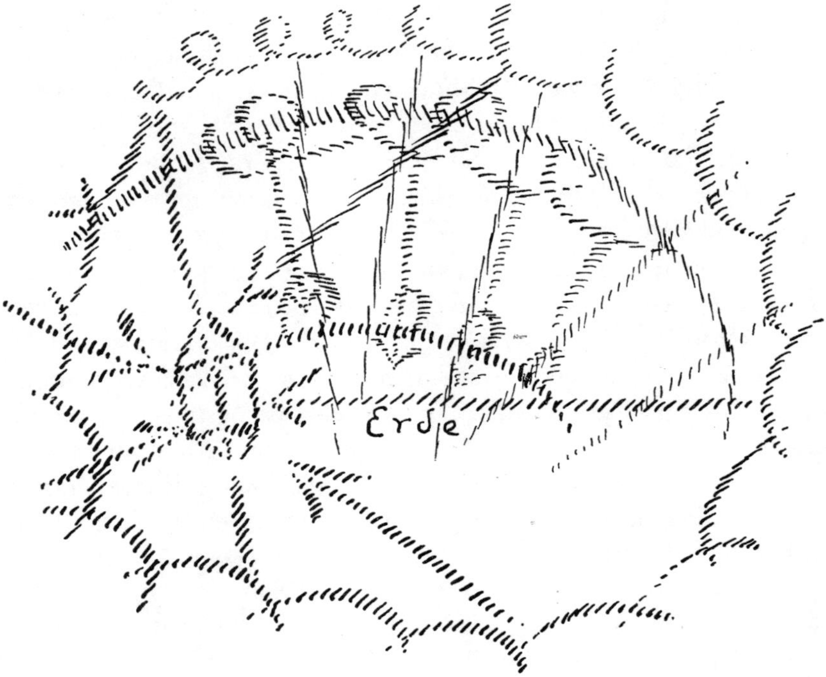

eine Strömung für das mineralische Reich betrachten, haben wir hier eine entgegengesetzte Strömung, und durch das Zusammenkommen bildet sich die Form des Mineralreichs. Hier eine Strömung, hier die entgegengesetzte Strömung; hier wieder eine Strömung, hier die entgegengesetzte Strömung und so fort. Und frei durch die Begegnung dieser aus dem All des Kosmos einander begegnenden Strömungen entsteht das Mineral. Für das kristallisierte Mineral ist die Erde kein Spiegel. Da spiegelt sich nichts in der Erde. Da spiegelt sich alles in seinem eigenen Element.

Wenn Sie hinschauen auf das Gebirge draußen und einen Quarzkristall finden, so ist er ja gewöhnlich unten aufsitzend; aber da ist er nur gestört durch das Irdische, da greifen ahrimanische Mächte störend ein. In Wirklichkeit wird er so gebildet, daß von allen Seiten das geistige Element zusammenschießt, sich ineinander spiegelt, und frei schwebend im geistigen Weltenall sehen Sie den Quarzkristall. In jedem einzelnen Kristall, der sich vollkommen nach allen Seiten bildet, kann man eine kleine Welt schauen.

Aber nun gibt es ja viele Kristallformen, Würfel, Oktaeder, Tetraeder, Dodekaeder, rhombische, dodekaedrische, monoklinische, triklinische Gestalten, alle möglichen Gestalten gibt es. Wir schauen sie. Wir schauen, wie die Strömungen zusammenkommen, einander treffen. Hier haben wir einen Quarzkristall, ein sechsseitiges Prisma, geschlossen durch sechsseitige Pyramiden; hier haben wir einen Salzkristall, der vielleicht würfelförmig ist; hier einen Pyritkristall, der vielleicht dodekaedrisch ist. Wir schauen das alles. Jeder dieser Kristalle kommt so zustande, wie ich das beschrieben habe, und wir müssen uns sagen: Also gibt es so vielerlei geformte Weltenströmungen, eigentlich so viele Raumeswelten; es gibt nicht eine Welt, es gibt so viele Raumeswelten, als die Erde aus Kristallen zusammengesetzt ist. – Wir schauen hinein in eine Unermeßlichkeit von Welten. Wir schauen auf den Salzkristall und sagen uns: Da draußen im Weltenall west Wesenhaftes; der Salzkristall ist uns die Manifestation für etwas, was den ganzen Weltenraum als Wesenhaftes durchdringt, eine Welt für sich. – Wir schauen den Pyritkristall, auch würfelförmig oder dodekaedrisch. Wir sagen uns: Da west im Weltenall etwas, was den ganzen Raum erfüllt; der Kristall ist uns die Ausprägung, die Manifestation einer ganzen Welt. – Auf viele Wesenheiten schauen wir, die je eine Welt in sich schließen. Und hier auf der Erde stehen wir als Mensch und sagen uns: Im Irdischen begegnen sich die Taten vieler Welten. Und indem wir Menschen auf der Erde denken und tun, fließt in unserem Denken und Tun das Denken und Tun der mannigfaltigsten Wesen zusammen. – Wir erblicken in den unermeßlich mannigfaltigen Formen der Kristalle eine Offenbarung einer großen Fülle von Wesenheiten, die sich in mathematisch-räumlicher Gestalt in den Kristallen ausleben. Wir schauen die Götter in den Kristallen an.

Das ist noch viel wesentlicher, in Verehrung des Weltenalls, ja in einer Art Anbetung des Weltenalls die wunderbaren Geheimnisse dieses Weltenalls auf die Seele wirken zu lassen, als theoretisch mit dem Kopf irgend etwas zu wissen. Und Anthroposophie sollte führen zu diesem Sich-Erfühlen im Weltenall. Hinzuschauen können soll der

Mensch durch Anthroposophie zu jedem einzelnen Kristall das Weben und Walten eines Gottes im Weltenall. Dann erfüllt sich die ganze menschliche Seele mit Welteninhalt, nicht nur der Kopf mit Gedanken. Am wenigsten ist Anthroposophie dazu da, den Kopf mit Gedanken zu erfüllen. Anthroposophie ist dazu da, den ganzen Menschen mit Erleuchtung über das Weltenall, mit Verehrung und Anbetung für das Weltenall zu erfüllen. In alle Gegenstände und in alle Vorgänge der Welt soll einziehen, ich möchte sagen, der innerliche seelische Opferdienst des Menschen. Und dieser Opferdienst soll Erkenntnis werden.

Substantialität und Metallität der mineralischen Welt

Wenn man so dem Raumesall, dem Raumeskosmos gegenübersteht und hineinblickt in dasjenige, was einem aus der kristallisierten mineralischen Welt erdenwärts entgegen sich formt, dann hat man zunächst einen befriedigenden Anblick. Allein der weicht sehr bald dem Wiederauftreten jenes Ängstlichkeitszustandes, jenes Angstzustandes, von dem ich gesprochen habe. Bevor man diese göttergetragene, kristallisierte Welt empfindet, hat man die geschilderte Angst. Sie löscht sich zunächst aus, diese Angst, wenn man diese göttergetragene, kristallisierte Welt schaut. Aber das hört nach einiger Zeit auf, denn man bekommt ein eigentümliches Gefühl, das Gefühl: das alles, was sich da als der Kristall bildet, trägt dich nur zum Teil.

Nehmen wir das Beispiel, das ich gewählt habe: einen Salzkristall, den wir schauen, und einen Pyritkristall, einen Metallkristall. Da hat man das Gefühl, wenn man auf den Pyritkristall hinsieht, darauf kannst du bauen, das trägt dich. Wenn man auf den Salzkristall hinsieht, so will es einem scheinen, als ob man durch ihn hindurchfallen könnte, als ob er einen doch nicht trüge. Kurz, dasjenige, was vorher als die große Angst da war, überhaupt zu versinken, weil die Erde ein Nichts geworden ist, das ist jetzt wieder teilweise da gegenüber gewissen Formen. Und namentlich mischt sich in dieses Gefühl, das man nun bekommen hat, ein Moralisches hinein. In diesem

Augenblicke, wo man zum zweiten Mal von dieser Angst durchdrungen wird, fühlt man in sich nicht nur alle Sünden, die man in den Lebensläufen begangen hat, sondern auch alle diejenigen, deren man noch fähig sein könnte, die man noch begehen könnte.

Das alles ist wie Gewichte, die sich einem anhängen, die einen da hineinstürzen wollen in den Schlund, in den Abgrund, der einem aufgetan wird durch die Mineralkristalle, durch die man durchfallen kann. Da muß man dann zu einer weiteren Empfindung kommen können, zu einem weiteren Erlebnis. Zu alledem, was man da durchmacht, gehört Mut, ein Mut, der davon ausgeht, daß man sich sagt: Du hast ja doch in deinem Inneren etwas, was dich weder nach oben, noch nach unten, noch nach rechts, noch nach links fallen macht, du hast den Schwerpunkt deines Wesens in deinem Inneren.

Oh, meine sehr verehrten Anwesenden, man braucht im Leben niemals mehr Selbstvertrauen, mehr inneren Mut, als in dem Augenblicke, wo sich einem die Bleilast der eigenen Egoismen – denn Egoismen sind immer die Sünden – auf die Seele lastet gegenüber der kristallisierten mineralischen Welt. Das Durchsichtige, das heißt das Durchlässige, durch das man durchfallen kann, wird da schon zu einem furchtbaren Mahner. Und behält man den Mut, sagt man sich: Ein Tropfen des Göttlichen ruht in dir, du kannst nicht versinken, du bist von solcher Wesenheit, die göttlich ist; wird einem das Erlebnis, nicht bloß Theorie, dann bekommt man den Mut, sich jetzt aufrechtzuerhalten und weitergehen zu wollen.

Und jetzt lernt man ein anderes kennen an den Mineralien. Vorher hat man das kristallisierte Wesen der Mineralien kennengelernt. Jetzt lernt man ihre Substantialität, ihre Metallität kennen, dasjenige, was sie innerlich als Stoff durchdringt; vorher die Form, jetzt was sie durchdringt als Stoff. Und man kommt darauf, wie man in verschiedener Weise durch gewisse repräsentative Grundmetalle im Weltenall gehalten wird. Man lernt sich jetzt als Mensch in seiner Beziehung zum Kosmos kennen. Und man lernt die einzelnen Metallitäten, die Substantialitäten des mineralischen Wesens kennen. Man lernt wirklich in sich selber jenen Mittelpunkt fühlen, von dem ich jetzt eben gesprochen habe (siehe Zeichnung S. 59).

Und nun müssen Sie das, was ich sage, obwohl ich es mit Worten aussprechen muß, die Materielles bezeichnen, nicht materiell auffassen. Wenn man sagt: Herz, Kopf – so stellt sich der heutige materialistisch denkende Mensch den physischen Kopf, das physische Herz vor. Aber das ist ja alles zugleich geistig. Das ist ja aus dem Geiste heraus gebildet. Und so bekommt man schon, wenn man den Menschen in seiner Totalität als geistig-seelisch-physisches Wesen nunmehr ganz geistig, ganz spirituell schaut, die deutliche Empfindung, im Herzen ist es zunächst, wo der Schwerkraftpunkt liegt, der einen nicht hinuntersinken, nicht hinauffliegen läßt, nicht nach rechts noch links drängt, sondern der einen hält. Man kommt, wenn man jenen Mut, den ich eben geschildert habe, beibehält, dazu, sich festgehalten im Weltenall zu finden. Was heißt aber: festgehalten im Weltenall sich zu finden?

Nun, wenn man das Bewußtsein verliert, ohnmächtig wird, dann ist man nicht festgehalten. Wenn man ein innerliches starkes Schmerzgefühl hat, so daß man sich stärker innerlich fühlt als im gewöhnlichen Leben – Schmerz ist ja eine Verstärkung des inneren Gefühles –, dann ist man wieder nicht beim gewöhnlichen Bewußtsein. Der Schmerz treibt aus dem gewöhnlichen Bewußtsein heraus. Man hat eine Art mittleren Bewußtseins im gewöhnlichen Erdenleben zwischen Geburt und Tod. Bei dem muß man sich aufrechterhalten. Wenn dieses Bewußtsein zu dünn wird, wird man ohnmächtig. Wenn es zu dick wird, zu dicht, zuviel in sich selbst bewußt wird, kommt der Schmerz; das Aufgehen ins Nichts in der Ohnmacht, das Zusammengepreßtwerden im Schmerze sind nach beiden Seiten hin die Abirrungen des Bewußtseins. Das gerade hat man jetzt als ein Gefühl gegenüber der kristallisierten mineralischen Welt, wenn man noch nicht die Metallität, die Substantialität hat, das Gefühl, in jedem Augenblicke könnte man in Ohnmacht sinken, hinaus verschwimmen in das Weltenall, oder in Schmerz zusammenbrechen.

Da bekommt man eben das Gefühl: In dem, wo physisch die Herzmuskeln liegen, da drängt sich zusammen all das, was uns einen festen Halt gibt. – Und ist man mit dem Bewußtsein so weit gedrungen, wie ich es jetzt geschildert habe, dann nimmt man wahr: alles das, was einen im Erdenbewußtsein, im wachenden Erdenbewußtsein hält, was dieses Bewußtsein zu einem sogenannten normalen macht, wenn ich dieses häßliche, philiströse Wort «normal» gebrauchen darf, ist das in ungeheurer Feinheit in der Welt ausgebreitete, aber auf kein anderes Organ in solcher Unmittelbarkeit als auf das Herz wirkende Gold, Aurum.

Nimmt man also vorher wahr die Formung, die Kristallisation des Mineralischen, so nimmt man jetzt wahr die innere Substantialität, die Metallität. Man fühlt, wie die Metallität wirkt auf den Menschen selber. Draußen sehen wir den Kristall, der das Metallische formt, in Mineralform. Aber in uns wissen wir, daß die Kraft, die im Golde in ungeheuer feiner Dosierung im ganzen Weltenall ausgebreitet ist, unser Herz trägt, und damit das Bewußtsein aufrechterhält, das wir haben, wenn wir im Tagesleben, im gewöhnlichen Tagesleben sind. So daß wir sagen können: Auf das Herz des Menschen wirkt das Gold (siehe Zeichnung S. 59).

Wir können nun unsere Versuche machen. Wir können lernen, indem wir an das metallische Gold uns so erinnern, wie es ist, auf seine Farbe uns konzentrieren, auf seine Härte, auf seine ganze Substantialität uns konzentrieren und dann diese erlebte innere Erfahrung machen, daß das Gold mit unserem Herzen zu tun hat. Dann können wir es dahin bringen, daß wir durch andere Konzentration, durch Konzentration zum Beispiel auf das Eisen und seine Eigenschaften, darauf kommen, wie das Eisen wirkt. Das Gold wirkt unendlich harmonisierend, ausgleichend auf den inneren Menschen. Er kommt in ein inneres Gleichgewicht durch die Wirkung des Goldes. Konzentrieren wir uns scharf auf das Eisen, nachdem wir es gut kennengelernt haben, vergessen wir das ganze Weltenall, konzentrieren wir uns bloß auf das Eisen, so daß wir gewissermaßen selber in unserem Seelenleben ganz im Eisen aufgehen, Eisen werden, uns als Eisen erleben, dann fühlen wir, wie wenn unser Bewußtsein aus dem Herzen heraufstiege. Wir fühlen uns noch ganz klar, aber wir fühlen, wie das Bewußtsein aus dem Herzen heraufsteigt und bis zum Halse, zum Kehlkopf dringt. Hat man nun genügend Übungen gemacht, dann schadet aber das nichts. Hat man noch nicht genügend Übungen gemacht, dann kommt eben die leise Ohnmacht. Man lernt diese leise Ohnmacht beim Aufsteigen des Bewußtseins entweder dadurch kennen, daß man wirklich in eine leise Ohnmacht fällt, oder man lernt es dadurch kennen, daß man innere Aktivität, starke Kraft des Bewußtseins entwickelt hat. Dann versetzt man sich nach und nach hinein in dieses Aufsteigen des Bewußtseins, und man kommt an jene Welt heran, auch durch eine solche Methode, wie ich sie eben beschrieben habe, an die Welt, von der ich gestern gesprochen habe, wo man die Tiere mit ihren Gattungsseelen sieht. Jetzt ist man aber in der Astralwelt drinnen dadurch, daß man sich auf die Metallität des Eisens konzentriert hat.

Geht man auf die Form der Metalle, kommt man zu den Götterwesen. Geht man auf die Metallität, auf die Substantialität, dann kommt man in die astralischen Welten hinein, in die astralische, in die Seelenwelt. Man fühlt das Bewußtsein hier am Hals heraufsteigend (siehe Zeichnung S. 59), kommt in eine andere Sphäre des Bewußtseins hinein, weiß, daß man das der Konzentration auf das Eisen verdankt, hat das Gefühl, man ist jetzt gar nicht mehr derselbe Mensch wie früher. Wenn man vollbewußt, exakt bewußt in diesen Zustand hineinkommt, hat man das Gefühl, man ist nicht mehr derselbe Mensch wie früher, man ist ätherisch geworden. Man ist aus sich heraus aufgestiegen, ätherisch geworden. Die Erde geht weg, interessiert einen nicht mehr. Aber man erhebt sich in die planetarische Sphäre, die sozusagen jetzt der Wohnplatz von einem ist. So kommt man immer mehr und mehr aus sich heraus, in das Weltenall hinein. Der Weg vom Gold zum Eisen ist der Weg ins Weltenall hinaus.

Man kann weitergehen. Man kann sich jetzt ebenso, wie ich es für Gold und Eisen beschrieben habe, zum Beispiel auf Zinn konzentrieren, ein anderes Metall, wiederum auf die Metallität, auf die Farbe, die es hat, die Konsistenz und so weiter, so daß man mit seinem Bewußtsein ganz Zinn wird. Man fühlt, daß das Bewußtsein noch weiter heraufsteigt. Man fühlt, wenn man unvorbereitet, ohne die nötigen Übungen, als Mensch das durchmacht, wird man sehr stark ohnmächtig, es ist nur noch ein Funke des Bewußtseins da. Und hat man die Übungen durchgemacht, so hält man sich in dieser Ohnmacht drinnen und fühlt im Gegenteil, wie man noch weiter aus seinem Leibe herausschlüpft. Nun schlüpft man weiter heraus. Man fühlt, aufgestiegen ist bis zur Augengegend das Bewußtsein (siehe Zeichnung S. 59). Man fühlt sich in den Weiten des Weltenalls draußen. Man fühlt sich noch aber in den Sternen drinnen. Die Erde fängt aber an, als ein ferner Stern sichtbar zu werden. Und man denkt: Da unten hast du

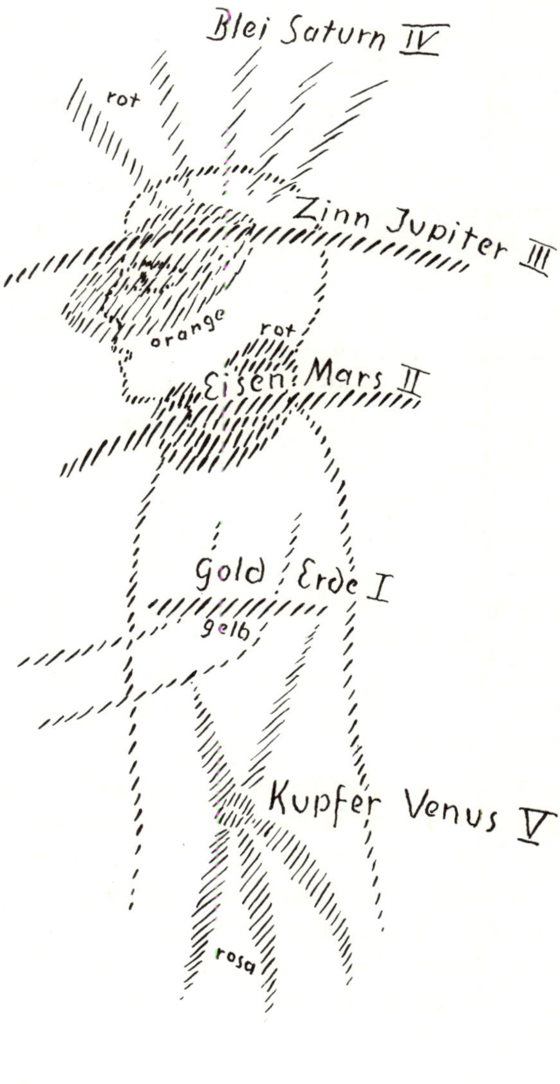

deinen Leib gelassen auf der Erde, du bist jetzt heraufgekommen in den Kosmos, erlebst das Sternenleben mit.

Ja, sehen Sie, das, was ich Ihnen da beschreibe, das ist aber nicht so ganz einfach. Denn das, was ich Ihnen beschreibe, was man erfährt, indem man den Initiatenweg durchmacht, so daß man fühlt beim Initiatenweg: dein Bewußtsein ist im Kehlkopf, du hast ein Bewußtsein; es ist im Kehlkopf; daß man fühlt: dein Bewußtsein ist da in den unteren Partien des Kopfes und in der Stirn, daß man das fühlt, das weist nur darauf hin, daß das ja immer im Menschen vorhanden ist.

Sie alle, die Sie hier sitzen, haben diese Bewußtseine in sich, Sie wissen es nur nicht. Wie haben Sie sie in sich? Ja, sehen Sie, der Mensch ist eben nicht ein einfaches Wesen. In dem Augenblicke, wo Sie Ihrer ganzen Kehlkopforganisation bewußt würden, wenn Sie Ihr Gehirn wegschmeißen könnten, Ihre Sinne wegschmeißen könnten, nur Ihr Bewußtsein als Mensch im Kehlkopf und dem, was dazugehört, entwickeln würden, dann würden Sie eben dieses leise unterbewußte Ohnmachtsgefühl immer haben. Aber Sie haben es auch. Nur ist es zugedeckt durch das gewöhnliche Herzbewußtsein, durch das Goldbewußtsein. In Ihnen allen sitzt dieses Bewußtsein, das ich eben geschildert habe; ein Teil Ihres Menschen hat es. Ein Teil Ihres Menschen lebt damit in den Sternen draußen, ist gar nicht auf der Erde.

Noch weiter im Weltenall draußen lebt das Zinnbewußtsein (Zeichnung: orange). Es ist gar nicht wahr, daß Sie allein hier auf Erden leben. Sie leben auf Erden dadurch, daß Sie ein Herz haben. Das hält Ihnen das Bewußtsein auf der Erde zusammen. Dasjenige, was im Kehlkopf sitzt (Eisen: rot), das lebt draußen im Weltenall. Und noch weiter draußen lebt dasjenige, was über den Augen im Kopfe sitzt (Zinn). Eisen reicht hinauf bis zum Mars. Das Zinn reicht hinauf bis zum Jupiter. Durch das Gold nur sind Sie auf Erden. Sie sind immer im Weltenall; nur das Herzbewußtsein deckt Ihnen das zu.

Tritt die Konzentration nun ein für Blei oder für ein ähnliches Metall, wiederum für die Substantialität, für die Metallität, dann gehen Sie ganz aus sich heraus. Dann wird Ihnen ganz klar: Da drunten auf der Erde ruht dein physischer, ruht auch dein Ätherleib. Das ist etwas Fremdes. Das ist da unten. Das geht mich jetzt so wenig an wie der

Stein, der auf dem Felsen ruht. – Das Bewußtsein ist herausgestiegen aus Ihnen, hier (aus dem oberen Teil des Kopfes: rot). Im Weltenall ist immer eine geringe Dosierung von Blei vorhanden. Dieses Bewußtsein da oben, das ist weit hinausreichend. Und mit dem, was da noch in der Schädeldecke mit diesem Bewußtsein beim Menschen immer vorhanden ist, damit ist er immer in einer vollständigen Ohnmacht.

Denken Sie an die Illusionen, in denen der Mensch da lebt. Er glaubt, wenn er so an seinem Schreibtisch sitzt, Konten oder Feuilletons schreibt, da denkt er mit seinem Kopfe. Es ist aber gar nicht wahr. Der Kopf ist gar nicht auf der Erde. Er ist nur in seiner äußerlichen Offenbarung auf der Erde. Der Kopf reicht vom Hals in das Weltenall hinaus. Das Weltenall offenbart sich bloß im Kopfe. Dasjenige, was macht auf Erden, daß Sie ein Erdenwesen sind zwischen Geburt und Tod, das ist das Herz. Und wenn einer gute oder schlechte Feuilletons schreibt, Konten, die den anderen übervorteilen oder nicht übervorteilen, so kommt das alles aus dem Herzen. Die besten Gedanken, die Sie haben können, das kommt alles aus dem Herzen. Es ist nur eine Illusion, daß der Mensch mit seinem Kopf auf Erden lebt. Er lebt nicht mit seinem Kopf auf Erden. Der Kopf ist eigentlich fortwährend ohnmächtig. Daher kann er auch in einer so außerordentlichen Weise gerade schmerzvoll werden, wie andere Organe nicht schmerzvoll werden. Ich werde das noch weiter ausführen. So daß, wenn wir daran denken, dahinterzukommen, wie wir sind, uns eigentlich fortwährend geistwärts droht, daß der Kopf ins Weltenall hinaus zersplittert wird, daß das ganze Bewußtsein nach oben auseinandergeht, ins Mächtig-Ohnmächtige zerfällt. Das alles wird durch das Herz zusammengehalten.

Es lebt der Mensch eigentlich so, daß wir sagen können: Im Kehlkopf (Eisen) entwickelt er das Bewußtsein, das ich Ihnen beschrieben habe als das, was zu dem tierischen Reiche reicht, zu den höheren Gebilden, die dem Tierreich zugrunde liegen. Hier im gewöhnlichen Leben kommt es nur nicht zum Bewußtsein; es ist da, wo der Mensch immer zu den Sternen hinausschaut. Dadrinnen tragen Sie immer das Bewußtsein. Hier oben ist das Bewußtsein der Pflanzengebilde, hier unten sind ihre Spiegelbilder (siehe Zeichnung S. 52). Und ganz oben, wo das Bleibewußtsein sitzt, wo wir hinaufreichen bis zum Saturn, da weiß unser Kopf nichts von dem Feuilleton, das wir schreiben, das schreiben wir mit dem Herzen. Aber der Kopf weiß von alledem, was ich Ihnen heute beschrieben habe, von alledem, was da drauf ist (siehe Zeichnung S. 52). Da kann nun einer sitzen, Irdisches beschreiben – es kommt aus seinem Herzen. Sein Kopf kann sich mittlerweile mit der Art und Weise befassen, wie sich ein Gott offenbart in einem Pyrit, in einem Salzkristall, in einem Quarzkristall.

Und wenn nun so das Initiatenbewußtsein auf diese Stühle schaut, so hören Ihre Herzen zu auf dasjenige, was ich sage; aber die drei übereinandergelagerten Bewußtseine, die sind im Kosmos. Da spielen sich Dinge ab, die ganz anderer Natur sind, als es im gewöhnlichen Erdenbewußtsein ist. Da leben vor allen Dingen in dem, was sich da abspielt, was sich immer hinausdehnt, die lebendigen Fäden, die für jeden das Karma spinnt und so weiter.

Sehen Sie, so lernt man allmählich aus dem Weltenall heraus den Menschen kennen. – Nun, wir haben den Menschen kennengelernt, der eigentlich mit der äußeren Welt zusammenhängt, sich auch außen fortwährend zu zersplittern droht, ohnmächtig nach außen wird, vom Herzen zusammengehalten wird.

Aus dem Raumesbewußtsein in das Zeitbewußtsein

In einer ganz anderen Richtung bewegen wir uns geistig, wenn wir auf gewisse andere Arten der Metallität unsere Konzentration richten. Geradeso wie wir das tun können mit Eisen, Zinn, Blei, können wir es zum Beispiel auch vollbringen mit dem Kupfer. Wir können uns auf die Metallität des Kupfers konzentrieren, gewissermaßen aufgehen in dem Kupfer, ganz Kupfer werden im Seelenleben, in der Farbe, in der Konsistenz, in jenes eigentümliche oberflächlich Gerilltsein des Kupfers aufgehen, kurz, in alledem, was man seelisch an der Metallität des Kupfers erleben kann. Dann bekommt man nicht das Gefühl eines Überganges in Ohnmacht, sondern etwas Gegenteiliges tritt ein. Man bekommt das Gefühl, man wird innerlich mit etwas ausgefüllt. Man wird innerlich sich mehr fühlbar, als man sonst ist. Man hat förmlich das Gefühl, dieses Kupfer, über das man konzentriert denkt, das erfüllt einen von oben bis nach unten, bis in die Fingerspitzen, überall hin, bis in die Haut hinein. Es erfüllt einen. Es füllt einen mit etwas aus. Und dasjenige, womit es einen ausfüllt, das fühlt man von da ausstrahlend (siehe Zeichnung S. 59, rosa). Es strahlt dann von diesem Mittelpunkt, der unterhalb des Herzens liegt, in den ganzen Körper hinein. Man fühlt so einen zweiten Körper in sich, einen zweiten Menschen. Man fühlt sich innerlich gepreßt. Ein leiser Schmerz beginnt, der sich steigert. Man fühlt alles innerlich gepreßt.

Aber wiederum mit dem Initiatengefühl durchdringt man das alles, und man fühlt eben einen zweiten Menschen auf diese Weise im Menschen. Und es wird bedeutsam, wenn man gerade mit dem Initiatengefühl nun so erleben kann, daß man sich sagen kann: Mit deinem gewöhnlichen Menschen, den du bekommen hast durch Geburt und Erziehung, mit dem du in der Welt herumgehst, mit dem du schaust durch deine Augen in die Welt, mit dem du hörst, mit dem du fühlst die Dinge, mit diesem Menschen gehst du herum; aber dadurch, daß du trainiert bist, daß du Übungen gemacht hast, dadurch bringst du auch diesen Menschen, diesen zweiten Menschen, der dich jetzt auspreßt, dazu, wahrnehmen zu können. – Er wird zwar ein eigentümlicher Mensch, dieser zweite Mensch. Er hat nicht so abgesonderte Augen und Ohren, er ist gleichsam ganz Auge und Ohr; aber er ist wie ein Sinnesorgan. Er nimmt fein wahr. Und er nimmt eben Dinge wahr, die wir sonst nicht wahrnehmen. Die Welt wird plötzlich bereichert. Und man kann dann wie eine Schlange, die beim Häuten ihre Haut abstößt, für eine gewisse Zeit, die gar nicht lange zu sein braucht, die nach Sekunden dauern mag – man erlebt schon in Sekunden dann sehr viel –, mit diesem zweiten Menschen, der sich da einem, ich möchte sagen, als der Kupfermensch ausgebildet hat, herausgehen aus dem Leibe und sich frei in der Welt geistig bewegen. Er ist trennbar, wenn das auch alles Schmerz macht, wenn der Schmerz sich auch steigert, er ist trennbar vom Leibe.

Man kann herauskommen. Man kann jetzt, wenn man herauskommt, noch mehr erleben, als wenn man drinnen stecken bleibt. Man kann vor allen Dingen, wenn man es dazu gebracht hat, dieses Herausgehen zu ermöglichen, jemandem, der gestorben ist, in diejenige Welt folgen, in die er nach ein paar Tagen eintritt. Also jemand ist durch die Pforte des Todes gegangen, und alle die Beziehungen, die man als irdischer Mensch zu diesem Menschen gehabt hat, hören auf. Er wird verbrannt oder begraben. Er ist auf der Erde nicht mehr da.

Wenn man mit diesem zweiten Menschen, den ich eben beschrieben habe, aus dem Leibe herausgeht, so kann man der Seele, die durch die Pforte des Todes gegangen ist, weiter nachfolgen. Man bleibt mit dieser Seele zusammen. Und man erlebt dann, wie diese Seele in den ersten Jahren und Jahrzehnten, nachdem sie durch die Pforte des Todes gegangen ist, das Leben wieder rückwärts durchmacht. Es wird das eine Wahrheit. Man kann das beobachten. Man kann mit dem Toten weiterhin gehen. Man sieht, das, was er in den Tagen vor seinem Sterben hier auf Erden erlebt hat, das erlebt er zurück, das Letzte zuerst, das Vorletzte als zweites und so weiter. Er lebt alles zurück. Bis zu dem Zeitpunkte seiner Geburt lebt er sich zurück in einem Drittel der Lebenszeit. Wenn einer sechzig Jahre alt geworden ist, lebt er ungefähr zwanzig Jahre zurück, das ganze Leben rückwärts durchlaufend. Da kann man ihm folgen.

Und das Eigentümliche ist, da lernt man vieles vom Menschen so kennen, wie es eben unmittelbar nach dem Tode ist. Der Mensch lebt nicht nur die Dinge so zurück, wie er sie hier auf Erden erfahren hat. Verzeihen Sie, wenn ich ein derbes Beispiel nehme. Nehmen wir an, Sie haben drei Jahre vor Ihrem Tode jemandem eine Ohrfeige gegeben – ich will ein derbes Beispiel nehmen. Da haben Sie Zorn gehabt über ihn. Der Zorn ist übergesprudelt. Ich weiß ja selbstverständlich, daß keiner, der hier sitzt, das tun würde, aber ich will eben ein derbes Beispiel wählen. Also nehmen wir an, Sie haben einen Zorn gehabt, der Zorn ist übergesprudelt, Sie haben einem anderen seelisch, physisch Schmerz gemacht. Sie haben Ihre Befriedigung gehabt. Sie waren zufrieden. Sie haben ihn gestraft für das, was er Ihnen angetan hat.

Jetzt, wenn Sie zurückgehen und bei diesem Ereignis ankommen – nach einem Jahre kommen Sie bei diesem Ereignis an –, da erleben Sie nicht das, was Sie erlebt haben als Ihren Zorn, sondern was er als

Seelenleid, als Körperleid erlebt hat. Sie leben sich ganz in ihn hinein. Sie bekommen dann die Ohrfeige im Seelischen. Sie haben den körperlichen Schmerz richtig nachzufühlen. Und so für alle Ereignisse. Sie erleben die Ereignisse so, wie sie die anderen erlebt haben. In alldem kann man dem Menschen folgen.

Sehen Sie, über diese Dinge hat man mehr gewußt als heute, in der Zeit, von der ich Ihnen in diesen Tagen erzählt habe, bei den alten Chaldäern, die aus den Mysterien heraus ihre Kulturimpulse gehabt haben. Bei diesen Chaldäern war es sehr merkwürdig. Da lebte man nicht so aus dem Herzen heraus wie heute, sondern man lebte wirklich bei den Chaldäern aus dem Kehlkopfe heraus. Die Chaldäer hatten als ihr naturgemäßes Bewußtsein eine Art Eisenbewußtsein. Sie erlebten draußen im Weltenall. Die Erde kam ihnen nicht so hart und konsistent vor wie uns. Aber wenn sie in besonders günstigen Stunden da draußen lebten, zum Beispiel auf dem Mars lebten, mit den Marswesen zusammen lebten, dann konnte für sie der Augenblick eintreten, daß vom Monde herüber Wesen kamen und gerade solche Wesen mitbrachten, die man wahrnimmt, wenn man in diesem zweiten Menschen ist, den ich eben beschrieben habe. Und da lernten auf einem Umwege im Weltenall draußen die Chaldäer hohe Wahrheiten kennen, die sich auf das Leben nach dem Tode beziehen. Sie wurden im Weltenall draußen unterrichtet.

Heute brauchen wir das nicht. Wir können unmittelbar dem Toten folgen. Wir können ihn begleiten, wie er seine Erlebnisse in umgekehrter Reihenfolge, aber auch in entgegengesetzter Ordnung erlebt. Und das Eigentümliche ist dabei, man fühlt sich, wenn man so aus seinem Leibe herausgegangen ist mit diesem zweiten Menschen, in einer Welt, die viel, viel wirklicher ist als unsere Erdenwelt. Es kommt einem dann die Erdenwelt und alles, was man da erlebt hat, wie Schatten vor gegenüber der dichten, anspruchsvollen Wirklichkeit, in die man jetzt eingetreten ist.

Wenn man Tote begleitet in der beschriebenen Weise, dann fühlt man alles doppelt schwer, dreifach schwer, dreifach hell, dreifach laut, alles viel realer, und die ganze physische Welt kommt einem recht schattenhaft vor. Wer in dieser Welt verkehrt durch das Initiatenbewußtsein, für den wird die physische Welt eine Summe von Gemälden, und es könnte schon sein, daß ein solcher Initiat, der aus seinen Aufgaben heraus viel in dieser Weise mit Toten verkehrt hat, Ihnen sagen würde: Ihr seid ja alle nur aufgemalt. Ihr seid ja gar keine Wirklichkeit. Da seid Ihr auf Euren Stühlen aufgemalt. – Denn die eigentlichen Wirklichkeiten, die entdeckt man erst da auf der anderen Seite des Daseins. Da ist alles viel realer. Diese Realität, man kann sie schon erfahren, meine sehr verehrten Anwesenden.

Vielleicht erinnern sich einige von Ihnen an meine Mysteriendramen. Die anderen haben vielleicht Gelegenheit, es zu lesen, denn die Dinge sind ins Englische übersetzt. Da kommt eine Gestalt vor, die Strader heißt. Diese Gestalt des Strader ist nach dem Leben gezeichnet. Es gab eine Persönlichkeit im letzten Drittel des 19. Jahrhunderts, die noch in das 20. Jahrhundert herein lebte, deren Abbild, aber künstlerisch, dichterisch, nicht photographenmäßig, der Strader ist. Nun, diese Persönlichkeit interessierte mich als Persönlichkeit im Leben sehr stark. Diese Persönlichkeit war im Leben zuerst Kapuziner, hatte dann umgesattelt und war Philosoph geworden, weilte auch einmal im Kloster von Dornach zu Besuch. Diese Persönlichkeit, die mich sehr im Leben interessierte, habe ich umgearbeitet, umgestaltet. Sie lebt als Strader in meinen Mysterien – nur ähnlich, nicht gleich.

Nun kam das vierte Mysterium. Sie wissen, im vierten Mysterium stirbt Strader. Ich mußte ihn sterben lassen. Ich hätte nicht noch weiter den Strader gestalten können. Er hätte in einem fünften Mysterium nicht wiederum auftreten können. Es würde mir die Feder weggesunken sein, wenn ich hätte etwas schreiben wollen, ihn weiter charakterisieren wollen. Warum geschah das? Ja, sehen Sie, inzwischen war nämlich die wirkliche Persönlichkeit gestorben, die vom Kapuziner zum Philosophen geworden ist. Und durch das Interesse, das ich für diese Persönlichkeit hatte, konnte ich sie nun in die andere Welt verfolgen. Da wirkt sie viel realer. Da hört das, was in der physischen Welt zunächst noch beschrieben werden konnte, auf, ein so starkes Interesse zu haben wie dasjenige, was man jetzt mit einer solchen Persönlichkeit erlebt, wenn man sie nach dem Tode verfolgt.

Und es stellte sich etwas Eigentümliches ein. Ein paar Anthroposophen kamen auf diesen Sachverhalt; sie kriegten heraus – es sind ja manche Menschen scharfsinnig, nicht wahr –, daß der Strader eine Art Ebenbild ist jenes Menschen. Sie forschten nach und kamen an den Nachlaß und an allerlei Interessantes, was der Mann zurückgelassen hatte, brachten mir das, setzten voraus, daß ich nun in ein hell jauchzendes Interesse verfallen würde für alles das, was diese Persönlichkeit zurückgelassen hat. Ich konnte mich gar nicht dafür interessieren. Dagegen interessierte mich alles das, was der Mann jetzt tat nach dem Tode. Das ist viel realer. Daneben verschwand alles, was das Äußere darstellt, was er hinterlassen hat.

Man wunderte sich zunächst darüber, daß ich so interesselos war, nachdem man sich so viel Mühe gegeben hatte, allerlei aus dem Nachlaß zu bekommen, was ich gar nicht haben wollte. Ich habe es heute noch nicht verlangt. Aber es ist eben so: die Erdenrealität wird zur Illusion gegenüber der mächtigen Realität, die einem dann entgegentritt, wenn man eine Individualität nach dem Tode verfolgt, wo sie drinnensteht in derjenigen Welt, die man selber erlebt an sich; wenn auf diejenige Art, wie ich es geschildert habe, man mit dem Menschen ausgefüllt wird, der herausgehen kann aus dem Leibe, wenn auch nur für kurze Zeit; aber in kurzer Zeit kann man viel erleben.

Es gibt eben diese unmittelbar an unsere physisch-sinnliche Welt angrenzende Welt, in der sozusagen die Toten unmittelbar leben, die man viel realer erlebt, weil man sie erlebt mit dem Menschen, der da herausschreitet. Jetzt ist man nicht ohnmächtig, jetzt ist man dichter in seinem Bewußtsein. Rückt man hinauf über das Herz mit seinem Bewußtsein, dann wird das Bewußtsein dünner; man kommt einer Ohnmacht nahe; rückt man unter das Herz hinunter, verdichtet sich das Bewußtsein. Man kommt in die Welten hinein, die Wirkliches sind. Man muß es nur ertragen können. Sie pressen, sie schmerzen. Aber wenn man mit dem nötigen Mut hineinstößt, so kommt man hinein. (Siehe Zeichnung S. 59.)

So haben wir jetzt das gewöhnliche Bewußtsein des Tages im Herzen (I), ein zweites Bewußtsein im Kehlkopf (II), ein drittes Bewußtsein in der Augengegend (III), ein viertes Bewußtsein im Kopf oben (IV), das schon ganz in den Kosmos hinausführt, und dann ein fünftes Bewußtsein (V), das einen jetzt nicht in die Raumeswelten hinaus, sondern in die Zeiten zurückführt. In der Zeit geht man; in der Zeit macht man einen Weg, wenn man an dieses fünfte Bewußtsein herankommt; den Weg, den der Tote zurückgeht, den macht man. Man ist aus dem Raum herausgetreten, in die Zeit eingetreten.

Sie sehen, auf das Versetzen in andere Bewußtseinszustände kommt alles an. Man lernt Welten kennen, wenn man sich in andere Bewußtseinszustände versetzt. Der Mensch lebt hier auf Erden in *einer* Welt, weil er nur *ein* Bewußtsein hat, weil er die anderen Bewußtseinszustände verschläft. Verschläft man sie nicht, versetzt man sich in diese anderen Bewußtseinszustände, dann erlebt man die anderen Welten. Das ist das Geheimnis des Erforschens anderer Welten, daß der Mensch selbst in seinem Bewußtseinswesen ein anderer wird. Denn nicht durch ein Spintisieren oder Forschen mit denselben Mitteln, die man im gewöhnlichen Leben hat, kommt man in andere Welten hinein, sondern durch die Metamorphose, durch die Transformation des Bewußtseins in andere Bewußtseinsformen.

VIERTER VORTRAG

Torquay, 14. August 1924

Das Geheimnis des Erforschens anderer Welten durch die Metamorphose des Bewußtseins

Der Zusammenhang der Metallität mit anderen Bewußtseinszuständen des Menschen

Von der Form und der Substantialität, der eigentlichen Metallität des Mineralischen habe ich gesprochen, insofern diese Dinge, wenn sie an den Menschen herantreten, Bezug haben auf seine Bewußtseinszustände. Bevor ich die Betrachtung, die sich auf einige Metallsubstanzen ausdehnen muß, werde fortsetzen können, muß ich eine bestimmte Bemerkung einflechten.

Man könnte nun leicht glauben, daß in dem, was ich gesagt habe, eine Empfehlung läge, Bewußtseinszustände, die abweichen von dem gewöhnlichen menschlichen Bewußtseinszustand des heutigen alltäglichen Lebens, dadurch hervorzurufen, daß man sozusagen wie eine Art Nahrungsmittel sich diese Substanzen körperlich beibringt. Und wenn von den Methoden gesprochen wird, durch die man den Weg in die geistige Welt findet, und da gesprochen wird davon, welche innerliche Schulung, Trainierung intimer Art man durchzumachen hat, dann kommen häufig die Menschen darauf, zu sagen: Ja, ich möchte sehr gerne etwas wissen von anderen Welten, von anderen Bewußtseinszuständen, aber das ist so schwierig, diese Übungen zu machen, die einem angeraten werden; das dauert so lange.

Dann beginnen wohl die Leute mit solchen Übungen. Aber dann kommt das Leben, das so voller Gewohnheiten ist, aus denen man nicht heraus möchte. Dann werden die Übungen nach und nach etwas, was an innerlichem Enthusiasmus und innerlicher Intensität verliert. Die Sache verschwimmt so allmählich im seelischen Leben. Und dann kommen die Leute zu nichts, finden es ungeheuer unbequem, so seelisch üben zu sollen. Hören sie dann, daß bestimmte, sagen wir, Metallitäten mit anderen Bewußtseinszuständen zusammenhängen, dann sagen die Menschen leicht: Ja, das ist bequemer. Wenn ich zum Beispiel, um einen Menschen nach dem Tode zu begleiten, bloß notwendig hätte, ein wenig Kupfer einzunehmen, warum soll ich dann nicht Kupfer einnehmen, um mir denjenigen Bewußtseinzustand zu verschaffen, der es mir möglich macht, den Toten durch sein ganzes Seelenleben zu begleiten.

Die Sache wird noch verfänglicher, wenn nun die Menschen vernehmen, daß in alten Mysterien die Sache wirklich in einer gar nicht unähnlichen Weise getrieben worden ist; daß in alten Mysterien, allerdings unter der strengen, unaufhörlichen Aufsicht derjenigen, die Initiaten waren, solche Dinge schon geübt worden sind. Wenn die Leute auch noch das hören, dann sagen sie: Warum sollten denn nicht diese alten Methoden wiederum erneuert werden? Aber man berücksichtigt dabei nicht, daß die Körper der Menschen bis ins Innerste hinein eben etwas ganz anderes in alten Zeiten waren, als sie heute sind. Was war denn in alten Zeiten, auch noch in jenen chaldäischen Zeiten, von denen ich gesprochen habe in diesen Tagen, bei den Menschen vor allen Dingen vorhanden, besser gesagt, nicht vorhanden?

Sehen Sie, es war unsere heutige Intellektualität nicht vorhanden. Die Menschen dachten nicht so von sich aus, wie wir heute denken, sondern die Menschen empfingen ihre Gedanken als Inspiration. Wie wir uns heute bewußt sind, daß wir das Rot der Rose nicht machen, sondern daß die Rose auf uns einen Eindruck macht, so waren sich die alten Menschen darüber klar, daß auch die Gedanken von den Dingen hereinkommen, hereininspiriert sind. Und das war deshalb, weil die Körperlichkeit eine ganz andere war in jenen alten Zeiten. Bis in die Blutzusammensetzung hinein war die Körperlichkeit eine andere.

Und so konnte es kommen, daß in jenen alten Zeiten solche Metalle, wie diejenigen sind, von denen ich gesprochen habe, in einer außerordentlich feinen, wir würden heute sagen, homöopathischen Hochpotenz den Leuten verabreicht worden sind, um die Übungen der Seele zu unterstützen. Aber sehen Sie, der ganze Körper war dazumal ein anderer. Und nehmen wir nun an, solch ein Mensch in alten Zeiten, also in jenen chaldäischen Zeiten, von denen ich gesprochen habe, solch ein Mensch habe ganz hochpotenziertes Kupfer bekommen und dann die Anweisung empfangen, er solle, bevor er dieses Kupfer bekommt – das war immer so –, bestimmte Seelenübungen machen, solch ein Mensch mußte ja nicht tagelang, sondern er mußte sich jahrelang trainieren, bevor ihm das hochpotenzierte Kupfer verabreicht worden ist. Und dann, wenn ihm das verabreicht worden war, dann hatte er, weil seine Körperlichkeit eben eine ganz andere war, durch die Trainierung fühlen gelernt, wie dieses fein verteilte, dieses in ganz feiner, hochpotenzierter Substanz in ihm, in seinem Blute pulsierende Kupfer in den oberen Partien wirkte. Er hatte gefunden, daß, wenn er nach dieser sorgfältigen Trainierung das Kupfer bekam, er innerlich erlebte, daß seine Worte, die er aussprach, gewissermaßen wärmer wurden, wärmer wurden dadurch, daß er in seinem Kehlkopf und in den Nerven, die vom Kehlkopf nach dem Gehirn gehen, selber warm wurde.

Nun, das beruhte darauf, daß der Mensch in jenen alten Zeiten wegen seiner anderen Körperlichkeit eine feine Empfindlichkeit entwickeln konnte für das, was so in ihm vorging. Geben Sie in derselben Lage einem Menschen der Gegenwart hochpotenziertes Kupfer, dann wirkt das auch. Natürlich wirkt es. Aber es bewirkt, daß er kehlkopfkrank wird, und weiter zunächst nichts. Diesen Unterschied zwischen der alten Organisation und der neueren Organisation des Menschen muß man eben kennen, dann wird man nicht mehr die Begierde und Sehnsucht entwickeln, wie es in alten Zeiten noch üblich war, ja, im Mittelalter noch vielfach geübt worden ist, durch äußeres Einnehmen sich in andere Bewußtseinszustände zu versetzen.

Sehen Sie, heute ist der einzig richtige Weg der, daß der Mensch sich zunächst seelisch bekanntmacht, wie ich es gestern beschrieben habe, mit der Natur, mit der Wesenheit des Kupfers, daß er sich eine feine Empfindung verschafft von der Farbe des Kupfers, wie sie ist, wenn man das Kupfer irgendwie findet, von der Farbe des Kupfers, wie sie ist, wenn man es abschleift, daß er sich eine Empfindung verschafft, wie Kupfer in Kupfervitriol und der Säure drinnen wirkt und so weiter. Wenn sich der Mensch in dieser Weise ein Gefühl verschafft, dann wirkt dieses Gefühl, über das er nun mediert, auf das er sich konzentriert, auf den neueren Menschen in der richtigen Weise.

Nun können Sie sagen: Ja, du hast aber dein Buch geschrieben «Wie erlangt man Erkenntnisse der höheren Welten?», und da steht gar nichts drinnen, daß man sich in dieser Weise ins Kupfer versetzen soll. – Schön, es steht nicht drinnen. Aber es stehen andere Dinge drinnen. Vor allen Dingen, prinzipiell steht das schon in meinem Buche, nur nicht gerade für das Kupfer, sondern für andere Dinge. Es wird da beschrieben, wie man sich in die Natur von Kristallen, von Pflanzen und so weiter versetzen soll. Diese elementaren Übungen werden angegeben. Dann wird allerdings nicht gesagt, man solle die Natur des Kupfers kennenlernen; denn da müßte man nicht ein Buch, sondern eine Bibliothek schreiben. Es ist das aber auch nicht notwendig; denn es werden da Übungen gegeben, zum Beispiel Übungen im Selbstvertrauen, Konzentrationsübungen in bezug auf ganz bestimmte Inhalte. Ja, die decken sich mit dem, was ich eben darstellte von der Natur des Kupfers. Man sagt nicht, man soll vor sich die Natur des Kupfers haben, sondern man sagt: Versuche einmal, irgendeinen einfachen Inhalt zu nehmen und konzentriere dich auf diesen jeden Morgen und jeden Abend. Das heißt nämlich, nur mit anderen Worten ausgesprochen, sich auf die Natur des Kupfers konzentrieren. Es wird nur als Seeleninhalt das gegeben, was man auch in Anlehnung an die Metallität geben könnte.

Sage ich jemandem: Du sollst dich auf einen bestimmten Seeleninhalt, zum Beispiel «Im Lichte strahlt Weisheit» jeden Morgen und jeden Abend konzentrieren, dann wirkt es, wenn er das wirklich tut, in seiner Seele. Und es wirkt gerade so, als wenn ich ihm gesagt hätte: Lerne die Natur des Kupfers nach allen Seiten kennen und konzentriere dich auf das Kupfer. – Nur ist das eine Mal vom Moralischen, das andere Mal vom rein Physikalischen, Chemischen ausgegangen. Und es ist für denjenigen, der nicht gerade Chemiker ist, viel besser, wenn er auf dem moralischen Wege in die geistige Welt hineinkommt.

So also sehen Sie, wie diese Dinge sich verhalten müssen, weil der Weg, den man gehen würde in die geistigen Welten in Anlehnung an die Wege, die in den alten Mysterien gemacht worden sind, für den heutigen modernen Menschen ganz falsch wäre. Der richtige Weg ist heute derjenige, der das äußere naturhaft Physikalische ersetzt auf eine mehr moralische, seelische Art. Denn alle Zusammenhänge des Menschen mit der Natur sind eben anders geworden unter dem Einflusse der Entwickelung der menschlichen Körperlichkeit. Blutzusammensetzung, Gewebeflüssigkeit, Konstitution, sie sind ja alle heute anders als bei dem Menschen des alten Chaldäa. Unser Körper ist ein anderer.

Der Anatom kann das nicht nachweisen. Erstens arbeitet der Anatom heute zumeist mit Leichen. Und wenn auch jüngst bei einer Naturforscherversammlung gesagt worden ist, um eine Art Notschrei in bezug auf die Naturwissenschaft zu erlassen: Gebt uns Leichen! – die Anatomen finden nämlich, daß sie zu wenig Leichen haben, um alle Geheimnisse zu untersuchen –, chaldäische Leichen wird es doch sehr schwer sein, sich zu verschaffen, um diese Dinge zu untersuchen! [Und zweitens würde der Anatom auch nichts mit seinen groben Mitteln finden.] Die Dinge müssen schon auf geistigem Wege erforscht werden.

Also wir haben eine andere Körperlichkeit als die Alten. Und aus dem Grunde muß man etwas ganz bestimmtes sagen. Wir können auch heute hochpotenzierte Substanzen, Metallität zum Beispiel herstellen. Aber warum tun wir das? Ja, sehen Sie, gerade die tiefere Einsicht in das Wesen der Natur, die gibt einem die nötige Orientierung, Richtung. Wenn man den menschlichen Körper wirklich kennt, so weiß man, daß er durch alle die Metalle, die ich angeführt habe, Zinn, Kupfer, Blei und so weiter, daß er durch alle diese Metalle verändert wird. Und ich habe Ihnen ja die Veränderung zunächst durch die Veränderung der Bewußtseinszustände angegeben.

Nun treten aber im menschlichen Körper auch im normalen Leben, wenn ich den philiströsen Ausdruck eben gebrauchen darf, Veränderungen auf. Sagen wir zum Beispiel, wir haben eine Veränderung in der Gegend, von der ich gestern gesagt habe, daß von ihr die Kupferwirkung ausstrahlt (siehe Zeichnung S. 76). Nun, solch eine Veränderung drückt sich aus in allerlei Störungen der Verdauungsorgane, in allerlei Störungen des Stoffwechsel-Gliedmaßenmenschen, Störungen desjenigen Teiles des Menschen, der vorzugsweise mit dem Stoffwechsel, mit der Verdauung, mit der Verteilung der Nahrungsmittel im Körper zusammenhängt. Jede solche Störung im menschlichen Organismus, die man eine Krankheit nennt, ist aber auch verbunden mit dem Hervorrufen eines anderen Bewußtseinszustandes. Sie müssen das nur in seiner vollen Tragweite ins Auge fassen.

Wenn Sie irgendwo ein krankes Organ haben, was bedeutet das? Nun, ich habe ja gestern gesagt: In der Gegenwart hat der Mensch seinen wachen Bewußtseinszustand im gewöhnlichen Leben durch sein Herz; die anderen Glieder der menschlichen Organisation haben andere Zustände, die kommen nur nicht herauf ins Bewußtsein. – Die Gegend Ihres Kehlkopfes mit alledem, was vom Kehlkopf aus mit dem Gehirn zusammenhängt, hat den nächsten Bewußtseinszustand, den ich neben dem gewöhnlichen gestern beschrieben habe, fortwährend. – Die Gegend hier, die Gegend der Verdauungsorgane, hat fortwährend den Bewußtseinszustand, der einen führt längs der Zeit, die die Toten nach dem Tode durchlaufen (siehe Zeichnung S. 76). Da geht der Mensch immer mit. Jeder Mensch erlebt das Leben derjenigen Menschen, die er kennengelernt hat, nachdem sie durch die Pforte des Todes gegangen sind. Aber er erlebt sie unter seinem Herzen, nicht im Herzen. Daher weiß er nichts davon. Daher bleibt es im Unterbewußtsein, Unbewußten.

Wenn nun in derselben Gegend, in der der Mensch fortwährend das Leben der Toten in den Jahren nach dem Tode erlebt, eine Störung eintritt, wenn also eine Verdauungsstörung als Krankheit auftritt, so wird der Bewußtseinszustand da unten geändert. Unter dem Herzen tritt ein zu starkes Bewußtsein auf. Was heißt zum Beispiel, eine bestimmte Art von Magenkrankheit zu haben? Im physischen Leben heißt es natürlich dasjenige, was der Arzt physisch beschreibt. Und das, was ich hier vertrete, wird durchaus nicht das geringste gegen die physische Medizin einwenden. Sie wird voll anerkannt und gewürdigt. Wir stehen in der Anthroposophie nicht auf dem Standpunkte des Dilettantismus und der Laienhaftigkeit, der Scharlatanhaftigkeit, welche die physische Medizin ablehnt, sie kritisiert oder abkanzelt und dergleichen. Wir erkennen sie voll an. Aber daneben, daß der

Mensch das an sich hat, was man in der physischen Medizin beschreibt, wenn einer eine bestimmte Art von Magenkrankheit hat, wird der Mensch durch eine solche Magenkrankheit geeigneter, das Leben der Menschen nach dem Tode, unmittelbar nach dem Tode zu verfolgen. Was kann man also vom spirituellen Standpunkte aus sagen?

Man beschreibt zunächst selbstverständlich, damit man die Therapie angeben kann und so weiter, die Krankheit im physischen Sinne. Aber vom spirituellen Sinne aus könnte man sagen: Der Mensch hat den Drang, mit den Toten, die er gekannt hat, mitzugehen nach dem Tode. Aber er hat nicht die Fähigkeit, in das Bewußtsein, das unter seinem Herzen liegt, hinunterzukommen. Er weiß nicht, daß er in die Region der Toten geht. Das ist die spirituelle Seite der Krankheit. Man ist magenkrank, weil man zuviel mit Toten zusammen ist. Aber in dem Augenblicke, wo man zuviel mit Toten zusammen ist, wirken die Toten auch zu stark. Es kommt aus der Welt, von der ich gestern gesagt habe, daß sie realer ist als die physische Welt, sehr viel herein in uns. Und wenn Sie eine Waage haben, die hier unterstützt ist (es wird gezeichnet), hier die Waagschalen sind, und da die Waage zu stark heruntersinkt, und Sie wieder Gleichgewicht hervorrufen wollen, da müssen Sie auf die andere Seite ein größeres Gewicht legen. Wenn die Waage aus dem Gleichgewicht gekommen ist, müssen Sie auf die andere Waagschale ein größeres Gewicht legen.

Nehmen wir nun an, ein Mensch hat unter seinem Herzen ein so empfindliches Bewußtsein ausgebildet – aber es bleibt ihm unbewußt –, daß er zuviel mit Toten mitgeht, dann ist das wie ein Herabsenken der einen Waagschale bei der Waage. Das wird zu stark. Da muß man ein Gewicht auf die andere Waagschale legen. Wie tut man das?

Wenn hier (es wird auf die Zeichnung S. 76 hingewiesen) ein zu starkes Bewußtsein ist, muß man das Bewußtsein hier (rot) schwächer machen, denn im Herzen ist die Mitte des Waagebalkens (orange). Sie müssen also hier das Bewußtsein schwächer machen in dieser Region. Wie tun Sie das? Sie geben dem Menschen Kupfer. Ich habe Ihnen ja gesagt, der moderne Mensch ist so organisiert in seinem Leib, daß das Kupfer auf die Kehlkopforgane wirkt. Aber Verdauungsorgane und

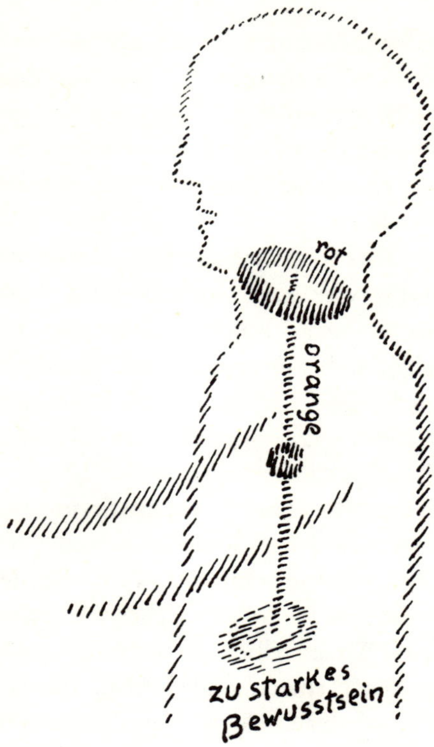

Kehlkopforgane stehen in so naher Verbindung miteinander, wie der eine Waagebalken mit dem anderen. Man kann das eine durch das andere regulieren. Gibt man dem Menschen entsprechend dosiertes Kupfer, so geht er zu seinem Heile wieder mehr an der Region der Toten vorbei, während er sonst immer mehr in der Region der Toten bleibt. Das ist die spirituelle Seite der Heilung.

Daher muß man heute sagen: Alle Substanzen, alle Substantialitäten haben eine physische Seite und eine moralische Seite, wie ich es vorhin beschrieben habe. Die physische Seite konnte von den alten Initiaten für ihre Schüler nach langer Trainierung so benützt werden, wie ich es gesagt habe; sie darf heute nicht mehr so benützt werden. Heute gehört die moralische Substanz in das Gebiet der seelischen Entwickelung; die physische Substanz gehört dem Arzt. Und mit Bezug auf die moralische Seite handelt es sich nur darum, daß derjenige, der die physische Seite kennt, auch die Möglichkeiten hat, in die physische Seite der Substanzen tief einzudringen, daß der auch unterstützt wird von der Erkenntnis der moralischen Seite der Substanzen.

Aber das muß für das heutige Erkennen, für das praktische Erkennen auf dem Gebiet spiritueller Wege streng eingehalten werden. Die physische Seite der Substantialität gehört dem Arzt; die moralische Seite gehört dahin, wo seelische Entwickelung ist. Denn die menschlichen Organismen haben sich eben ganz prinzipiell geändert seit alten Zeiten. Und so intim einmal der Zusammenhang war zwischen der Erkenntnis der moralischen Seite der Substanzen und der physischen, so intim muß er wieder werden, nachdem er verloren worden ist. Ich werde gleich nachher über diesen Verlust sprechen. Aber das Verhältnis, das besteht zum Beispiel zwischen physischer medizinischer Wissenschaft und moralischer Wissenschaft, das muß trotzdem ein anderes sein heute, als es im grauen Altertum war. In beiden Fällen muß dieses Verhältnis bestehen. Aber es ist ein anderes heute, als es im Altertum war. Und auf der Erkenntnis solcher Dinge beruht die Einsicht, welches wahre und welches falsche Wege sind in die spirituelle Welt hinein.

Veränderungen in der Stellung des Menschen zur Erkenntnis im Laufe der Geschichte

Nun, es wird uns etwas nützen, wenn wir, um das, was ich ausgeführt habe, etwas mehr zu beleuchten, einen Blick werfen auf Veränderungen, die seit langen Zeiten in der ganzen Stellung des Menschen zur Erkenntnis vor sich gegangen sind. Gehen wir von der Gegenwart aus und gehen wir ein wenig zurück in der Entwickelung der Menschheit, um zu sehen, wie verschieden man auf dem Gebiete der Erkenntnis, der Forschung, über die Dinge gesprochen hat. Wir reden heute, wenn wir unseren Blick auf jene großen, wunderbaren Fortschritte werfen, die in der Erkenntnis von Wärmekräften, von Elektrizitätskräften, aber auch von Kräften in lebendigen Organismen in der neueren Zeit heraufgekommen sind, wir reden von der Natur und reden von der

Naturerkenntnis, von der Naturwissenschaft, in England von der Naturphilosophie.

Wenn wir dasjenige überschauen, was man in den Schulen, schon in den untersten Schulen heute, in den gewöhnlichen Primarschulen, als Natur bezeichnet, so ist das etwas außerordentlich Abstraktes. Es ist die Summe von Naturgesetzen, wie man sagt, die man lernen muß, etwas außerordentlich Abstraktes. Und die Abstraktheit der Sache drückt sich ja auch im Leben aus. Denken Sie nur, wie abstrakt fühlt und empfindet heute selbst der enthusiastischste Student der Naturwissenschaft. Er muß, sagen wir in der Botanik, viele Namen auswendig lernen von Pflanzen und Pflanzengattungen, in der Zoologie von Tieren und Tiergattungen. Er vergißt sie wieder, muß sie immer und immer wieder lernen, wenn er Examen machen will. Und nach dem Examen vergißt er sie erst recht. Dann schaut er sie nach, wenn er sie braucht, in den Handbüchern. Und man kann nicht gerade sagen, daß das Verhältnis eines Menschen, der heute Botanik oder Zoologie studiert, zu Botanik oder Zoologie etwa wie das Verhältnis eines Menschen zu einer geliebten Persönlichkeit ist. Das kann man nicht sagen. Das ist heute nicht so.

Natur ist etwas, was im Nebel verschwimmt. Es sind viele Gesetze: Gesetze über Schwerkraft, Gesetze über Wärme, Gesetze über Licht, Gesetze über Elektrizität, Gesetze über Magnetismus, Gesetze über Dampf und Wasser und Gleichgewicht und Verschiedenheit des Gleichgewichtes; Naturwissenschaft, Naturerkenntnis ist, was man weiß über Steine und Pflanzen. Naturwissenschaft ist auch dasjenige, von dem man sagt, daß man es nicht weiß, über das Leben der inneren Konstitution der Organe der Pflanzen, der Tiere, der Menschen, kurz, vieles, von dem man heute sagt, daß man es weiß, vieles, von dem man sagt, daß man es nicht weiß. Das ist heute Naturwissenschaft, ist Naturphilosophie.

Aber es ist etwas, dem man nicht so recht einen warmen Händedruck geben kann, denn es ist alles verschwommen, es ist alles dünn und abstrakt gedacht. Wir strengen uns heute an, dieses Abstraktum «Natur» zu bezwingen. Manche sind, das können wir schon sagen, diesem Abstraktum der Natur gegenüber etwas gleichgültig geworden. Wir bewahren eine wohlwollende Neutralität, wenn wir nicht zur völligen Jugend gehören, die ja in Opposition heute stark aufmuckt gegen dasjenige, was als Naturwissenschaft in den Schulen getrieben wird; wir bekennen uns zu einer wohlwollenden Neutralität. So war es nicht immer. Und ich möchte jetzt zunächst die Erkenntnisstimmungen ein wenig nach älteren Jahrhunderten hin charakterisieren.

Wenn wir zum Beispiel zurückkommen so in das 9., 10., 11. Jahrhundert, auch ins 12., 13. Jahrhundert, aber da schon sehr wenig, da kommen wir zu Menschen, die wir, wenn wir heute das Wort anwenden würden, gelehrte Menschen, Wissenschafter nennen würden. Wir kommen da zurück zu jenen großartigen Gelehrten im Sinne der damaligen Zeit, die in der bedeutsamen Schule von Chartres im 11., 12. Jahrhundert gelehrt haben, kommen zurück zu *Bernardus Silvestris,* zu *Bernardus von Chartres,* zu *Alanus ab Insulis.* Wir kommen zurück dann zu solchen Persönlichkeiten, die in der damaligen Zeit noch, ich möchte sagen, mit dem Typus des Eingeweihten unter anderen Menschen herumgingen, mit dem Typus eines Menschen, der viel weiß um die Geheimnisse des Daseins, wie jener großartige, im Sinne des Mittelalters noch initiierte *Joachim de Fiore,* oder zu jener großartigen Persönlichkeit, die auch in jener Zeit gewirkt hat, die der Welt bekanntgeworden ist unter dem Namen *Johannes von Auville.* Ich erwähne diese Persönlichkeiten, zu denen ich auch viele andere hinzufügen könnte, deshalb, um in die Zeit hineinzukommen, um die Stimmung der Zeit in bezug auf die Erkenntnis zu charakterisieren.

Wenn man diesen Menschen mit der Seele gegenübersteht und sie reden von Natur, dann ist das eine ganz andere Sache, als wenn wir heute von Natur reden. Wenn man heute so einen Botaniker oder einen Pathologie-Anatomen oder einen Histologen trifft, ja, man hat so selten das Gefühl, daß seine Physiognomie, die er einem entgegenbringt, von den Geheimnissen der pathologischen Anatomie oder der Zoologie kommt. Man hat viel eher das Gefühl, wenn man heute solch einem Pathologie-Anatomen oder Histologen oder auch einem Therapeuten entgegentritt, daß die Physiognomie eher von dem Tänzchen kommt, das er am vorhergehenden Tag da oder dort getanzt hat. Man sieht durch diese Physiognomien eher in diese artigen Verhältnisse hinein, als auf dasjenige, was er erlebt aus den Geheimnissen der Natur heraus. So war es ganz gewiß nicht, wenn man einem Joachim de Fiore in die Augen geschaut hat oder einem Alanus ab Insulis oder einem Bernardus Silvestris, die in jenem Zeitalter gelebt haben, von dem ich eben gesprochen habe. Es ruhte auf dem Antlitz dieser Leute etwas von einem tragischen Zug, etwas von dem, was einem sagte: Wir leben in einem Zeitalter, das viel verloren hat. – Etwas Tragisch-Trauriges, möchte ich sagen, lebte aus der Vertiefung in die Erkenntnis auf dem Antlitze jener Leute.

Daneben wiederum – wenn man gesehen haben würde die Finger dieser Leute, diese Finger, die der heutige dekadente Mensch nervöse Finger nennen würde, die aber in sich hatten das lebende Zeugnis davon, daß diese Leute wiederum schürfen und arbeiten wollten in den alten Geheimnissen, von denen ihr Antlitz ausdrückte, daß sie verloren worden sind, dann würde man bemerkt haben: in diesen Menschen arbeitet etwas, das wieder heraufbringen möchte dasjenige, was in alten Zeiten da war. Manchmal ist ihnen das gelungen. Manchmal ist es ihnen gelungen, wieder die alten Zeiten, wenn auch im Schattenbilde, heraufzuzaubern vor ihren Schülern.

Man kann sich schon vorstellen – es ist nicht ein poetisches Bild, das ich vor Sie hinstelle, es ist eine Wirklichkeit, meine sehr verehrten Anwesenden –, man kann sich schon vorstellen die Schule von Chartres, wo heute noch die wunderschöne Kathedrale ist, lehrend Alanus ab Insulis, sprechend zu seinen Schülern von der Natur, etwa sagend: Die Natur – ein Wesen, das wir nicht mehr fassen können, das sich uns entzieht, wenn wir ihm nahen wollen. Die Menschheit hat Kräfte entwickelt, die sie zu anderen Dingen hinführen, die aber nicht mehr fähig sind, so die Natur zu erfassen, wie die Natur in alten Zeiten von den Erkennenden erfaßt worden ist. Denn die Natur war ein mächtig großes Geistwesen, das überall gewirkt hat, da, wo die Steine im Gebirge sich gebildet haben, da, wo die Pflanzen aus dem Erdboden herausgewachsen sind, da, wo die Sterne am Himmel funkelten. Überall webte ein unermeßlich großes Wesen, das sich in der Gestalt eines wunderbaren Weibes darstellt. Das sahen die Alten mit ihrem Schauen. Wir können uns nach den Angaben, welche die Alten gemacht haben, noch Vorstellungen davon bilden, was die Natur war, dieses überall Weben, Wirken, das in allem Umgebenden, in aller Wärme, in allen Lichterscheinungen, in allen Farbenerscheinungen, in allen Lebenserscheinungen lebt und webt. Aber es entschlüpft uns, wenn wir ihm nahen wollen. Denn lebend-webend ist die Göttin Natura in allem. Eine Göttin, ein göttlich-geistiges Wesen, von dem man wußte, man kann es in seiner Wesenheit nur erkennen, wenn man es anschauen kann.

Solche Vorstellungen machte im 12. Jahrhundert noch solch eine Persönlichkeit wie Alanus ab Insulis seinen Schülern in der Schule von Chartres klar. Aber weil man im Nebel sich auflösend diese Göttin Natura sah, mit der Lebendigkeit all dessen, was wir heute als abstrakte, tote Naturgesetze finden, weil sie einem gleich wieder entschlüpfte, deshalb war dieser tragische, traurige Zug auf den Antlitzen dieser Menschen.

Und dann gab es etwa solche Menschen, wie der große Lehrer des *Dante* war, *Brunetto Latini,* der durch einen besonderen karmischen Fall, daß er eine Art von Sonnenstich bei einer Wanderung bekommen hat – was viel wichtiger war als der Schmerz, den er über die Vertreibung der Welfen aus seiner Vaterstadt bekommen hatte –, der dadurch, daß sein Bewußtseinszustand infolgedessen ein anderer geworden war, noch wahrnehmen konnte diese Göttin Natura, wie er es in seinem Buche «Tesoretto» beschreibt. Und er schildert ganz anschaulich, in lebendiger Imagination, wie er auf dem Heimweg nach seiner Vaterstadt Florenz durch einen öden Wald kommt, wie er in diesem öden Wald an einen Berg herantritt, auf diesem Berge wirkend sieht die Göttin Natura, wie die Göttin Natura nun ihn aufklärt, was die menschliche Seele im Denken, Fühlen und Wollen ist, wie sie ihn aber auch aufklärt, was die vier Temperamente des Menschen ihrem Wesen nach sind, wie sie ihn auch aufklärt, was die fünf Sinne des Menschen sind.

Das war alles eine wirkliche geistig-seelische Unterweisung, eine Realität, die er durchmachte unter dem Einfluß eines pathologischen

Zustandes, als er von Spanien wiederum zurückkehrte nach seiner Vaterstadt Florenz. Und als er das alles durchgemacht hatte, sah er das Weben und Wesen der vier Elemente, Feuer, Erde, Wasser, Luft, sah das Weben und Wesen der Planeten, das Hinausgehen der menschlichen Seele in den Sternenhimmel. Das alles sah er unter dem Einfluß einer Geistlehre, die ihm zukam von der Göttin Natura.

Das alles schildert ein Mensch der damaligen Zeit so anschaulich, wie es der heutigen Sprache nur irgend noch möglich ist. Zugleich aber hat man das Gefühl, er empfindet: Die anderen, die Alten haben das noch ganz anders gewußt; es entschlüpft einem heute immer. Man muß sogar in einen herabgestimmten, pathologischen Zustand kommen, wenn man in diese Geheimnisse noch hineinschauen will.

Aber ein ungeheurer Drang war in diesen Menschen, wiederum heraufzuzaubern so etwas, wie es die wirkliche Gestalt der Natura ist. Und sehen Sie, wenn wir so diesen Gang zurückmachen im menschlichen Empfinden, im menschlichen Denken gegenüber der Erkenntnis, dann haben wir das Gefühl: Nun ja, wir stehen auch heute vor der Natur, aber wir bezeichnen sie mit einem Namen, der etwas ganz Abstraktes, eine Summe von Gesetzen ist. Wir sind stolz darauf, wenn wir diese Gesetze nur einigermaßen in einer Harmonie zusammenfassen. Wir gehen einige Jahrhunderte zurück. Wir schauen ein lebendiges Verhältnis, das der Mensch zu einem göttlichen Wesen hatte, das webte und lebte und all dasjenige wirkte, was an Erscheinungen auftrat: den Aufgang der Sonne, den Untergang der Sonne, die Erwärmung der Steine, die Erwärmung der Pflanzen, die all das im lebendigen Weben und Treiben wirkt. Denken Sie, was das für eine ganz andere Wissenschaft ist! Die Wissenschaft enthielt die Taten der Göttin Natura. Es war schon auch ein Unterschied zwischen der Stimmung, wenn die Studenten von Chartres herauskamen – Zisterziensermönche waren sie zumeist –, und derjenigen Stimmung, die heute Studenten haben, welche aus der Schule herauskommen; es war schon etwas anderes und etwas Lebendigeres, etwas Wesenhafteres. Und ganz lebendig Wesenhaftes wird es eben in solchen Schilderungen wie der des Brunetto Latini, des großen Lehrers des Dante.

Daß das lebendig war, kann man sich ja vorstellen, denn all die herrlichen Bilder und Gestalten, die Dante in seiner «Commedia» hingemalt hat, sind ja hervorgegangen aus den lebendigen Schilderungen seines durch einen karmischen Fall eingeweihten Lehrers Brunetto Latini; wie ja auch viel von dem, was dann in solchen Schulen wie Chartres und anderen gelehrt worden ist, hervorgegangen ist aus solchen Eingeweihten wie Joachim de Fiore und anderen.

Man hat dazumal den Ausdruck «Natura» gebraucht, aber nicht so abstrakt wie wir, sondern für etwas, was da ist, was in den äußeren Sinneserscheinungen wirkt, aber sich zurückzieht, einem entschlüpft. Und dann war noch etwas anderes. Nehmen Sie an – wiederum schildere ich nicht ein poetisches Bild, sondern etwas, was durchaus Realität war –, nehmen Sie an, man wäre schon als ein etwas bejahrter Student im Kolleg gesessen, so nennt man es ja wohl auch, des Alanus ab Insulis. Man hätte das mitgemacht, was da sich abgespielt hat. Die Studenten wären entlassen worden, und man wäre mit Alanus ab Insulis einsam auf einem Spaziergang weitergegangen, das besprechend, was vorgekommen war. Was hätte man da erfahren?

Ja, solch ein Gespräch hätte eine besondere Form annehmen können. Man hätte sprechen können von dieser Göttin Natura, die einem sich offenbart in den Erscheinungen der äußeren physisch-sinnlichen Welt, die einem aber entschlüpft. Dann würde Alanus ab Insulis, wenn er nun auch warm geworden war in der seelischen Unterhaltung, einem auf die Schulter geklopft haben und gesagt haben: Ach, hätten wir noch jenen Schlafzustand, den die Alten hatten, dann würden wir die andere Seite, die verborgene Seite der Göttin Natura kennenlernen. Aber wir schlafen ja hinein in das Unbewußte, wo sich den Alten gerade die andere Seite der Natur geoffenbart hat. Könnten wir noch so schlafen, so hellsichtig schlafen wie die Alten, dann würden wir die Göttin Natura kennen. – So sprechend, hätte einem Alanus ab Insulis auf die Schulter geklopft.

Und wäre man auch in einem solchen Falle in ein vertrauliches Gespräch mit Joachim de Fiore gekommen, dann hätte er nach einiger Zeit gesagt: Ja, es wird uns schwer, gegenüber unserem inhaltsarmen Schlafe, der das Bewußtsein ganz herabdämpft, die andere Seite der Natura, der großen Göttin kennenzulernen, die da schafft und webt in allem Schaffenden und Webenden. Die Alten haben sie gekannt nach ihren beiden Seiten. Und weißt du – würde er einem gesagt haben –, die Alten haben nicht das Wort «Natura» gebraucht. Sie haben nicht gesagt, von dem Wesen, das wir heute mehr ahnen, als daß wir viel von ihm wissen: es ist die Göttin Natura. Sie haben ein anderes Wort gebraucht. Sie haben das Wort «Proserpina» gebraucht. Das ist die Wahrheit.

Davon hat man auch in der damaligen Zeit noch gewußt. Unsere abstrakte Natur, die wir in den Ideen tragen, ist die Umwandlung dessen, was ich Ihnen eben beschrieben habe. Und was gelebt hat in den Seelen von Persönlichkeiten wie Bernardus Silvestris, Alanus ab Insulis, Johannes von Auville, und in solchen Persönlichkeiten vor allen Dingen wie Brunetto Latini, was in ihnen gelebt hat, ist die Umwandlung dessen, was die Alten in der Proserpina gesehen haben, der Tochter der Demeter. Demeter, das ganze Weltenall, Proserpina! Es ist schon ganz philiströs, wenn man nun das neuere Wort ausspricht, [für] Proserpina: die Natur. Die Natur, die nur die Hälfte ihrer Zeit auf der Oberwelt bleiben kann, das heißt, ihre physisch-sinnliche Seite zuwendet dem Menschen, die andere Hälfte des Lebens hinuntersteigt in jene Regionen, die der Mensch mit dem Schlafe erreicht, die er aber, weil der Schlaf wesensinhaltslos geworden ist, in der neueren Zeit nicht mehr erreicht.

Unsere Naturerkenntnis ist, ohne daß man ihr das heute in ihrer Abstraktheit ansehen könnte, eine Nachahmung desjenigen, was in dem Proserpina-Mythos im alten Griechenland lebte. Daß das empfunden wurde von den Persönlichkeiten mit dem tragischen Antlitz, deren Namen ich Ihnen angeführt habe, daß das in jener Zeit selbst noch empfunden werden konnte, das ruft schon eine Vorstellung davon hervor, wie die Wege der Erkenntnis sich geändert haben.

Aber die richtige Färbung von so etwas, wie ich es auch heute wiederum im ersten Teil meiner Rede gesagt habe, die richtige Färbung dafür bekommt man doch nur, wenn man so zurückblickt auf die Art und Weise, wie einmal Erkenntnis war. Nicht um alte Erkenntnisse wiederum heraufzubeschwören, sondern um ein Gefühl hervorzurufen, was einmal Erkenntnis war, gebe ich solche Schilderungen.

Wenn man in der Seele den Ausspruch festhalten will, den etwa Joachim de Fiore oder Johannes von Auville, einem auf die Schultern klopfend, im Mittelalter sagen konnte: Was wir heute als Natur ansehen, oder was auch entschwindet, weil wir es nicht erreichen können auf der anderen Seite des Lebens, das war einstmals Proserpina –, und wenn einem der Proserpina-Mythus – als Mythus ist er ja nur erhalten – in der Seele aufersteht, dann drängen sich heran an diese Eindrücke wiederum die Bilder noch älterer Verhältnisse. Es sind die Bilder aus jener Zeit, in der nicht die abstrakte Natur, nicht die in tragischer Stimmung empfundene Göttin Natura gelebt hat unter den Menschen, in den Seelen, sondern in der gelebt hat die hellstrahlende auf der einen Seite, die tragische Göttin auf der anderen Seite: Proserpina-Persephoneia.

Und wie lebte sie in gewissen Zeiten der Erkenntnis, in jenen alten Zeiten, in denen sie noch voll lebendig war? Es waren nicht die Zeiten, meine sehr verehrten Anwesenden, in denen *Plato* über Philosophie geschrieben hat, in denen *Sokrates* über Philosophie gesprochen hat, nein, es waren nicht diese Zeiten. Es waren noch viel ältere Zeiten, alte Zeiten, in denen Erkenntnis etwas ungeheuer viel Lebendigeres unter Menschen war, als sie später selbst in den erleuchteten Zeiten des Griechentums geworden ist.

Versuchen wir, es im Bilde vor unsere Seele zu stellen, um in diesem Bilde wachzurufen, was einmal im Verlaufe der Menschheitsentwickelung Erkenntnis war, um das richtige Licht auf dasjenige zu werfen, was wir schon auseinandergesetzt haben vom gegenwärtigen Gesichtspunkt und noch weiter auseinandersetzen werden in diesen Vorträgen. Versuchen wir einmal, ein kleines, natürlich nur unvollkommen geschildertes Bild hervorzurufen von jener Art von Mysterien, in die noch der griechische Philosoph *Heraklit* eingeweiht war, der «der Dunkle», «der Finstere» genannt wird, weil schon dunkel geworden war in der späteren Zeit, seelisch dunkel, dasjenige, was er empfangen hatte aus jenen Mysterien heraus. Versuchen wir einmal ein Bild vor unsere Seele hinzumalen aus der Zeit der Mysterienentwickelung, aus der das Griechentum vor allen Dingen geschöpft hat, geschöpft hat in bezug auf seine Phantasie, geschöpft hat auch in bezug auf die Ausgestaltung seiner Mythen. Versuchen wir uns ein Bild vor die Seele zu stellen von den Ephesischen Mysterien, von den Mysterien von Ephesus, in denen ja auch noch Heraklit, der Dunkle, eingeweiht worden ist.

Es waren allerdings in Ephesus uralte Erkenntnisse noch herrschend, aber sie waren auch bewahrt in Ephesus bis in jene Zeiten hinein, in denen *Homer* gewirkt hat, ja, bis in die Zeiten hinein, wenn auch dann schwächer, in denen Heraklit eingeweiht worden ist. Es waren solche alten Mysterien in der allerstärksten Lebendigkeit vorhanden. Und es waren schon starke, mächtige Initiationsströmungen, die erflossen in jenem Tempel, der geschmückt war an seiner Ostseite mit jenem Bildnis, das ja auch der Welt bekanntgeworden ist, mit dem Bildnisse der Göttin Diana, der Göttin der Fruchtbarkeit, die in ihrer Bildhaftigkeit die in der Natur überall strotzende Fruchtbarkeit zum Ausdrucke bringt. Und es wurden schon große Geheimnisse des Daseins, tief spirituelle Geheimnisse in die menschlichen Worte hineingezogen, wenn die Gespräche geführt wurden, etwa unmittelbar nachdem die an den Mysterien Teilnehmenden ihre mächtigen Impulse empfangen hatten bei den Kulten und bei den Einzelheiten der Kulte im Tempel von Ephesus. Und es waren tiefe Gespräche, die das dann fortsetzten, wenn die am Kultus Teilnehmenden herausgetreten sind aus diesem Tempel und dann, etwa gerade dann, wenn die äußere Welt am fruchtbarsten ist für solche Dinge, in der Abenddämmerung, jenen Weg angetreten haben, der von der Tempelpforte hineinführte in eine Waldung, die wunderbare Gänge hatte, in jene Waldung, mit schwärzlich-grünen Bäumen bewachsen, wo sich die Wege in schöner Perspektive nach den verschiedenen Seiten von Ephesus verloren. Gespräche von solcher Art möchte ich in ein unvollkommenes Bild bringen.

Da war es so, daß derjenige, der von der einen Seite initiiert war in die Geheimnisse von dazumal, dann wohl ins Gespräch kam mit einem Schüler oder einer Schülerin. Denn bemerkt werden muß, daß in jenen alten Zeiten die Gleichberechtigung des männlichen und weiblichen

Geschlechtes, gerade in denjenigen Zeiten, nach denen sie sogleich abgenommen hat, viel lebendiger war, als sie etwa in unserer Zeit ist. So daß wir ebensogut von Schülerinnen in Ephesus sprechen können wie von Schülern, in gleicher Weise. Und gerade der Proserpina-, der Persephoneia-Mythus in seiner spirituellen Gestalt war in jenen Gesprächen ganz lebendig.

Aber wie wurde solch ein Gespräch über den Proserpina-Mythus geführt? Da war zunächst, sagen wir etwa der Lehrer, der eingweihte Priester, der da aus dem, was er an Impulsen empfangen hatte, reden konnte über die Geschehnisse in der Formenwelt, reden konnte über die Geschehnisse, die sich abspielen zwischen Wesenheiten, und etwa aus dieser Einweihung heraus das Folgende zu seinem Zögling sagen konnte: Sieh einmal, wir gehen durch die Dämmerung. Der Schlaf, der die göttliche Welt schaubar, sichtbar macht, er wird bald beginnen. Schaue dich an in deiner ganzen menschlichen Gestalt. Da drunten sind die Pflanzen; um uns herum ist der in der Dämmerung schattende, in seinem grünen Dämmerdunkel wunderbare Wald. Schon beginnen oben die ersten funkelnden Sterne sich zu zeigen. Schaue einmal das alles an. Schaue die Majestät, die Größe, aber auch das Sprießende, Sprossende des Lebens oben und unten. Und dann schaue dich selbst an. Bedenke, wie in dir lebt und webt ein ganzes Weltenall, wie in alledem, was in dir zirkuliert, in alledem, was in dir sein Dasein in Geschehnissen hat, eine Fülle von Tatsachen, eine Fülle von Wesensverwandlungen in jedem Augenblicke vorhanden ist. Fühle, wie du selber eine ganze Welt bist, die geheimnisvoller, großartiger, wenn auch dem Raume nach kleiner ist als das Universum, das du von der Erde bis zu den Sternen überschaust. Fühle das! Fühle dich als Mensch als eine Welt, als eine Welt, die eine größere Fülle hat als die Welt, die du mit deinen Augen schaust, mit deinen Gedanken umfängst. Fühle die Welt in dir innerhalb deiner Haut.

Und dann empfinde, wie du jetzt aus deiner Welt herausschaust in die Welt, die von der Erde bis zu den Sternen reicht. Du wirst dann vom Schlaf umfangen sein. Dann wirst du nicht in deinem Leib, nicht in deiner Welt sein, dann wirst du in der Welt sein, die du jetzt überschaust von der Erde bis zu den Sternen. Dann wirst du aus dir herausgegangen sein mit deinem seelisch-geistigen Teil. Dann wirst du in der Sternenstrahlung, in der Erdenausdünstung leben. Dann wirst du mit dem Winde gehen. Dann wirst du mit dem Sternenstrahl denken. Dann wirst du in deiner Außenwelt leben und wirst zurückschauen auf dasjenige, was du als eine Welt in dir bist.

Und es konnte in jenen alten Zeiten noch so gesprochen werden von dem Lehrer zu dem Zögling, denn es war eben noch das äußere Anschauen während des Tagwachens nicht so konturiert, sondern so, wie ich es Ihnen beschrieben habe. Und es war das Schlafen noch nicht von völliger Finsternis durchdrungen. Es war das Schlafen noch von Erlebnissen über Erlebnissen durchdrungen, und man wies hin auf Erlebnisse, wenn man auf den schlafumfangenen Zustand hinwies: Um dich ist jetzt Proserpina oder Persephoneia, Kore. Kore lebt in den Sternen. Kore lebt in den Sonnenstrahlen und Mondenstrahlen. Kore lebt in den aufwachsenden Pflanzen. Überall ist es Persephoneias Wirksamkeit, die da lebt, denn sie hat das Kleid gewoben, aus dem alles das ist. Und hinter alledem ist Demeter, ihre Mutter, für die sie das Kleid gewoben hat, das du jetzt schaust als äußere Welt. Natura würde man nicht gesagt haben. Persephoneia oder Kore würde man gesagt haben – hat man gesagt.

Und sieh, wenn einer länger wach bleiben wird als du – so sagte der Lehrer zu seinem Zögling –, dann wird der, während du schläfst, dasjenige, was äußerlich als Gestalt der Proserpina in Pflanzen, in Bergen, in Wolken, in Sternen auftritt, ebenso sehen wie du. Denn das ist die Illusion, wie man das sieht. Nicht die Proserpina ist die Illusion, nicht dasjenige, was sie schafft in Bergen und Pflanzen und Wolken und Sternen ist Illusion, sondern so wie du schaust, das ist die Illusion. Und du wirst schlafen. Durch deine Augen, durch dieses wunderbare Daseinsrätsel Auge wird in dich einziehen Kore-Persephoneia.

Und es wurde das so lebendig hingestellt, weil es so lebendig erlebt wurde, daß der Einschlafende nicht bloß fühlte: jetzt erlischt mein Sehvermögen, jetzt erlischt mein Hörvermögen – nicht bloß fühlte: jetzt höre ich auf, wahrzunehmen –, sondern daß der Einschlafende wahrnahm, wie untertauchte Persephoneia durch das Augenpaar in den Leib, in den physischen Leib, in den ätherischen Leib, die von dem Seelisch-Geistigen im Schlafe verlassen wurden.

Die Oberwelt, man ist in ihr im Wachen; die Unterwelt, man ist in ihr im Schlafen. Persephoneia ist durch das Auge in den schlafenden physischen und Ätherleib eingezogen. Persephoneia ist bei Pluto, dem Herrscher über den Schlafzustand im physischen und ätherischen Leibe. Die Wirksamkeit des Pluto im Vereine mit Persephoneia, die untergetaucht ist in den physischen und Ätherleib während des Schlafes, die Tätigkeit des Pluto mit Persephoneia erlebte der schlafende Zögling, der durch diese Direktion, die er bekommen hatte dadurch, daß ihm der Einzug der Kore durch die Tore der Augen klargemacht worden war, der das ins Lebendige umgesetzt hat und im Schlafe nun die Taten des Pluto und der Persephoneia erlebte. Der Zögling erlebte dies, während sein Lehrer anderes Entsprechendes erlebte, das mehr zusammenhing mit den Formdingen.

Dann, wenn sie wieder zusammenkamen, dann hatten sie beide ihre Geheimnisse erlebt. Dann konnten sie sprechen über eine Pflanze, über einen Baum. Dann schilderte wohl der Lehrer, wie sich die Formen bilden, denn das hatte sich ihm gerade dargestellt während des Schlafes. Dann drang er ein in die Formen der Blätter, des Stammes, in die Figuration der Welt, in jene Figurationen, die sich sozusagen von oben nach unten senken. Und vielleicht hatte der Zögling das andere erlebt: Er konnte vielleicht dasjenige erlangen, wovon der Lehrer sprach, wenn er von den Geheimnissen des Chlorophylls, von den Geheimnissen der Pflanzensäfte, die von unten nach oben in der Pflanze sich ausbreiten, erzählte. So ergänzten sich wunderbar die Gespräche, indem im lebendigen Umfassen der Göttin Proserpina, die die andere Seite zeigte den Menschen während des Schlafens in der Unterwelt, diese Geheimnisse in die menschliche Seele herein sich offenbarten. Und so lernte in jenen alten Zeiten der Schüler von dem Lehrer, der Lehrer von dem Schüler. Denn auf der einen Seite waren die Offenbarungen geistig-seelisch, auf der anderen Seite seelisch-geistig. Und ein Gespräch, das in dieser Weise unter Menschen sich abspielte, gab in Menschengemeinschaft, in gemeinschaftlichem menschlichem Erleben die höchsten Erkenntnisse.

Und man war, indem man diese höchsten Erkenntnisse erlebte, indem man des Morgens wiederum die Morgendämmerung herankommen sah, von Osten herüber erglänzend das Tagesgestirn erlebte, hineinerglänzend in den dunklen grünen Wald – mit seiner wunderbaren Perspektive verlaufend –, man war ein Stündchen über das eine oder andere in dem Reiche, das wir heute das Reich der Natur nennen, aufgelebt; alles das floß im Gespräche zusammen. Und man war sich klar darüber, daß das alles der Umgang mit Persephoneia war. Man war sich klar darüber, daß dasjenige, was dann sich eingegliedert hat in den Persephoneia-Mythus, daß das das Geheimnis der menschlichen Naturerkenntnis ist. Und es waltete ein Zauber, den ich Ihnen nur unvollkommen andeuten konnte, über den Gesprächen, die geführt wurden in Anlehnung an die Mysterien von Ephesus; es waltete dieser Zauber in den Gesprächen. Und in jenen Gesprächen lebten die Persephone-Erkenntnisse, lebten darin in aller Lebendigkeit, die dann abgeschattet wurde zu dem, was wir heute als das Abstraktum «Natur» haben, und worüber tragische Trauer auf dem Antlitz trugen Menschen wie Joachim de Fiore.

Die Wege in die menschliche Spiritualität und in die Spiritualität des Kosmos hinein, wir verstehen sie nur, wenn wir nicht nur auf die einzelnen Bewußtseine, die der Mensch erreichen kann, charakterisierend hindeuten, sondern wenn wir darauf hinschauen, wie im Laufe der Menschheitsentwickelung die Bewußtseine sich nach und nach metamorphosiert haben, wie andersartig die Erkenntnisse waren, welche lebten in den Gesprächen, die da führten diejenigen, die herausgingen aus dem Tempel von Ephesus – die wunderbaren Gespräche; und wie anders geartet die Gespräche waren, die da führten die Menschen mit Persönlichkeiten wie Joachim de Fiore, wie Alanus ab Insulis; und wie anders die Erkenntnisse heute sind, die wir wieder suchen müssen, um aus dem Äußeren in das Innere zurückzukommen, aus dem Oberen in das Untere, zurück aus dem Inneren in das Äußere, zurück aus dem Unteren in das Obere zu kommen auf geistige, spirituelle Art.

FÜNFTER VORTRAG

Torquay, 15. August 1924

Das innere Beleben der Seele durch die Eigenschaften des Metallischen

Der Kupferzustand des Menschen

Ich habe versucht, auf der einen Seite zu zeigen, wie der Mensch zu anderen Bewußtseinszuständen kommt, als diejenigen sind, die er im gewöhnlichen Leben des heutigen Alltags hat. Und ich hatte dann versucht zu zeigen, wie der historische Gang der Menschheitsentwikkelung aufweist, daß die Menschheit nicht immer in demselben Bewußtseinszustande erkennend und handelnd gelebt hat, in dem sie heute lebt. Ich habe dann Ihren Blick versucht hinzulenken auf die Bewußtseinszustände der Erkennenden im 10., 11., 12. Jahrhundert im Zusammenhange mit der Art und Weise, wie damals die Erkenntnis gepflegt worden ist, zum Beispiel von der Schule von Chartres, und ich habe darauf hingewiesen, wie im Zusammenhange damit Erkenntnisse entstanden sind, die nicht den heutigen Bewußtseinszuständen angehören, etwa bei einer Persönlichkeit wie dem großen Lehrer Dantes, bei *Brunetto Latini.* Ich habe dann gestern versucht, weiter zurück den Blick zu lenken auf die besondere Art und Weise, wie sich der Mensch zur Welt verhalten hat etwa in den Mysterien von Ephesus. Wir sehen da, wie die Menschen durchaus in anderen Bewußtseinszuständen gelebt haben, wenn auch diese ziemlich verwandt sind dem gegenwärtigen alltäglichen und wissenschaftlichen Bewußtsein.

Nun möchte ich heute in jener Betrachtung fortfahren, in welche das Historische zunächst eine Art von Episode hineingebracht hat. Ich habe bemerkt, wie die Metallität, die eigentliche Substantialität des Mineralischen im Verhältnisse zum Menschen und zu seinen Bewußtseinszuständen steht. Aus der Verwandtschaft des Menschen mit dem, was man als das Metall Kupfer bezeichnet, habe ich jenen Bewußtseinszustand des Menschen ersichtlich gemacht, der erreicht werden kann so, wie ich es beschrieben habe, der dann zu der Möglichkeit führt, die Erlebnisse des Toten, des sogenannten Toten, über den Zeitpunkt hinaus zu verfolgen, da er durch die Pforte des Todes gegangen ist.

Nun müssen wir uns darüber klar sein, daß durch jenes halbpathologische Erlebnis, das ich Ihnen angedeutet habe, durch eine Art Sonnenstich, Brunetto Latini etwa in eine solche Art der Erkenntnis, wie ich sie Ihnen ja vorgestern beschrieben habe, hineingekommen ist. Und in der Tat, was er beschreibt, was ihm durch die Inspiration der Göttin Natura geworden ist, das kann ja erreicht werden in diesem unserem gewöhnlichen Zustande nächstverwandten Bewußtseinszustand – denn es ist ein unserem gewöhnlichen Bewußtseinszustand sehr verwandter –, der da verfolgt die Erlebnisse, die die Toten unmittelbar in den Jahren durchmachen, nachdem sie durch des Todes Pforte gegangen sind. Und ich sagte, es ist ein viel realerer Zustand. Man steht da drinnen in einer Welt, die stärker drückt, stärker leuchtet, die alles stärker vollbringt als unsere gewöhnliche physische Welt. Nur dadurch, daß das so ist, kann man dasjenige mitmachen, was der durchmacht, der vor kurzem durch des Todes Pforte gegangen ist.

Aber diese Welt, sie zeigt ja zugleich etwas ganz Besonderes. Wenn man sich in dieser Welt, die ich so beschrieben habe, befindet, dann kann man in dem Augenblicke, in dem man in diesem Bewußtseinszustande ist, nicht hinschauen auf seine gewöhnlichen Tageserlebnisse, auf dasjenige, was man im gewöhnlichen Leben durchmacht, sondern man sieht von seinem eigenen Leben nur das, was unmittelbar dem Betreten des Erdenlebens vorangegangen ist, was man durchgemacht hat noch in der geistigen Welt, bevor man das Erdenleben betreten hat. So daß man also sagen muß: Mit diesem Bewußtseinszustande ist man für den Menschen gar nicht in derselben Welt, in der man gewöhnlich ist.

Stellen Sie sich das graphisch vor. Wenn man in diesem Zeitpunkt geboren ist (es wird gezeichnet) und nun weiterlebt: In dem Augenblicke, wo man, wenn ich es so nennen darf, in den Kupferzustand kommt – Sie verstehen das nach dem vorgestrigen Vortrage –, ist man nicht, wenn man zum Beispiel vierzig Jahre alt geworden ist, mit seinem Erkennen in der Gegenwart. Man ist aber auch nicht mit seinem Erkennen etwa im fünfunddreißigsten oder dreißigsten Jahre, sondern man kann nur zurückgehen zu dem, was man in der geistigen Welt vor seiner Geburt unmittelbar erlebt hat. Man kann das für sich, man kann das für andere Menschen, man kann aber nicht dasjenige erfassen, in dem man im Alltag drinnensteht. Das gilt aber nur wiederum für den Menschen.

Für die Tiere gilt das, daß man zwar nicht dasjenige, was sie physisch sind in der physischen Welt, so sieht wie sonst, sondern man sieht hinauf in die nächste Welt und sieht das, was ich Gattungs- oder Artenseele genannt habe. Man sieht gewissermaßen die Aura der Tiergattungen. Aber man sieht überhaupt, wenn man dann hinausschaut in die Welt, diese Welt verändert, und man lernt etwas erkennen, was eigentlich recht wichtig ist für die Menschheit, aber im gegenwärtigen, materialistisch gesonnenen Zeitalter gar nicht berücksichtigt wird.

Wenn man mit alledem, was man heute lernen kann bis hinauf in die höchste Universitätswissenschaft aller Fakultäten, vor dasjenige Wesen hintritt, das ja noch da ist als Göttin Natura, von dem im lebendigen Sinne die Lehrer der Schule von Chartres gesprochen haben, gesprochen hat *Bernardus Silvestris, Alanus ab Insulis* und andere, wenn man vor dieses Wesen hintritt, dann fühlt man sich gerade mit seinem heutigen Erkennen in einer recht unwissenden Stimmung. Denn man sagt sich: Du weißt ja eigentlich nach dem heutigen Wissen und Erkennen nur etwas, was auf diejenige Welt, die du zwischen Geburt und Tod durchlebst, Bezug hat, und was schon nicht mehr wahr ist, wenn du nur in die nächste spirituelle Welt mit deinem Bewußtsein so untertauchst, daß du den Toten noch über den Tod hinaus verfolgen kannst.

Wir lernen Chemie. Aber das, was wir in der Chemie lernen, das gilt nur für die Welt, in der wir leben zwischen Geburt und Tod. Die ganze Chemie hat keine Bedeutung in der Welt, in der man den Toten nach dem Tode verfolgt. Alles, was man hier lernt in der physischen Welt, hat für jene Welt gar keine Bedeutung, es ist nur eine Erinnerung, wenn man darinnen ist in jener Welt. Und diese Welt, in der man dann darinnen ist, die geht einem eben sogleich auf, und man fühlt, die Welt, in der man so viel gelernt hat, diese alltägliche Welt, die schwindet. Die andere Welt geht sogleich auf.

Nehmen wir an, wir haben in dieser Welt, in der wir zwischen der Geburt und dem Tode stehen, einen Berg. Der Berg ist uns für diese Welt recht dicht. Wir schauen ihn zunächst von der Ferne. Er wirft uns das Licht zurück, das ihm die Sonne gibt. Wir sehen ihn in seinen Formen, in seinen Konturen. Wir gehen hin. Wir kommen ihm näher und immer näher. Wir fühlen, daß er uns Widerstand bietet, wenn wir ihn betreten. Er macht auf uns den Eindruck des Realen. Jetzt sind wir in einer anderen Welt. Alles das, wovon wir gesagt haben, es ist fest, das hört auf, scheint es, eine Bedeutung zu haben, und es ist etwas, was wie aus dem Berg herauskommt, immer größer und größer wird, was uns den Eindruck macht einer anderen Realität.

Und weiter, wir sehen, wenn wir hier in der alltäglichen Welt stehen, über dem Berg die Wolke. Wir sind überzeugt, die ist da oben als zusammengedichteter Dunst. Sie hört ebenso auf, ihre Realität zu haben. Wiederum etwas ganz anderes kommt heraus aus dieser Wolke. Was da herauskommt, verbindet sich mit dieser nach und nach verschwindenden Wolke und dem Berg, und etwas Neues kommt heraus, eine neue Realität ist da, was nicht etwa bloß ein Nebel ist, sondern was Gestalt hat. Und so mit allen Dingen. Wir sehen eine Menge Dinge hier, zum Beispiel viele Menschen. In dem Augenblick, wo sie in die geistige Welt eintreten, verschwinden die scharfen Konturen. Sie müssen sich schon zu dem Gedanken bequemen, meine Damen, daß man all Ihre schönen Kleider dann nicht mehr sieht. Dagegen ersteht aus alledem, was da sitzt, das Seelisch-Geistige. Aber aus der Umgebung kommt dasjenige heran, was geheimnisvoll in Luft und in der ganzen Umgebung waltet. Das kommt heran. Eine neue Welt entsteht. Und in dieser Welt ist der Tote nach dem Tode.

Aber nun werden wir ein anderes gewahr. Wir bemerken ein anderes. Wenn diese Welt nicht wäre, in die wir jetzt eingetreten sind, wenn diese Welt nicht überall auch vorhanden wäre, wo die Welt vorhanden ist, die wir zwischen Geburt und Tod durchblicken, dann hätten wir keine Augen und keine Ohren, überhaupt keine Sinne als Menschen. Denn die Welt, die der Chemiker beschreibt, der Physiker beschreibt, die kann uns keine Sinne geben. Wir wären ganz ohne Sinne, wir wären blind und taub. Die Sinne würden sich nicht in uns bilden.

Sehen Sie, das ist das Überraschende gewesen, als dieser Brunetto Latini von Spanien herübergekommen ist, in die Nähe seiner Vaterstadt Florenz gekommen ist und diesen leisen Sonnenstich hatte und dadurch versetzt wurde in diese andere Welt. Da merkte er: Deine Sinne hast du aus dieser anderen Welt. Du wärest als Mensch sinnenlos, wenn diese andere Welt nicht durchdränge die gewöhnliche Welt, die du sonst siehst. Du stehst also als Mensch dadurch, daß dir deine Sinne eingesetzt sind in deinen Körper, im Zusammenhang mit dieser zweiten Welt.

Und zu allen Zeiten hat man diese zweite Welt – wir können den Ausdruck beibehalten – die Welt der Elemente genannt. Da drinnen hat es keinen Sinn, zu sprechen von Sauerstoff, Wasserstoff, Stickstoff und so weiter. Davon können wir reden zwischen Geburt und Tod. Da drinnen hat es nur einen Sinn, zu sprechen von den Elementen Erde, Wasser, Luft, Feuer und Licht und so weiter. Denn das Spezifische von Wasserstoff, Sauerstoff und so weiter hat gar keinen Bezug zu unseren Sinnen. Was der Chemiker findet an dem Geruch von Veilchen oder von Asa foetida, daß das eine einen sehr sympathischen, das andere einen höchst unsympathischen Geruch hat, was da chemisch gefunden wird, mit Namen von Stoffen bezeichnet wird, hat keine Bedeutung. Dagegen ist das alles, was da wirkt als Geruch, durchgeistigt. Luftförmig müßte man es bezeichnen im Sinne der Welt, in die der Tote unmittelbar nach dem Tode eintritt, aber differenzierte Luft, überall durchgeistigte Luft. So daß unsere Sinne wurzeln in der Elementenwelt, in der Welt, wo es noch einen Sinn hat, von Erde, Wasser, Feuer, Luft zu sprechen.

Sehen Sie, da kommt uns gegenüber einem falschen Gedanken der richtige Gedanke. Wie verhält sich der moderne Philosoph, der ja, wie er selber sagt, verständig, vernünftig geworden ist, der die Naivität der

Anschauungen früherer Zeiten überwunden hat? Er sagt: Nun, die Anschauungen früherer Zeiten waren grob. Die haben nur von den groben Elementen Erde, Wasser, Feuer, Luft gesprochen. Wir wissen, daß es siebzig bis achtzig Elemente gibt, nicht vier oder fünf. – Würde ein Grieche auferstehen – so wie er damals war, nicht in Wiederverkörperung – und würde sich das sagen lassen müssen, dann würde er sagen: Ja, ganz gewiß, ihr habt ja Sauerstoff, Wasserstoff und so weiter, das sind eure Elemente. Aber ihr habt vergessen, was wir in unseren vier Elementen hatten. Das seht ihr nicht mehr. Von dem wißt ihr nichts mehr. Aber mit all euren zweiundsiebzig oder fünfundsiebzig Elementen würden niemals Sinne entstehen, denn die entstehen aus den vier Elementen. Wir kannten den Menschen daher besser. Wir wußten, wie sich dieses Äußere, Peripherische, das von Sinnen durchsetzt ist, im Menschen bildet.

Die Eindrücke, die von solchen alten, an die Initiation nahe herangekommenen Menschen, wie Brunetto Latini einer war, empfangen wurden, die können wir ja nur würdigen, wenn wir sie auf ihre Gemütstatsache hin würdigen, wenn wir das Überraschende, Frappierende, das die Seele Aufregende und Hinnehmende ins Auge fassen. Natürlich, wenn jemand bis dahin geglaubt hat, was seine Augen hier sehen, seine Ohren hier hören, das sei das Reale, und er kommt dann darauf, daß dieses Reale nicht einmal Auge und Ohr hervorbringen könnte, sondern daß da dasjenige dahinter sein muß hinter diesem Realen, was ich hier beschrieben habe, dann wirkt das natürlich zunächst erschütternd.

Und das wiederum ist das Wesentliche, daß wir zu keiner solchen Erkenntnis kommen können, wenn wir in der gewöhnlichen toten Weise der Natur gegenüberstehen und bleiben, wie wir es sonst tun. Es beginnt sogleich alles zu leben, wenn wir in diese Welt eintreten. Wir sagen uns: Ja, der Berg, den wir kennen, er ist tot. Wir haben gar nicht gewußt, daß in dem etwas lebt. Aber es lebt etwas in ihm. Jetzt ist es da. Die Wolke erschien uns früher tot; jetzt erscheint das Lebende, das in ihr ist, das wir früher nicht gesehen haben. Alles wird lebendig. Aber in diesem lebendigen Weben offenbart sich eben auch wiederum Wesenhaftes.

Da drücken wir nicht aus unserem Gehirn Naturgesetze heraus, sondern da stehen wir einer geistigen, einer spirituellen Wesenheit, eben der Wesenheit Natura gegenüber, die uns sagt dieses, die uns zeigt dieses, die uns reale Mitteilungen macht. Und es wird eine Tatsache, daß man sich über die Tatsachen, die da sind in unserer Umgebung, mit Wesen einer übersinnlichen Welt verständigt. So tritt man eben ein aus dem bloß Abstrakten der Gesetzhaftigkeit der Welt in das Wesenhafte, wo man sich, statt daß man Naturgesetze durch Experiment und Nachdenken zusammenbringt, Wesen einer anderen Welt gegenüberfühlt, die für die Erkenntnis Mitteilungen machen, weil sie das wissen, was wir als Menschen erst lernen sollen.

Und so kommt man hinein auf einem rechten Wege in die geistigen Welten. Man kommt dann dahinter: Würdest du nur Sinne haben, würde nur das Auge mit seinen Sehnerven, die Nase mit ihren Riechnerven, das Ohr mit den Gehörnerven da sein, und würden sich diese Nerven alle bloß verbinden nach rückwärts, so würdest du gar nicht darauf kommen, daß es Sauerstoff, Wasserstoff, Stickstoff und so weiter gibt, daß es alle diese Dinge gibt, die man zwischen Geburt und Tod als Mensch wahrnimmt. Man würde hineinschauen in die Welt der Elemente. Überall würde man Erde, Wasser, Luft, Feuer schauen. Und dasjenige, was als weitere Differenzierung des Festen, Erdigen, des Flüssigen, Wässerigen da wäre, würde einen so wenig interessieren wie den Millionär das kleine Geld. Man würde sich einfach nicht dafür interessieren. Aus unseren Nerven, die von den Sinnen ausgehen, als Sinnesmenschen wissen wir von der elementarischen Welt. Und in dem Augenblicke, wo wir dies, was ich erzählt habe, gewahr werden, werden wir auch gewahr, daß ja bei uns als Menschen die Sinnesnerven zurückgehen, sich mehr differenzieren, mehr vervollkommnen, da etwas darinnen noch ausbilden wie Gehirn. Dadurch kommen wir nicht mehr in uns hinein, sondern mehr aus uns heraus, und wir fügen zu dem Wesen der vier Elemente: Erde, Feuer, Wasser, Luft, das andere hinzu, was wir eben sonst lernen zwischen Geburt und Tod.

Aber dieses ganze Gehirn, das sich aufstülpt aus den nach rückwärts gehenden Sehnerven, Gehörnerven und so weiter, dieses ganze Gehirn, das uns so wertvoll ist als Menschen, das hat ja nur eine

Bedeutung zwischen Geburt und Tod. Was da in der Schädeldecke drinnen noch besonders aufgestülpt ist beim Menschen, hat nur eine Bedeutung für das irdische Leben. Das Gehirn ist das Allerunbedeutendste für die geistige Welt. Daher muß man schon das Gehirn wieder ausschalten, wenn man nur in die erste Welt, die an die unsere angrenzt, hineinkommen will. Das Gehirn muß man ausschalten. Das ist ein furchtbar störendes Organ für die höhere Anschauung. Und man muß mit dem ausgeschalteten Gehirn gleich wiederum in den Sinnen leben, aber jetzt in die Sinne hineingedrückt haben das erweckte Spirituelle; dann bekommt man die Imagination. Die Sinne nehmen sonst Sinnesbilder wahr in der äußeren physischen Welt und die setzt das Gehirn um in die abstrakten Gedanken, in diese toten, abstrakten Gedanken. Schaltet man das Gehirn aus, lebt man wiederum in den Sinnen, dann empfindet man alles wiederum in Imaginationen. Das wird man gewahr. Dann eben weiß man auch, daß das Untertauchen in tiefere Lebenszustände verbunden ist mit dem Entwickeln höherer geistiger Bewußtseinszustände als wir sie im gewöhnlichen Leben haben.

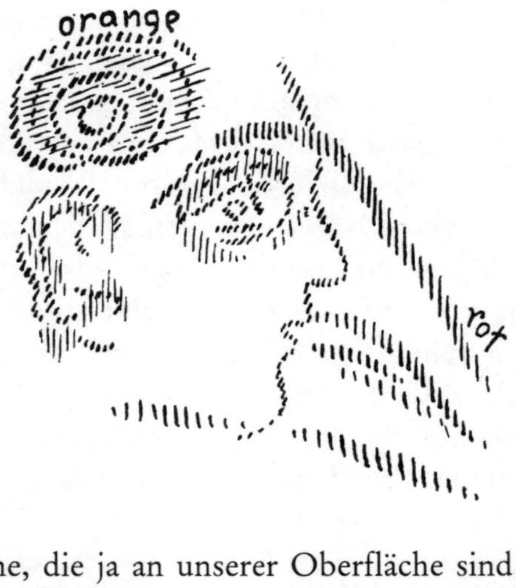

Unsere Sinne, die ja an unserer Oberfläche sind, Auge, Ohr, die nehmen fortwährend diese Welt wahr (siehe Zeichnung, rot). Da stehen wir, meine sehr verehrten Anwesenden. Unsere Sinne, die an unserer Oberfläche sind, die schauen diese elementarische Welt. Die schauen auch noch die Toten darinnen, Jahre nachdem sie gestorben sind. Daß das alles ausgelöscht ist, das rührt davon her, daß hinter den Sinnen das Gehirn ist (orange). Jetzt stehe ich da mit meinem Gehirn, meinen Sinnen. Dieser Mensch, der an meiner äußeren Oberfläche liegt, der schaut darinnen die geistige Welt, der schaut darinnen die Toten in den Jahren nach dem Tode. Aber mein Gehirn, das löscht das alles aus, löscht aus Erde, Wasser, Feuer, Luft; und ich schaue hin auf das, was in scharfen Konturen da ist als physische Welt, was nur da ist für die Welt, die ich zwischen Geburt und Tod durchlebe. Es ist eine Welt da ganz anderer Art. Ich lösche sie durch mein Gehirn aus und schaue auf die Welt, die eben dem Menschen als die Welt des gewöhnlichen Bewußtseins bekannt ist.

Und so besteht ja für den neueren Menschen jene Meditation, von der ich gestern gesprochen habe. Für den älteren Menschen bestand nach jener Meditation auch noch der Genuß von solchen Metallitäten, wie ich es gestern auseinandergesetzt habe. So besteht ja das Versetzen zunächst in den nächsten Bewußtseinszustand darin, daß man das Gehirnbewußtsein ausschaltet und mit dem Geiste untertaucht in das Bewußtsein, das unsere Augen, Ohren haben. Die Tiere haben das auch, denn die haben physisch das Gehirn hinter den Sinnen nicht entwickelt. Nur haben sie nicht in sich die Ich-begabte Seele, so daß sie in ihre Sinne nicht untertauchen können mit dem Geiste. Sie tauchen nur mit dem Grob-Seelischen unter, sehen daher nicht dasjenige, was der Mensch, wenn er mit dem Geiste in seine Sinne untertaucht, in der Umgebung sehen kann. Aber in derselben Art sehen die Tiere; niedrig, nicht individuell hoch, sehen die Tiere.

Das Mysterium des Merkur

Was ich nun weiter über die Metallität, also über das eigentlich Substantielle des Mineralischen sagen werde, bitte ich Sie, meine verehrten Damen und Herren, mit all der Reserve ausgestattet zu betrachten, auf die ich gestern aufmerksam gemacht habe, und die ich zusammengefaßt habe in den Satz: Das innere Beleben der Seele durch die Eigenschaften des Metallischen, also das Ausbilden gewissermaßen eines inneren Zusammenlebens mit der Metallität in einem moralischen Sinne, das gehört für den heutigen Menschen der wirklichen spirituellen Entwickelung an. Das Beibringen von Metallität an den menschlichen Organismus, das gehört in den Bereich des Arztes. – Also mit dieser Reserve bitte ich Sie, alles das aufzunehmen, was ich nun noch zu sagen haben werde über das Mysterium von anderen Metallen als die, welche ich schon besprochen habe.

Vor allen Dingen steht derjenige, der die Welt geistig betrachtet, das heißt, der die Physis, die physischen Substanzen auch so betrachten kann, daß er in ihnen das dahinter wirkende Spirituelle sieht, in einer für ihn sehr bedeutsamen Weise vor dem Mysterium des Merkur. Das Metall Merkur ist ja nur ein Teil dessen, was man in der Geisteswissenschaft im allgemeinen das Merkuriale nennt; Metallisch-Flüssiges, alles, was metallisch-flüssig ist, ist das Merkuriale, nur daß in unserem Naturzustande eben nur das eine Metall Quecksilber metallisch-flüssig ist und daher merkurial ist. Aber das ist ja nur *ein* Individuum aus der Gattung des Merkurialen. Wenn man in der Geisteswissenschaft von dem Merkurialen spricht, so spricht man von allem Merkurialen, betrachtet das Quecksilber nur als den Repräsentanten des Merkurialen. Dieses Quecksilber, beziehungsweise das Merkur, gibt in der Tat ein bedeutsames Mysterium. Seine Wirksamkeit auf den Menschen ist so, daß es überhaupt alles das vom Menschen ausschaltet, was der Mensch an Wirkungen aus der physischen Welt erfährt, und auch noch aus der Welt, die ich eben jetzt beschrieben habe, aus der elementarischen Welt.

Wir Menschen stehen ja so in der Welt da, daß wir einmal solche Organe wie unser Gehirn aus der physischen Welt heraus gebildet haben. Viele andere Organe im Menschen sind noch aus der physischen Welt heraus gebildet, namentlich eine ganze Anzahl von wichtigen, für das physische Leben wichtigen Drüsenorganen. Ferner sind eine ganze Anzahl von Organen – ich habe ja eben die Sinne angeführt – herausgebildet aus der Welt, die ich als die des zweiten Bewußtseins beschrieben habe. Kupfer, Eisen, sie versetzen den Menschen in diese zweite Welt.

Anders das Merkur. Das Merkur muß da sein in der Welt. Und es ist in feiner Dosierung überall da. Wir leben, wenn ich mich des Ausdrucks bedienen darf, in einer Atmosphäre von Merkur. Aber in dem Augenblicke, wo der Mensch etwas mehr als dieses normale Merkur in sich aufnimmt, strebt sein Organismus dahin, alle Organe auszuschalten, die aus der physischen Welt und aus der elementarischen Welt sind. Der Astralleib des Menschen wird sozusagen angeregt, nur diejenigen Organe im Menschen in Anspruch zu nehmen, die herausgebildet sind aus der Welt der Sterne. Daher wird der Mensch sogleich, wenn sein Bewußtsein sich auf die Metallität Merkur konzentriert, auf die Eigenschaften des Merkur, auf das Metallisch-Flüssige, das eigentümlich Unberührbare und doch wiederum Menschenverwandte, das im Merkurialen liegt, innerlich noch mit einem dritten Menschen ausgefüllt.

Ich sagte, durch die Beziehung zum Kupfer wird der Mensch ausgefüllt mit einem zweiten Menschen, der innerlich preßt und drängt, der auch herausgehen kann aus dem gewöhnlichen physischen Leib, und dann folgen kann, wie ich charakterisiert habe, den Toten in den nächsten Jahren nach dem Tode. Das Quecksilber zieht sogleich alles dasjenige an sich, was im Menschen einen viel, viel dichteren inneren seelischen Organismus hervorruft. Der Mensch fühlt, wie wenn er ergreifen würde mit alledem, was ihm jetzt durch das Quecksilber wird, den ganzen Stoffwechsel seiner Organe. Wie durch die verschiedenen Gefäße die Säfte im Menschen fließen, das nimmt den Menschen plötzlich in Anspruch, wenn er den starken Einfluß der Metallität des Quecksilbers erfährt.

Es ist zunächst nicht etwas, was man als wunderbar und angenehm beschreiben kann, denn der Mensch fühlt, wie wenn er kein Gehirn hätte, keine Sinne hätte, aber wie wenn alles in ihm in Regsamkeit und Bewegung wäre, wie wenn alles in ihm in Kribbelndem und Krabbelndem, in innerem Rühren und Tun und Weben und Leben wäre. Da ist plötzlich alles in uns in innerer Regsamkeit. Und wir fühlen dieses, was in uns in innerer Regsamkeit ist, verbunden mit einer Regsamkeit im Äußeren.

Das alles nach Trainierung der Seele bewußt durchgemacht, wie ich es beschrieben habe, stellt sich grob schematisch so dar (siehe Zeichnung S. 102). Durch den Einfluß des Quecksilbers, durch den Impuls des Quecksilbers fühlt der Mensch nicht sein Gehirn; das ist ein Loch. Das ist auch gut für die Wahrnehmung der spirituellen Welt; das Gehirn taugt nicht dazu. Andere Organe werden auch noch nicht gefühlt. Aber gefühlt wird das Durchgehen von Bewegung durch den ganzen Organismus (rot). Und alle diese Bewegungen tun zunächst so weh, schmerzen so, wie wenn man innerlich müde wäre.

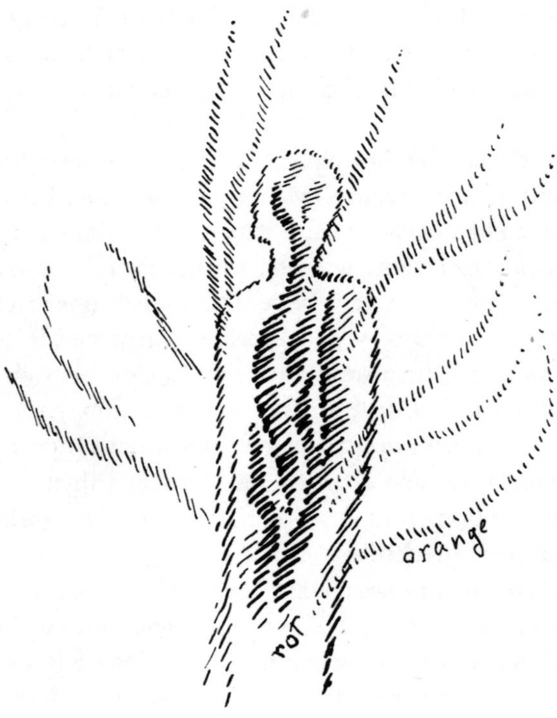

Diese Bewegungen, sie stehen mit äußeren Bewegungen überall in Verbindung (orange). Es verbindet sich die innere Regsamkeit mit der äußeren Regsamkeit. Man hat den Eindruck, man hat da unter sich gelassen die Welt der Erde, die Welt der Elemente, das ist alles unten. Das qualmt und dampft. Aber in diesem qualmenden, dampfigen, luftigen Bewegen, da sind eben geistige Wesenheiten. Die göttliche Natur, von der Brunetto Latini noch so lebensvoll spricht, hat sich umgedreht.

Sie ist ja dasselbe wie die griechische Persephone, wie ich gestern ausgeführt habe. Vorher wandte sie ihr Antlitzt mehr der Erde zu, erklärte einem dasjenige, was noch mit dem Irdischen zusammenhängt, wie das Leben, das der Mensch zuerst nach dem Tode zubringt. Jetzt dreht sie sich um, und man hat das Irdische und Elementarische unter sich, über sich die Welt der Sterne. Die Sternenwelten werden so die Umgebung, wie man vorher von Pflanzen und Tieren auf Erden umgeben war. Und man hat nicht etwa das Gefühl: Was bist du für ein kleiner Knirps gegenüber der großen Sternenwelt! – sondern man fühlt sich in seiner Größe gegenüber der großen Sternenwelt so, wie man sich der nächsten Umgebung auf Erden gegenüber fühlt. Man ist eben auch groß geworden. Man ist hineingewachsen mit seiner Größe in die Sternenwelten. Aber die Sterne sind nicht so Sterne, wie wir sie gesehen haben, als wir auf der Erde standen und sie mit Augen sahen, die Sterne enthüllen sich als Kolonien geistiger Wesenheiten. Wir sind wiederum in der Welt, die ich Ihnen schon beschrieben habe, die ich Ihnen beschrieben habe als hervorgerufen im Menschen durch seine Verwandtschaft mit der Metallität des Zinnes. Denn zwischen dem Merkur und dem Zinn ist eine innere Verwandtschaft nach der angedeuteten Richtung. Einen gewissen Teil unserer Menschenwesenheit nimmt das Merkur in Anspruch, hebt ihn heraus aus der übrigen Menschenwesenheit, trägt diesen Teil der Menschenwesenheit in jene geistige Welt hinein, deren äußere physische Offenbarung die Sternenwelt ist.

Aber wir sind jetzt wiederum woanders, dadurch, daß unser Bewußtseinszustand sich geändert hat, daß wir nicht mehr durch die Sinne, durch das Gehirn unseren Bewußtseinszustand haben, sondern durch dasjenige, was jetzt aus unserem Organismus herausgehoben hat die Metallität des Merkur. Dadurch sind wir in einer ganz anderen Welt. Wir sind jetzt in der Welt der Sterne. Aber ich könnte auch anders sagen. Welt der Sterne, das bedeutet die Sache räumlich; in Wirklichkeit aber wandern wir aus der Welt, in der wir räumlich sind zwischen Geburt und Tod, mit der Entwickelung des genannten Bewußtseinszustandes heraus und sind nun in der Welt, die wir durchleben als Mensch zwischen Tod und neuer Geburt.

Es ist in der Tat das Mysterium des Merkur, daß das Merkur den Menschen heraustägt aus der Welt, in der er als der physisch-sinnlichen Welt ist, daß es ihn hineinträgt in die Welt, in der er zwischen dem Tod und einer neuen Geburt ist, weil das Quecksilber, das Merkur, eine innere Verwandtschaft zu dem im Menschenwesen hat, was gar nicht von dieser Erde ist, sondern was hereingetragen ist aus der Welt, die wir durchleben zwischen Tod und neuer Geburt. Unser Säftekreislauf, dasjenige, was wir jetzt spüren, das ist nicht von dieser Welt, das ist hereinbestimmt aus der Welt, die wir durchlaufen zwischen Tod und neuer Geburt.

Und jetzt werden wir ein anderes gewahr, wiederum etwas, was Brunetto Latini unter dem Einflusse der Göttin Natura bemerkte. Wir werden gewahr: Wir leben in unserem Säftekreislauf, der sich aber verbindet mit dem Säftekreislauf des ganzen Kosmos; wir sind aus uns heraus und wir sind in jenem Land, das wir durchleben zwischen dem Tod und einer neuen Geburt. Aber wir lernen die Natur dieses Säftekreislaufes jetzt kennen und lernen erkennen, wie in dieser inneren Regsamkeit, in diesem Säftekreislauf aus dem Lande heraus, das wir durchlaufen zwischen dem Tod und einer neuen Geburt, unser Temperament gebildet ist; so gebildet ist, daß wir entweder ein sanguinischer oder ein cholerischer oder ein melancholischer oder ein phlegmatischer Mensch geworden sind. Wir begreifen uns jetzt noch tiefer denn als Sinnesmensch. Wenn wir als Phlegmatiker durch die Welt gehen, müssen wir uns sagen: Unser Phlegma ist bedingt von dem, was wir durchgemacht haben zwischen dem letzten Tode und dieser Geburt. Ebenso das Cholerische, das Melancholische und Sanguinische.

Aber in dieses Temperament, in das, was da im Säftekreislauf seinen physischen Ausdruck hat, in das ist noch etwas anderes hineingemischt. Bedenken Sie nur, was Sie in diesem Säftekreislauf haben.

Gehen Sie als Anatom, als Physiologe vor, so haben Sie zunächst etwas Physisches. Das Physische ist nur der Ausdruck eines Geistigen. Aber das Geistige ist in bezug auf diesen Säftekreislauf gar nicht von dieser Welt, sondern es ist von der Welt, die zwischen dem Tode und einer neuen Geburt in den Menschen hineinwirkt.

So daß, wenn wir auf unser Temperament zurückschauen – und das war auch das Allerfrappierendste für Brunetto Latini, als ihm die Göttin Natura die Temperamente erklärte –, man sagt sich: Da, in diesen Temperamenten, die im Säftekreislauf liegen, da hinein hat das Leben zwischen Tod und neuer Geburt das Siegel gedrückt. – Aber geht man jetzt tiefer, so ist dem beigemischt dasjenige, was man Karma nennt, was man die Schicksalsprüfung nennt. Schaut man dieses merkwürdige metallisch fließende Merkur in seinem physikalischen Dasein an, so lernt man es eben nur dann recht erkennen, wenn man weiß, daß dieses Geheimnis darinnen liegt: In einem Tröpfchen hinfließenden Quecksilbers offenbart sich dem Initiierten ein tiefgehender Zusammenhang. Und dieses Tröpfchen des dahinfließenden Quecksilbers, es ist imstande, des Menschen Geistiges zusammenzuziehen mit denjenigen Organen, die da stammen in ihren Formungen, in ihrem Ursprung aus dem Leben zwischen Tod und neuer Geburt.

So ist alles in der Welt miteinander verbunden, ineinander verwoben. Das Physische ist nur die Illusion, eine physische Illusion. Das Geistige ist nur für das Physische eine Illusion, eine abstrakte Illusion. In Wahrheit ist Physisches in Geistiges, Geistiges in Physisches verwoben. Und hat man beim schadhaft gewordenen menschlichen Organismus die Bemerkung gemacht, dieser menschliche Organismus ist dadurch schadhaft geworden, daß jene Organe angegriffen sind, welche eigentlich gebildet sind aus dem Lande herein, das wir durchleben zwischen Tod und neuer Geburt, dann muß man Kräfte im menschlichen Organismus wachrufen, die diese Schäden ausbessern.

Nehmen Sie an, ein Mensch zeigt dem Arzte, er hat diejenige Organisation – den Säftekreislauf – schadhaft, der eigentlich aus dem Leben zwischen Tod und neuer Geburt heraus impulsiert wird. Ich stehe also vor einem Kranken, dessen Säftekreislauf sich von der geistigen Welt losgerissen hat. Das ist das Phänomen. Man diagnostiziert spirituell in der Sache. Immer ist das Spirituelle im Verhältnis zur physischen Diagnose so aufzufassen, wie ich das gestern auch angedeutet habe. Ich betone das immer wieder, damit keine Mißverständnisse entstehen. Man diagnostiziert, der Mensch hat einen Säftekreislauf, der sich zu stark losgerissen hat von der spirituellen Welt, die wir durchleben zwischen Tod und neuer Geburt. Was muß man tun?

Man muß therapeutisch diejenige Metallität dem Körper in der geeignetesten Weise zuführen, welche den Säftekreislauf wiederum in Kontakt bringt mit der spirituellen Welt. So wirkt das Merkur auf den Menschen. Das Merkur wirkt auf den Menschenorganismus so, daß es diejenigen Organe, die nur herausgebildet werden können aus der spirituellen Welt, wenn sie sich losgerissen haben, wiederum in Kontakt bringt mit dieser spirituellen Welt. Da sehen Sie, welche, ich möchte sagen, gefährliche, zu gleicher Zeit aber selbstverständlich notwendige Beziehung herrscht zwischen der Erkenntnis der Bewußtseinszustände im Menschen und der Erkenntnis der Krankheiten. Das eine geht in das andere über.

Diese Dinge, die spielten ja eine so große Rolle in den alten Mysterien. Und diese Dinge klären uns auch auf über so etwas, wie ich es gestern erzählt habe. Denken Sie sich, in einer Zeit, in der die Menschheit längst nicht mehr ein solches spirituelles Schauen hatte, daß die Göttin Natura erkannt wurde in ihrer belehrenden Art über die Naturgeheimnisse, kehrt in einer gewissen Aufregung Dantes Lehrer, Brunetto Latini, von seinem Gesandtenposten in Spanien zurück, kommt in die Nähe seiner Vaterstadt, wird weiter aufgeregt, weil er hört, wie es seiner eigenen Partei, der Welfenpartei, ergangen ist. Das alles vollbringt er in der Verfassung, daß etwas wie ein leiser Sonnenstich in ihm zustande kommt. Die Metallität des Merkur hat einfach auf ihn aus der Umgebung gewirkt.

Denn, was heißt es: Wir bekommen einen leisen Sonnenstich? Das heißt, wir bekommen eine Wirkung aus dem überall in der feinsten Weise in unserer Umgebung im Kosmos dosierten Merkur. Diese Wirkung hat Brunetto Latini bekommen. Dadurch hat er in einer Zeit, in der sonst es dem Menschen unmöglich war, so an die geistige Welt heranzutreten, wie er herangetreten ist, dadurch hat er die Möglichkeit bekommen, an diese geistige Welt heranzutreten.

Das weist Sie aber darauf hin, meine sehr verehrten Anwesenden, daß im Menschen, so wie er vor uns steht, etwas ist, was eine Verwandtschaft hat nicht nur zu dem, was der Naturforscher vor uns ausbreitet, was eine Verwandtschaft hat nicht nur zu dem, was der vor uns ausbreitet, der schon den Toten verfolgen kann auf seinem nächsten Schritte nach dem Tode, sondern daß die menschliche Wesenheit, wie sie in uns ist, eine Beziehung, eine Relation hat zu noch weit Höherem, zu ganz Geistigem, wie wir es durchleben zwischen dem Tod und einer neuen Geburt. Sie mögen die Form der Leber begreifen, die Form der Lunge begreifen, wenn Sie mit der gewöhnlichen Wissenschaft vorgehen. Sie mögen den Bau der Sinnesorgane begreifen, wenn Sie das nächste Wissen zu Hilfe nehmen; aber das nimmt unsere heutige Physik nur in grober Weise in Anspruch. Sie lernen aber nie die Zirkulation des aufgerichteten Menschen kennen in ihrer Eigenart, wenn Sie nicht mit der Initiationswissenschaft herangehen. Und Sie lernen auch nie die Geheimnisse der Metallität kennen, wenn Sie nicht wiederum mit der Initiationswissenschaft herangehen.

Damit aber ist auch gesagt, daß Sie nie das Wesen der Krankheiten im Sinne des Ausgeführten kennenlernen, wenn Sie nicht mit der Initiationswissenschaft an sie herangehen, denn Sie können ja mit der physischen Eigenschaft der Metalle nicht helfen. Mit den physischen Eigenschaften der Metalle können Sie Gehirne heilen, wenn man sie erst kennt. Sie können nicht einen Kreislauf der Säfte heilen. Aber das, was ich Ihnen da sage, ist auch uneigentlich gesprochen, denn Sie können nur die gröbste Masse des Gehirnes heilen. Aber im Gehirn ist auch Säftekreislauf. Daher können Sie in Wirklichkeit auch nicht Gehirne heilen mit den Metallen, sondern nur mit der spirituellen Erkenntnis. Sie können sagen: Ja, warum heilt denn die heutige Medizin doch? Sie heilt mit dem, was an Tradition ihr noch geblieben ist aus alten Zeiten. Man weiß noch, was die Alten gewußt haben über die Spiritualität der Metalle. Das wendet man an. Das wendet man zwischen dem an, was man rein physisch entdeckt hat und was nicht viel hilft. Und wenn einmal der Materialismus gesiegt haben würde und alles vergessen sein würde, dann würde kein Heilmittel mehr etwas helfen, das nur auf physischem Wege gefunden ist.

Wir stehen schon an dem Punkte der Menschheitsentwickelung, wo, weil allmählich die alten Traditionen aus dem ursprünglichen Hellsehen geschwunden sind, auf neue Weise das Spirituelle gefunden werden muß.

Das Mysterium des Silbers

Von einer ganz besonderen Art ist wiederum jenes Mysterium, das hinter der Metallität des Silbers steckt. Kann man sagen, hinter dem Kupfer steht diejenige kosmische Impulsivität, welche zunächst den ersten höheren Menschen in das Menschenwesen hereinzaubert; hinter dem Merkur steht eine zweite kosmische Kraft, welche einen zweiten Menschen hereinzaubert, der mit der Sternenwelt und damit mit der spirituellen Welt, die wir durchleben zwischen Tod und neuer Geburt, zusammenhängt, so muß man von der Metallität des Silbers noch etwas ganz anderes sagen.

Wenn der Mensch eben in einer solchen Weise seine Verwandtschaft zum Silber steigert, größer macht, wie wir das für die Metallität des Kupfers, für die Metallität des Merkur gesehen haben, dann wendet er sich wiederum an eine noch tiefere Organisation in sich. Mit dem Merkur hat er sich an die Gefäßorganisation gewandt, die ihn in Zusammenhänge bringt mit einer Zirkulation im ganzen Kosmos, in Zusammenhang bringt mit der Spiritualität des Kosmos. Dadurch, daß er die Silberrelation steigert, bringt sich der Mensch in unmittelbaren Kontakt mit demjenigen, was herüberkraftet, herüberimpulsiert aus früheren Erdenleben.

So daß wir sagen können: Konzentriert sich der Mensch auf die besonderen Eigenschaften des Silbers, was lange dauert, bis es wirksam wird, zieht der Mensch diejenigen Kräfte in sich zusammen, die damit zusammenhängen, daß jetzt nicht nur seine Gefäße Flüssigkeiten zirkulieren lassen, Säfte zirkulieren lassen, sondern daß Wärme durch die Zirkulation des Blutes kreist. Dann stellt sich für den

Menschen die Wahrheit ein, daß in dem, was als Wärme in seinem Blute kreist, was ihn erst zum menschlichen Wesen dadurch macht, daß er eine gewisse Wärme und dadurch Blutstofflichkeit, aber auch Blutgeistigkeit, Blutspiritualität in sich empfindet, wirksam ist dasjenige, was aus früheren Inkarnationen herüberwirkt. – Und in der Verwandtschaft mit dem Silber drückt sich unmittelbar dasjenige aus, was auf die Wärmeimpulsivität des Blutes wirken kann. Damit aber drückt sich auch aus, was uns spirituell hinüberleitet zu früheren Erdenleben.

Denken Sie, man erhält in dem Silber diejenige Metallität, die gewissermaßen den Menschen aufmerksam macht auf das, was in ihm jetzt in diesem Erdenleben noch aus früheren Erdenleben ist. Denn unser Blutkreislauf mit seinen wunderbaren Wärmedifferenzierungen, er ist nicht aus dieser physischen Welt heraus. Er ist auch nicht aus der elementarischen Welt heraus, die ich Ihnen geschildert habe. Er ist auch nicht einmal allein aus der Welt der Sterne heraus. Aus der Welt der Sterne heraus sind die Richtungen des Blutkreislaufes. Aber in dem, was im Blute eigentlich als Wärme unser Leben in der richtigen Weise durchpulsiert, wirkt dasjenige, was aus früheren Erdenleben heraus kraftet.

Unmittelbar an das appelliert man, wenn man an die Silberkräfte in ihrer Beziehung zum Menschen appelliert. So steht das Mysterium des Silbers im Zusammenhange mit den wiederholten Erdenleben. Das Silber ist eines der erschütterndsten Beispiele dafür, daß überall Spiritualität lebt, auch in dem Physischen. Wer das Silber mit rechten Augen anzusehen vermag, der weiß, daß das Silber das äußere Götterzeichen ist für die Kreisläufe des menschlichen Erdenlebens. Daher hängt auch das Mysterium des Silbers mit der Fortpflanzung zusammen, mit all jenen Geheimnissen, die sich auf die Fortpflanzung beziehen, aus dem Grunde, weil der Mensch ja durch die Fortpflanzung sein Wesen hinüberleitet zu den früheren Erdenleben. Das Wesen, das in früheren Erdenleben vorhanden war, dringt durch die Fortpflanzung in das physische Leben herein. Aber das ist dasselbe Geheimnis wie das Geheimnis des Blutes. Und das Geheimnis des Blutes, das Mysterium des Blutes, ist das Mysterium des Silbers. Man kann hier sagen: Das Geheimnis der Blutwärme ist das Geheimnis, das Mysterium des Silbers.

Wiederum zieht sich der Strom des Erkennens hinüber von diesem normalen Verlauf im Menschen zu dem pathologischen. Denken Sie, es wird im Menschen durch Umstände, die gerade in der gegenwärtigen Welt liegen, aus der das Blut nicht erwärmt werden darf – denn es muß erwärmt werden durch die Welten, die wir durchgemacht haben in früheren Erdenleben –, denken Sie, es wird das Blut in seiner Wärme beeinträchtigt von der gegenwärtigen Welt, nicht impulsiert von dem, woran wir durch ein spirituelles Band an den früheren Erdenleben hängen. Dann entstehen diejenigen Krankheitszustände, von denen wir sagen können, sie sind dadurch da, daß alles, was mit unserer Blutwärme zusammenhängt, losgerissen ist von dem, womit es eigentlich zusammenhängen sollte, von den früheren Erdenleben.

Was ist Fieber? Fieber, in spirituellem Sinne aufgefaßt, ist das Ergebnis des Losreißens der menschlichen Organisation von der normalen Einordnung in die fortwirkenden früheren Erdenleben. Kann der Arzt diagnostizieren, daß bei irgendeinem Krankheitsfall dieses vorliegt: Hier ist der Mensch; die Außenwelt hat auf ihn so gewirkt durch irgend etwas, daß er droht, seine Organisation loszureißen von früheren Erdenleben –, dann schreitet der Arzt zur Therapie durch Silber. Und ein sehr schönes Beispiel kann gerade in bezug darauf erzählt werden, das sich vor nicht zu langer Zeit in dem Klinisch-Therapeutischen Institut der Frau *Dr. Wegman* in Arlesheim zugetragen hat. Solch ein Zustand, der spirituell, so wie ich es angedeutet habe, eintreten kann, daß sich durch äußere Umstände plötzlich der menschliche Organismus in seiner Bluteigentümlichkeit von vorigen Erdenleben loszureißen droht, der kann ganz plötzlich eintreten. Und das ist in einem besonderen Krankheitsfall eben vor kurzer Zeit im Klinisch-Therapeutischen Institut von Frau Dr. Wegman eingetreten, dasjenige, was man in der materialistischen Medizin nennt «okkulte Fieber»: plötzliche hohe Temperatur bei einem schon Genesenden, die man gar nicht erwartet hat. Frau Dr. Wegman stand plötzlich vor diesem Falle. Aus ihrer inspirierten medizinischen Erkenntnis heraus wandte sie eine Silberkur momentan an. Als sie mir das erzählte, stand der ganze Fall in seinem wunderschönen kosmischen Zusammenhang da. Man sieht daraus, wie die Dinge herüber und hinüber spielen aus demjenigen, was mit der Entwickelung des Menschen in die Spiritualität hinein zusammenhängt, und was auf der anderen Seite mit dem zusammenhängt, was ins Pathologische und dann ins Therapeutische hineinführt.

Worauf beruht es denn, daß der Initiierte frühere Erdenleben überblicken kann? Solange man so wie im gewöhnlichen Leben mit ihnen zusammenhängt, daß man eben durch sein Karma marschiert und einfach die früheren Erdenleben wirken, kann man nicht hinschauen auf die früheren Erdenleben. Hier ist man im gegenwärtigen Erdenleben. Man hängt mit den früheren Erdenleben zusammen; die wirken herüber. Ja, sie wirken so herüber, daß Sie unter ihrem Einfluß Ihr Karma ausüben, daß Sie im Sinne Ihres Karma durch die Welt marschieren. Aber Sie können nicht zurückschauen. Sie können ja nicht mit dem gewöhnlichen Bewußtsein zurückschauen. Wollen Sie zurückschauen, so müssen Sie den Faden erst für Augenblicke zerreißen, müssen sich losreißen. Wenn Sie sich losgerissen haben, wenn objektiv geworden sind die früheren Erdenleben, dann können Sie zurückschauen.

Sie müssen natürlich sich die Fähigkeit erwerben – ich werde davon noch sprechen –, nachher den Faden wiederum in aller Normalität anzuknüpfen. Wenn Sie den Faden nicht wieder anknüpfen, werden Sie ein Geistesgestörter, nicht ein Initiierter.

Sehen Sie, hier haben Sie eine Erscheinung, die eintritt in der spirituellen Entwickelung: das Losreißen von den spirituellen Fäden, die einen an frühere Erdenleben knüpfen. Die Krankheit macht das im abnormen Fall. Die Krankheit macht das auf pathologische Weise. Die Krankheit erweist sich als abnormes Auftreten desjenigen, was man in einer höheren Sphäre normal herbeiführen muß zum spirituellen Schauen, zu anderen Bewußtseinszuständen. Wenn sich das Blut, abgesondert vom übrigen Organismus des Menschen, hingibt seinem Bewußtsein – denn das Blut hat ein besonderes Bewußtsein, wie ich Ihnen von solchen besonderen Bewußtseinen gewisser Körperorgane schon gesprochen habe –, wenn sich das Blut emanzipiert von dem übrigen Organismus, dann schaut es in anormalem Zustande zurück in die früheren Erdenleben. Aber es bleibt unterbewußt. Zum bewußten Zurückschauen muß der Faden erst abreißen. Zum krankhaften Zurückschauen muß der Faden nicht abreißen.

So führt uns die Betrachtung von so etwas wie die Metallität des Silbers, das sich eigentlich wie ein wunderbares Heilmittel erweist gerade bei allen Erkrankungen, die irgendwie auf Karmisches zurückgehen, so führt uns das Mysterium des Silbers tief hinein in andere Mysterien der Welt, und wir haben damit zunächst ungefähr diejenigen Metallitäten erschöpft, welche in bezug auf die anderen Bewußtseinszustände des Menschen zu erwähnen wären.

Wir werden nun weiterschreiten in der Betrachtung dieser Bewußtseinszustände und in der Beziehung, die der Mensch herstellen kann durch diese Bewußtseinszustände zu anderen Welten; wir werden mit anderen Worten in den nächsten Vorträgen auf den rechten Wegen zur Spiritualität in der Betrachtung weiterschreiten.

SECHSTER VORTRAG

Torquay, 16. August 1924

Initiationserkenntnisse

Das Tagwachen und das Traumbewußtsein

Von verschiedenen Bewußtseinszuständen, die aus den Kräften der Menschenseele heraus zu entwickeln möglich sind, habe ich Ihnen gesprochen. Und dasjenige, was man Initiationserkenntnis nennt, hängt davon ab, daß durch die verschiedenen Bewußtseine Erkenntnisse von der Welt geschaffen werden.

Nun wollen wir uns heute eine Vorstellung davon verschaffen, wie der Mensch durch diese verschiedenen Bewußtseine in Verbindung stehen kann mit der Welt. Stellen wir uns zunächst noch einmal vor das Auge, daß für das heutige Zivilisationsleben, für alles dasjenige, was die Menschheit heute anerkennt in bezug auf Wirklichkeit, in bezug auf Dasein, eigentlich nur ein Bewußtseinszustand besteht, das ist derjenige des *wachen Tageslebens.* Es sind außer diesem wachen Tagesleben für den Menschen heute in unserem Weltenzyklus, können wir sagen, ja noch zwei andere Bewußtseinszustände vorhanden. Die aber können zunächst nicht als unmittelbar maßgebend für irgendeine Erkenntnis angesehen werden. Es ist der Zustand des Traumbewußtseins, in dem der Mensch heute nur Reminiszenzen an das Tagesleben erlebt oder auch kleine Durchbrüche aus dem geistigen Leben heraus. Aber im gewöhnlichen Traumleben sind sowohl die Reminiszenzen an das Tagesleben, wie auch die Durchbrüche, die Offenbarungen aus der geistigen Welt heraus so entstellt, so in einzelne ungleiche Bilder und Symbole getaucht, daß daraus keine Erkenntnis zu gewinnen ist.

Wenn wir uns mit Hilfe der Initiationswissenschaft die Frage beantworten wollen: Worinnen lebt denn der Mensch eigentlich, wenn er träumt? – so stellt sich eine solche Antwort folgendermaßen dar: Der Mensch, wie er im gewöhnlichen Leben dasteht, trägt in sich erstens seinen physischen Leib, denjenigen, den heute die Sinne sehen, den die Wissenschaft der Anatomie, der Physiologie, der Biologie betrachtet (siehe Zeichnung, hell). – Das ist das erste Glied der Menschennatur, das jeder zu kennen glaubt, aber – wie wir noch sehen werden – heute eigentlich am wenigsten wirklich kennt.

Als zweites Glied der Menschennatur – Sie können es genauer in meinen Büchern, namentlich in der «Theosophie» lesen –, als zweites Glied hat der Mensch den Ätherleib, den Bildekräfteleib, eine feine Organisation, die nicht mit Augen gesehen werden kann, die erst gesehen werden kann, wenn der Mensch das erste Bewußtsein ausbildet, von dem ich in diesen Tagen gesprochen habe, das folgen kann dem Toten in den nächsten Jahren nach dem Tode. Dieser Ätherleib oder Bildekräfteleib (orange), der steht in einer viel innigeren Verbindung mit dem Kosmos als der physische Leib, der in seiner ganzen Organisation mehr selbständig ist.

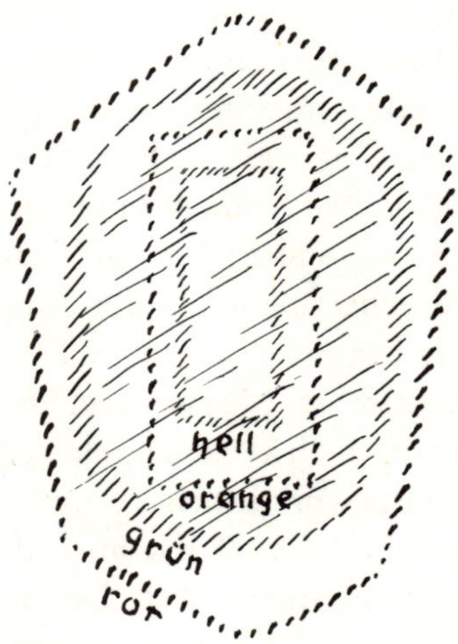

Dann hat aber der Mensch ein drittes Glied in seiner Organisation, das man selbstverständlich nennen kann, wie man will; aber mit Anlehnung an alte Terminologien nennen wir es astralischen Leib (grün). Das ist eine Organisation, die nicht mit Sinnen wahrgenommen werden kann, die aber auch nicht so wahrgenommen werden kann, wie der Ätherleib wahrgenommen wird. Wenn man mit denjenigen Erkenntniskräften, mit denen man die äußere, heute angeschaute Natur wahrnimmt, und auch mit den Erkenntniskräften, die ich als die des nächsthöheren Bewußtseins beschrieben habe, mit dem man den Toten folgt, wenn man mit alledem den astralischen Leib wahrnehmen wollte, so würde man da, wo der astralische Leib des Menschen ist, nichts anderes als die Leere, das Nichtsein wahrnehmen.

So kann man also [zur Tafel gewendet] sagen: Der Mensch trägt in sich seinen physischen Leib, er ist sinnlich wahrnehmbar. Der Mensch trägt in sich seinen Ätherleib (orange); er ist imaginativ wahrnehmbar, er ist wahrnehmbar durch die Kräfte, die wir uns in der geschilderten Weise durch die Meditation, durch die Konzentration erwerben können. Aber wenn wir mit all diesen Kräften an den Menschen herantreten, nehmen wir von seinem astralischen Leib nur wahr die Leere, ein räumliches Nichts, wie ein Loch, ein allseitig geschlossenes Loch, das in den Raum hineingestellt ist (grün). Erst dann, wenn man, wie ich es geschildert habe, zum leeren wachenden Bewußtsein kommt, wenn man also sich in völlig wachem Zustande der Welt so gegenüberstellen kann, daß man nichts vom Sinnlichen wahrnimmt, daß auch das Denken und die Erinnerungen schweigen, man aber doch eine Welt wahrnimmt, dann füllt sich diese Leere aus, und wir wissen, wir haben in dieser Leere das erste Geistige in uns, den astralischen Leib des Menschen.

Ein weiteres Glied der menschlichen Organisation ist das eigentliche Ich (rot). Dieses Ich nehmen wir nur wahr, wenn das leere Bewußtsein weiter und weiter entwickelt wird. Nun ist es beim Träumenden so, daß er abgesondert von sich liegen hat im Bette den physischen Leib und den Äther- oder Bildekräfteleib; abgesondert davon, in der geistigen Welt sind der astralische Leib und das Ich. Aber wir können ja mit dem astralischen Leib und mit dem Ich, wenn wir nur das gewöhnliche Bewußtsein haben, nicht wahrnehmen. Wodurch nehmen wir denn äußere Eindrücke in der gewöhnlichen Welt wahr, die wir zwischen Geburt und Tod durchleben? Dadurch, daß wir

Augen in dem physischen Leibe eingesetzt haben, dadurch, daß wir Ohren in dem physischen Leibe eingesetzt haben. So wie der Mensch heute in der Weltenevolution ist, hat er im gewöhnlichen Leben keine entsprechenden Organe, keine Augen, keine Ohren in dem astralischen Leib oder in dem Ich eingesetzt. Er geht also heraus aus seinem physischen und ätherischen Leib zum Träumen, gerade so, wie wenn er im physischen Leib, in der physischen Welt gar keine Augen und keine Ohren an sich hätte, es also finster und stumm um ihn wäre. Aber es ist doch nicht so, daß immer dieser astralische Leib und dieses Ich ohne Organe, ohne – natürlich sind sie dann seelisch gemeint – Augen und Ohren bleiben müssen. Gerade durch jene Seelentrainierung, von der ich in meinen Büchern gesprochen habe, können in den astralischen Leib und in die Ich-Organisation Organe hineinkommen, Seelenaugen, Seelenohren und so weiter. Dann kann der Mensch durch Trainierung, durch Übungen solches erreichen. Dann tritt eben bei ihm die Möglichkeit ein, durch Initiationsanschauung in die geistige Welt hineinzuschauen. Dann tritt er aus seinem physischen und aus seinem Ätherleib heraus und sieht das Geistige, wie er im physischen und Ätherleib das Physische und auch in einem gewissen Sinne das Ätherische schaut. Das tritt ein bei demjenigen Menschen, der dann die Initiation besitzt.

Beim gewöhnlichen Träumer, wie ist es denn da? Nun, stellen Sie sich einmal ganz lebendig vor, wie es mit dem Einschlafen geht. Physischer Leib (siehe Zeichnung, hell), Ätherleib (orange) bleiben im Bette liegen. Der astralische Leib (grün), die Ich-Organisation (rot) treten heraus. Ich muß natürlich schematisch zeichnen. Jetzt ist in dem Momente, wo dieses stattfindet, im astralischen Leibe noch ein völliges Mitvibrieren mit dem physischen Leibe und mit dem Ätherleibe vorhanden. Sehen Sie, der Astralleib geht heraus. Er hat alles mitgemacht, was Augen, Ohren, was der Wille in der Bewegung im physischen Leib, im Ätherleib vom Morgen bis zum Abend an innerer Tätigkeit ausgeführt haben. Der Astralleib und das Ich haben alles das mitgemacht. Jetzt gehen sie heraus. Da zittert das alles noch nach, da ist das alles noch drinnen. Aber indem die Tageserlebnisse hier (siehe Zeichnung S. 117: Punkte werden eingezeichnet) nachzittern, stoßen sie ja an die geistige Welt, die ringsherum ist, überall an, und es entsteht ein chaotisch ungeordnetes Ineinanderwirken zwischen der Tätigkeit der äußeren geistigen Welt und dem, was da im astralischen Leib nachzittert, ein ungeordnetes Chaos. Das ist eine Tautologie; also es entsteht ein Chaos. Und der Mensch ist noch drinnen in alledem, was da entsteht, und wird es gewahr. Es macht auf ihn einen Eindruck, was er sich mitgebracht hat. Es zittert nach. Es wird Traum. Aber daß nicht viel gegenüber der Wirklichkeit damit anzufangen ist, das sehen Sie ja doch ein.

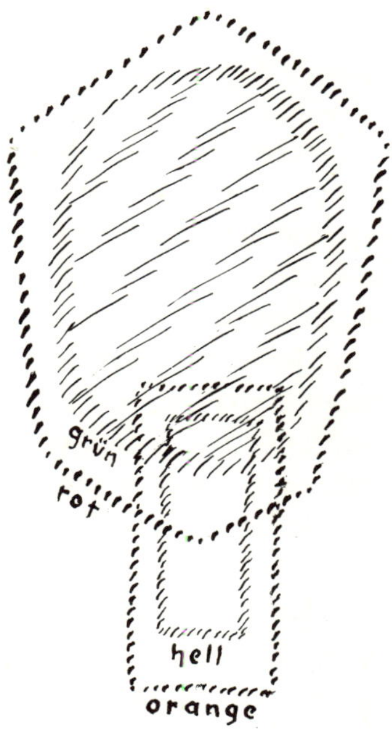

Wie ist es beim Initiierten? Der Initiierte ist in der Lage, wenn er da (es wird auf die Zeichnung gezeigt) herauskommt, sogleich alles das zu unterdrücken, was an Reminiszenzen, an Nachzittern aus dem physischen Leib und Ätherleib da ist. Also er unterdrückt dasjenige, was aus dem physischen und dem Ätherleib heraus da ist. Außerdem hat er durch die Meditation und Konzentration und durch die Entwickelung des leeren Bewußtseins die Möglichkeit, Seelenaugen, Seelenohren zu haben. Er nimmt jetzt nicht das, was in ihm vorgeht, wahr, sondern das, was äußerlich in der geistigen Welt vorgeht. Statt der Träume treten Wahrnehmungen der geistigen Welt auf. So daß wir sagen können: Das *Traumbewußtsein* ist ein *chaotisches Gegenbild geistiger Wahrnehmungen.*

Nun ist es bei dem Initiaten so, daß, wenn er zunächst auf den ersten Stufen diese inneren astralischen Organe, astralisches Sehen, astralisches Hören ausgebildet hat, daß er dann fortwährend in einer Art Kampf drinnensteht, in einem Kampfe, der darin besteht, gerade diese Reminiszenzen, dieses Nachzittern aus dem physischen und dem Ätherleibe zu unterdrücken. Man muß fortwährend dagegen kämpfen, wenn man in die imaginative Welt, in das Anschauen des Geistigen hineinkommt, daß die Träume sich geltend machen. Da ist ein fortwährendes Ineinanderspielen von dem, was traumhaft werden will, von dem, was einen täuschen will, und von demjenigen, was die Wahrheit der geistigen Welt darstellt.

Diesen Kampf lernt schließlich jeder zu Initiierende kennen. Er lernt kennen, wie in dem Momente, wo er sich erkennend hineinversetzen will in die geistige Welt, immer wieder und wiederum die Nachbilder der physischen Welt auftreten, wie etwas heraufkommt, was wie störende Bilder sich hinstellt vor die reinen Bilder der geistigen Welt. Und nur Geduld, Ausdauer können dasjenige überwinden, was da als ein starker innerer Kampf auftritt. Wenn man leichtsinnig zufrieden ist damit, daß das Bewußtsein mit Geistesbildern ausgefüllt wird, dann wird man sich sehr leicht in eine illusionäre Welt hineinträumen können, statt in die Welt geistiger Wirklichkeit hineinzukommen. Es ist für den wirklich zu Initiierenden eine außerordentlich starke, vernünftige innere Haltung notwendig. Bedenken Sie nur, was das alles erfordert. Aber es muß, wenn über die Wege in die geistige Welt hinein, über die geistige Forschung geredet werden soll, eben auf solche Dinge durchaus aufmerksam gemacht werden.

Es ist auf der einen Seite notwendig, wenn man überhaupt an die geistige Welt herankommen will, wirkliche Begeisterung, wirklichen Enthusiasmus haben zu können für das Hineinkommen in die geistige

Welt. Ein innerliches Schlappsein, ein innerliches Gleichgültigsein, ein innerliches Trägesein verhindert einen daran. Und so ist auf der einen Seite notwendig, daß man eine innere Beweglichkeit hat, eine richtige innere Beweglichkeit, eine innere Aktivität. Das verleitet auf der anderen Seite dazu, ins Phantastische hineinkommen zu können, alles mögliche sich auszuphantasieren. So muß man auf der einen Seite die Anlage haben, die einen in die höchsten Höhen der Phantasie hinaufführen könnte, wenn man sich gehen lassen würde; auf der anderen Seite muß man einen nüchternen Sinn verbinden mit dem, was innere Aktivität, innere Beweglichkeit ist.

Beides muß man haben als Initiat. Läßt man sich nur gehen, so ist es nicht gut. Nimmt man sich philisterhaft durch seinen Intellekt in die Hand und will alles ausdenken, ist es auch wieder nicht gut. Man muß beides harmonisch ineinander verweben können. Man muß sozusagen auf der einen Seite die Anlage haben, ein rechter Träumer werden zu können, und zugleich immer die Möglichkeit, keiner zu werden. Im Status nascendi muß man immer die Möglichkeit in der Seele haben, in alles mögliche Beweglich-Phantasievolle aufzusteigen. Immer wiederum muß man, indem dieser Status eintritt, die Möglichkeit haben, sich ganz in innerer Haltung in der Hand zu haben. Man muß zugleich die Fähigkeit haben, ein phantasievoller Dichter sein zu können, und man muß die Fähigkeit haben, dem nicht nachgeben zu brauchen. Man muß sozusagen in jedem Momente, wo man erkennen will, auch die Möglichkeit haben, ein Drama, ein lyrisches Gedicht, alles mögliche zu schaffen. Aber man muß stoppen können dieses in die Phantasie Gehende und sich halten können bei jenen Kräften, die sonst nur im nüchternsten Leben ihre Bedeutung haben. Dann kommt man nicht in die Phantasie hinein, sondern in die geistige Wirklichkeit.

Auf diese innere Seelenverfassung kommt ungeheuer viel an bei der wirklichen Geistesschau. Daher ist es schon so, daß, wenn man auf der einen Seite den verständnisvollen Blick hinrichtet auf das Traumbewußtsein und es versteht als dasjenige, was chaotische Bilder aus der geistigen Welt heraufbringt, man auf der anderen Seite weiß, daß nun die ganze Kraft der Persönlichkeit hinein muß in diejenige Kraft der Seele, die sonst nur träumt, um geistige Erkenntnis zu haben. Dann erst bekommt man einen Begriff von dem, was es heißt, in die geistige Welt hineinzukommen. Ich sage, das Traumbewußtsein bringt das Geistige herauf. Es könnte scheinbar im Widerspruch stehen mit dem, daß das Traumbewußtsein ja auch Bilder aus dem Leibesleben heraufbringt. Aber der Leib ist nicht bloß leiblich, der Leib ist überall von Geistigkeit durchzogen. Und wenn einer davon träumt, daß eine vorzüglich duftende, Wohlgeschmack versprechende Mahlzeit vor ihm steht, und er eben daran geht – im Traume, meine ich –, diese Mahlzeit zu verzehren, trotzdem er nicht auch nur das Zehntel von dem in der Tasche hat an Geld, was diese Mahlzeit kosten würde, dann ist es so, daß in dem Symbol der Mahlzeit dennoch die wirklichen geistigen astralischen Inhalte der Verdauungsorgane sich im Bilde vor ihn hinstellen. Es ist doch im Traume immer der Geist, wenn es auch der Geist ist, der im Leiblichen sitzt. Der Traum bringt immer Geistiges herauf, aber eben sehr häufig das Geistige, das im Leiblichen sitzt. Das muß man erkennen.

Man muß erkennen, wenn man von Schlangen träumt, daß da die Verdauungsorgane in ihren Windungen sich symbolisieren, oder daß die Blutadern im Kopfe drinnen sich symbolisieren. Man muß in diese Geheimnisse eindringen. Also man kann nur eine Vorstellung bekommen von diesem Subtilen, Intimen, das sich in der Seele einstellen muß, wenn man durch die Initiationswissenschaft geistige Forschung anstellt, wenn man das alles wirklich auch im intimsten Sinne berücksichtigt.

Die Lebensalter als Auffassungsorgane

Der dritte Zustand, den der Mensch heute im gewöhnlichen Leben durchmacht, ist der *traumlose Schlafzustand.* Machen wir uns wieder klar, wie der Mensch ist im traumlosen Schlaf. Im Bette liegt der physische Leib und der ätherische Leib. Außerhalb des physischen Leibes und ätherischen Leibes ist der astralische Leib und die Ich-Organisation, das Ich. Das Nachzittern, die Reminiszenzen aus dem physischen und ätherischen Leibe haben aufgehört. Der Mensch ist bloß in seinem Ich und in seinem astralischen Leibe in der geistigen Welt. Aber er hat keine Organe. Er kann nichts wahrnehmen. Alles ist ringsherum Finsternis. Er schläft. Das ist das Schlafdasein: leben im Ich und im astralischen Leibe, ohne daß man die reiche, die mächtige Welt, die ringsherum ist, wahrnehmen kann. Man stelle sich einen Blinden vor. Alle die Farben, alle die Formen, die Sie ringsherum durch Ihre Augen wahrnehmen, sind für ihn nicht da. Er schläft für Farben und Formen. Man kann nicht überhaupt schlafen, man kann nur für etwas schlafen.

Und jetzt stellen Sie sich einen Menschen vor, der in seinem astralischen Leibe und in seinem Ich da ist, aber in dem gar keine Organe sind. Er ist für alles Geistige schlafend. So ist der Mensch im traumlosen Schlafbewußtsein. Meditationen, Konzentrationen haben den Sinn, geistige Augen und Ohren in diesen astralischen Leib und in diese Ich-Organisation hineinzusetzen, und der Mensch beginnt, dasjenige, was in reichem Maße da ist, zu schauen, wahrzunehmen. Er nimmt geistig wahr. Gerade mit dem nimmt man geistig wahr, was im gewöhnlichen Bewußtsein die Welt verschläft. Das muß man innerlich aufrütteln durch Meditation und Konzentration. Das Unorganisierte, das man sonst in sich trägt, das muß man organisiert machen. Dann schaut man hinein in die geistige Welt. Und dann ist es so, daß man in dieser geistigen Welt so darinnen ist, wie man sonst durch Augen und Ohren in der physischen Welt darinnen ist. Und das ist eben die wirkliche, die reale Initiationserkenntnis. Man kann nicht durch äußere Maßnahmen den Menschen geeignet machen, das Geistige zu schauen. Man kann ihn nur dadurch geeignet machen, daß er sein Inneres wirklich organisiert, das sonst unorganisiert ist.

Nun aber war zu allen Zeiten in der Menschheitsentwickelung das Bestreben da, gewisse Menschen zur Initiation hinzubringen. Dieses Bestreben hat nur eine gewisse Unterbrechung erlitten in der ganz grob materialistischen Zeit vom 15. Jahrhundert bis zu unserer Gegenwart. Da haben die Menschen sozusagen vergessen, was die eigentliche Initiation ist und haben alles dasjenige, was sie wissen wollten, ohne die Initiation erreichen wollen und dadurch allmählich den Glauben bekommen, daß eigentlich nur die physische Welt sie angeht.

Aber, was ist diese physische Welt in Wirklichkeit? Man lernt sie ja nicht kennen, wenn man sie nur als physische Welt kennt. Man lernt sie ja nur kennen, wenn man auch ihren Geist, den sie immer in sich trägt, wirklich erkennend auffassen kann. Dazu muß die Menschheit wieder gelangen. Das ist der Sinn des großen Wendepunktes in unserer Zeit, daß uns die Welt das Bild der Zerstörung, des Chaotischwerdens zeigt, daß aber für denjenigen, der einsichtig ist, in diesem Chaotischwerden, in diesem furchtbaren Wüten menschlicher Leidenschaften, die alles verdunkeln und die alles schließlich in die Dekadenz hineinbringen wollen, daß sich in alledem offenbart der Drang von geistigen Mächten, die dahinterstehen, um den Menschen in eine neue Geistigkeit hineinzuführen. Und in dem Hinhorchen auf diese Geistesstimme, die in unser materialistisches Dasein hineintönt, besteht eigentlich die Veranlagung für anthroposophische Geisteswissenschaft.

Ich sagte, zu allen Zeiten war das Bestreben vorhanden, die menschliche Organisation so zu entwickeln, daß sie in die geistige Welt hineinschauen kann. Aber verschiedene Bedingungen waren da. Wenn wir in sehr alte Zeiten der Menschheitsentwickelung zurückgehen, ja noch zurückgehen in solche Zeiten, wie ich sie Ihnen in diesen Tagen als die chaldäischen Zeiten geschildert habe, ja bis zu einem gewissen Grade sogar noch in solche Zeiten, denen *Brunetto Latini* angehört hat, so finden wir, daß die Menschen nicht so verwachsen waren mit ihrem physischen und Ätherleib wie heute. Heute stecken ja die Menschen ganz gründlich in ihrem physischen und Ätherleib drinnen. Sie müssen drinnenstecken, weil sie ja danach erzogen werden. Wie sollen denn schließlich die Menschen mit Geistern verkehren, wenn sie schon oftmals vor dem Zahnwechsel lesen und schreiben lernen müssen! Lesen und Schreiben, das erst im Laufe der Menschheitsentwickelung aus physischen Bedingungen heraus erfunden worden ist, das können nämlich die Engel nicht, das können die Geister nicht. Und wenn man sein ganzes Menschenwesen einrichtet auf dasjenige, was nur in der physischen Welt erfunden ist, dann hat man es natürlich schwer, herauszukommen aus dem, was physischer und Ätherleib ist.

Unsere Zeit ist in gewissem Sinne stolz darauf, alle Kultur so einzurichten, daß der Mensch nur ja nicht irgendwie etwas erleben kann, wenn er sich trennt von seinem physischen und Ätherleib. Ich will nicht schimpfen über diese Kultur. Ich will sie nicht kritisieren. Sie muß so sein, wie sie ist. Sie mußte heraufkommen. Ich werde auch darüber noch sprechen, was sie bedeutet, aber es ist eben so. Es waren in alten Zeiten der astralische Leib und das Ich auch beim Tagwachen viel, viel selbständiger gegenüber dem physischen Leib und Ätherleib, als sie heute sind. Dafür waren aber auch die Initiierten davon abhängig, daß sie von der Natur aus eine solche Selbständigkeit hatten. Allerdings, in sehr alten Zeiten der Menschheitsentwickelung konnte in den Mysterien fast jeder initiiert werden. Man konnte jeden herausgreifen aus der Menschheit. Das war aber nur in sehr alten Zeiten, in den allerältesten Zeiten etwa der urindischen Kultur und der urpersischen Kultur.

Dann kamen die Zeiten, wo man schon darauf angewiesen war, diejenigen Menschen zur Initiation auszuwählen, welche leicht aus ihrem physischen und Ätherleib herauskamen, die eine relativ große Selbständigkeit hatten für das Ich und für den astralischen Leib. Man war also von gewissen Bedingungen abhängig. Das hinderte nicht, daß man bei jedem sich bemühen konnte, ihn in der Initiation so weit zu bringen, wie er nur irgend gebracht werden konnte. Man tat das auch. Aber der Erfolg, der über ein gewisses Maß hinausging, hing vielfach davon ab, ob der Betreffende leichter oder schwerer in der Selbständigkeit seines Ich und seines astralischen Leibes war. Man war von Naturhaftem im Menschen, von Anlageartigem dennoch abhängig. Das ist deshalb so, weil der Mensch nun einmal in die Welt hereingestellt ist. So muß er auch in einer gewissen Weise von der Welt abhängig sein, solange er zwischen Geburt und Tod lebt.

Nun können Sie die Frage aufwerfen, ob denn der Mensch auch heute für die Initiation solchen Abhängigkeiten unterworfen ist. In gewissem Sinne ist er es. Und weil ich in diesen Vorträgen ganz klar, ganz erschöpfend sprechen möchte über die Wege, die richtig sind und die falsch sind in die geistige Welt hinein, möchte ich auch die

Abhängigkeiten, die heute bestehen für die Initiation, vor Sie hinstellen. Wollen wir uns alles klar vor die Seele stellen.

Sehen Sie, der alte Mensch war mehr von seinen naturhaften Anlagen abhängig, wenn er Initiat wurde. Der heutige Mensch kann eigentlich auch immer an die Initiation herangebracht werden, und es ist schon richtig, daß man immer durch entsprechende Seelentrainierung den astralischen Leib und die Ich-Organisation so gestalten kann, daß sie in die geistige Welt hineinschauen können, geistige Wahrnehmungen machen können. Aber mit Bezug auf die Vollständigkeit, die Vollkommenheit dieser Wahrnehmungen ist man auch heute von etwas abhängig. Da kommt etwas sehr Feines und Intimes in Betracht, und ich bitte Sie, sich nicht gleich ein abschließendes Urteil zu bilden über dasjenige, was ich heute sagen werde, bevor der Inhalt der nächsten Vorträge an Sie herangekommen sein wird. Ich kann das, was ich zu sagen habe, nur nach und nach charakterisieren.

Man ist heute nämlich in der Initiation in einem gewissen Sinne von seinem Lebensalter abhängig. Nehmen Sie einmal an, konkret gesprochen, man sei meinetwillen 37 Jahre alt geworden, wenn die Initiation an einen herantritt. Man habe also das Leben von der Geburt gelebt bis zum 37. Jahre und hat vor, dann weiter zu leben. Jetzt wendet man, in der Regel unter einer Führung oder unter freiem Lernen nach literarischer Anleitung, die Regeln der Meditation, Konzentration oder anderer Seelentrainierung auf sich an. Und man bekommt zunächst dadurch, daß man immer wieder und wieder sich meditativ in einen Gedankengehalt vertieft, die Fähigkeit, zurückzuschauen zunächst in sein Erdenleben. Man bekommt sein Erdenleben wie in einem einheitlichen Tableau vor die Seele hingestellt.

Also man ist 37 Jahre alt geworden. So wie man sonst im Raume hinschaut und sieht da die Menschen der ersten, der zweiten Reihe, dort den Tisch, hinten die Wand, so wie in die Perspektive hineinschauend das Ganze gleichzeitig da ist, so sieht man auf einer gewissen Stufe der Initiation in die Zeit hinein. Es ist, wie wenn der Zeitverlauf räumlich wäre. Man sieht so hinein. Man sieht da: Jetzt bist du 37 Jahre alt geworden; das hast du erlebt mit 36 Jahren, mit 35 Jahren; da geht es weiter bis zur Geburt hin. Jetzt schaut man hinein und hat das in einem einheitlichen Tableau vor sich. Aber nehmen Sie einmal an, man mache in Wirklichkeit auf einer gewissen Stufe der Initiation diese Rückschau. Da wird man, wenn man 37 Jahre alt geworden ist, zurückschauen können in die Zeit, die man verlebt hat von seiner Geburt bis ungefähr zum 7. Jahre, bis zum Zahnwechsel. Es ist fern. Man schaut dahin. Man wird dann hinschauen können auf die Zeit, die man verlebt hat vom 7. bis 14. Jahre, bis zur Geschlechtsreife. Man kann dann hinschauen auf die Strecke, die man durchlebt hat vom 14. bis 21. Jahre, und schaut da die Dinge. Dann kann man zurückschauen auf das übrige Leben, das man bis zu seinem 37. Lebensjahre durchlebt.

Man kann nun in, ich möchte sagen, zeitlich-räumlicher Perspektive das durchschauen. Fügt man nun hinzu zu diesem Hineinschauen in diese Zeit-Raumesperspektive das Bewußtsein, das vom leeren Bewußtsein, vom wachenden leeren Bewußtseinszustand ausgeht, so durchzuckt einen eine gewisse Kraft des Schauens. Man wird inspiriert. Aber sehen Sie, man wird jetzt in der verschiedensten Weise inspiriert. Man merkt: Dasjenige, was man als Leben durchlebt hat zwischen der Geburt und dem 7. Jahre, das inspiriert einen anders, das zaubert einem etwas anderes vor die Seele als dasjenige, was man erlebt hat vom 7. bis zum 14. Jahre und wiederum dasjenige, was man erlebt hat vom 14. bis zum 21. Jahre, und wiederum das Spätere. Jedes solches Lebensalter gibt eine andere Kraft. Man kann in anderes hineinschauen.

Aber man kann ja auch älter werden als 37 Jahre. Man kann, sagen wir, 63, 64 Jahre alt werden. Dann überschaut man auch die späteren Lebensepochen. Da erscheint einem ziemlich einheitlich die Lebensepoche zwischen dem 21. und 42. Lebensjahre. Dann aber gliedert sich die Sache wiederum. Man bekommt deutliche Unterschiede in dem, was man schaut vom 42. bis zum 49 Jahr; in dem, was man schaut vom 49. bis 56. Jahr; und wiederum in dem, was man schaut vom 56. bis zum 63. Jahr. Da schaut man zurück auf deutliche Differenzierungen. Aber das ist man ja selbst; man ist das geistig in seinem Erdenleben. Und wird man für alles das inspiriert, so gibt einem all das, was man da in sich trägt, verschiedenartige Inspirationen. Man trägt seine Kindheit bis zum 7. Jahre in sich, das gibt einem eine andere Inspiration als die Kindheit, die man vom 7. bis zum 14. Jahre in sich trägt, und als die Kindheit vom 14. bis zum 21. Jahre. Aber das darf man nicht sagen; was man also als junge Damen- und junge Männerzeit hat, die man vom 14. bis 21. Jahre in sich trägt, das gibt eine andere Inspiration. Dann kommt eine ziemlich andere Inspiration heraus für das, was man zwischen dem 21. und 42. Lebensjahre in sich trägt, und dann wiederum kommen die ziemlich differenzierten Kräfte, die von den höheren Lebensaltern herrühren.

Also nehmen Sie an, man habe sich die Fähigkeit errungen, bildhaft in die eigenen Erlebnisse hineinzuschauen, und dazu sich errungen die Inspiration des leeren Bewußtseins, so daß man wieder ausgelöscht hat das [bildhafte] Bewußtsein und die Kräfte, so daß man auf die Augen nicht mehr hinschaut, aber *durch* die Augen schaut. Nehmen Sie an, man ist so weit gekommen, das heißt, durch die Inspiration so weit gekommen, daß man nicht mehr seine Lebensepochen mit ihren Tatsachen sieht, sondern durch diese Lebensepochen sieht und hört; einmal durch die Lebensepoche zwischen dem 7. und 14. Jahr, einmal durch die Lebensepoche zwischen dem 49. und 56. Jahr, wie man einmal durch die Welt hört und einmal sieht. Da bedient man sich der Augen, da bedient man sich der Ohren. In der inspirierten Welt bedient man sich desjenigen, was einem Kraft gibt aus dem 7. bis 14. Lebensjahre, oder desjenigen, was einem Kraft gibt aus dem 42. bis 49. Lebensjahre. Da sind die Lebensalter differenzierte Auffassungsorgane geworden. – Also man ist ja in einem gewissen Sinne von seinem Alter heute abhängig. Man kann ganz gut mit 37 Jahren aus der Initiation heraus sprechen, aber man kann anders mit 63 Jahren aus der Initiation heraus sprechen, weil man da andere Organe ausgebildet hat. Die Lebensalter sind Organe. – Und nehmen Sie an, man will schildern nicht aus den Büchern, sondern aus der inspirierten Erkenntnis heraus Persönlichkeiten wie Brunetto Latini, wie Alanus ab Insulis – ich will naheliegende Beispiele wählen, weil diese Aufgaben uns in den letzten Tagen beschäftigt haben –, nehmen Sie an, ich will diese schildern. Versucht man sie zu schildern, wenn man 37 Jahre alt geworden ist, dann hat man von ihnen folgendes erfahren: Sie stehen da in der Geisteswelt. In dem belebten Schlafbewußtsein stehen sie da.

Man kann mit ihnen reden – nun, natürlich etwas cum grano salis gesprochen –, wie man mit physischen Menschen redet. – Das ist gewiß richtig, aber das Eigentümliche ist, sie können einem nur klarmachen, wenn sie mit einem in der Sprache des geistigen Lebens verkehren, was sie jetzt gerade in diesem Augenblicke an Weisheit, an innerer Geistigkeit erlangt haben. Und dann kommt man wohl darauf, daß man von ihnen viel, viel erfahren kann. Aber man muß es dann von diesen Geistern auf Treu und Glauben hinnehmen. Man muß es von ihnen hören.

Nun, meine sehr verehrten Anwesenden, man glaubt schon daran, denn es ist ja schließlich keine Kleinigkeit, sagen wir, einem Brunetto Latini in der geistigen Welt gegenüberzustehen. Man hat dann schon die Möglichkeit zu unterscheiden, ob man ein wahnsinniges Traumgebilde, oder ob man eine geistige Wirklichkeit vor sich hat, wenn die nötigen Vorbereitungen dazu gemacht worden sind. Es ist also schon möglich sozusagen etwas zu geben auf das, was einem da durch Mitteilungen zukommt.

Aber nehmen Sie an, man würde mit Brunetto Latini in der geistigen Welt sprechen, wenn ich mich wieder cum grano salis ausdrücke. Sie müssen sich das ja nicht so vorstellen, wie wenn wir da im Saale reden würden, aber man kann es schon so nennen. Nehmen Sie also an, man würde so mit 37 Jahren mit dem Brunetto Latini sprechen. Er würde einem allerlei sagen. Aber dann bekommt man den Drang, man möchte manches genauer wissen, richtiger wissen. Und siehe da, da sagt er einem: Ja, da müßte ich mit dir zurückgehen – wir stehen jetzt im 20. Jahrhundert –, ich müßte mit dir zurückgehen durch das 19., 18. Jahrhundert bis in mein Jahrhundert. Wir müßten den Weg zurückmachen. Wir müßten uns da hinstellen, wo ich gestanden habe, als ich der Lehrer Dantes war. – Ja, dann sagt er einem: Da mußt du noch ein wenig älter werden, wenn du mit mir diesen Weg machen willst, da mußt du noch etwas über das jetzige Lebensalter hinauskommen. Ich kann dir alles sagen. Du kannst alles wissen. Du kannst ein tief Initiierter werden, aber mitkommen kannst du nicht mit mir. Du kannst nicht in Realität durch deinen geistigen Willen den Weg wirklich zurückmachen.

Sehen Sie, da muß man älter geworden sein. Da muß man über das 42. Jahr vor allen Dingen herausgekommen sein, eigentlich in das 60. Jahr hineingekommen sein, wenn man ganz ungehindert nun in der geistigen Welt mit dem Betreffenden zurückgehen will.

Das sind die Dinge, die Ihnen zeigen, wie es mit dem Menschenwesen eigentlich im tieferen Sinne liegt, und wie es eine Bedeutung hat, wenn der Mensch alt wird, oder wenn er jung ist. Erst wenn man auf solche Dinge schließlich das Augenmerk hinrichtet, kann man auch begreifen – und ich werde darüber auch noch zu sprechen haben –, warum manche Menschen jung sterben, manche älter werden in diesem oder jenem Erdenleben und so weiter.

Die ineinandergeschobenen Sternensphären

Wir haben gesehen, wie das menschliche Seelenleben sich in die Wahrnehmung der geistigen Welt nach der Seite der Menschenentwikkelung hin erweitern kann. Ich habe ausgeführt, wie sich verändert, sagen wir der Verkehr mit einem Wesen, das als entkörperte Menschenseele in der geistigen Welt ist wie Brunetto Latini; wie sich ändert der Verkehr je nach den Bedingungen des Initiaten, ob man mit den Organen schaut, die sich einem in der Jugend ergeben, oder mit denjenigen, die sich einem im Alter ergeben. Was in dieser Weise vor die Seele hintreten kann als der Ausblick des Menschen in die Erdenwelt und ihre Evolution, das kann ergänzt werden dadurch, daß man nun die Frage aufwirft: Wie erweitert sich nach einer anderen Richtung hin die menschliche Einsicht, das menschliche Bewußtsein? Und ich will eine solche andere Richtung Ihnen heute noch andeuten, um sie dann in den nächsten Tagen weiter auszuführen.

Wenn wir im gewöhnlichen Bewußtsein des Erdenlebens zwischen Geburt und Tod stehen, dann haben wir die Erdenumgebung um uns. Wir hätten nicht mehr die bloße Erdenumgebung um uns, wenn der Traum nicht chaotisch wäre, wenn wir im tiefen traumlosen Schlaf wahrnehmen würden für das gewöhnliche Bewußtsein. Man hat eben da andere Wahrnehmungs- oder Bewußtseinszustände, nicht bloß die gewöhnlichen. Aber man kann das Folgende sich vor Augen stellen. Das gewöhnliche Bewußtsein hat die Erdenwelt um sich. Ich will also das, was die nächste Umgebung der Erde ist – in das Innere der Erde sieht man ja nicht hinein –, so andeuten (siehe Zeichnung S. 130, grün). Das ist also, was man zunächst im gewöhnlichen Bewußtsein vor sich hat. Alles übrige im Weltenall, Sonne, Mond, die anderen Sterne leuchten in diese Sphäre herein. Man sieht sozusagen ihre kosmischen Andeutungen bei Sonne und Mond stärker, bei den übrigen Sternen schwächer. Sie liefern Andeutungen in diese physische Welt herein. Und die Physiker würden ja recht erstaunt sein, wenn sie auf ihre Art – denn auf unsere Art wollen sie es ja nicht – erfahren könnten, wie es da wirklich aussieht, wo der Mond ist, oder wo die Sonne ist. Denn so sieht es nicht aus, wie das in den Handbüchern der Astronomie oder der Astrophysik und dergleichen steht! Es sind ja nur Andeutungen, die man so sieht. Und man macht es ja auch im gewöhnlichen Leben in der Regel nicht so, wenn ein Mensch, den man kennenlernen will, vor einem steht, und man mit ihm reden kann, daß man sagt: Das ist ungenau, was ich da erfahre von dem Menschen; der muß recht weit weggehen, so daß ich ihn kaum sehe, dann werde ich ihn viel genauer kennen; ich will ihn dann beschreiben.

Gewiß, es ist durch die Weltennotwendigkeit herbeigeführt, aber die Physiker können ja nur die Sterne beschreiben, wenn sie recht weit weg sind. Aber das erweiterte Bewußtsein, das verwandelte Bewußtsein versetzt einen eben in die Sternenwelten selber. Und das erste, was man dabei lernt, ist eigentlich, über diese Sternenwelten ganz anders zu sprechen, als man im gewöhnlichen Leben über sie spricht. Im gewöhnlichen Leben sagt man: Ich stehe hier. Wenn es Nacht ist, sehe ich da drüben den Mond. – Das ist ja richtig. Man muß erst in ein anderes Bewußtsein hineinschlüpfen, wenn man anderes sagt. Das dauert zuweilen oft lang. Aber dann, wenn man in ein anderes Bewußtsein hineinschlüpft und dann etwa folgendes machen kann: hinschauen auf dasjenige, was man durchlebt hat mit dem ersten Bewußtsein, das dem Toten folgen kann, hinschauen auf das, was man durchlebt hat von der Geburt bis zum 7. Lebensjahre, bis zum

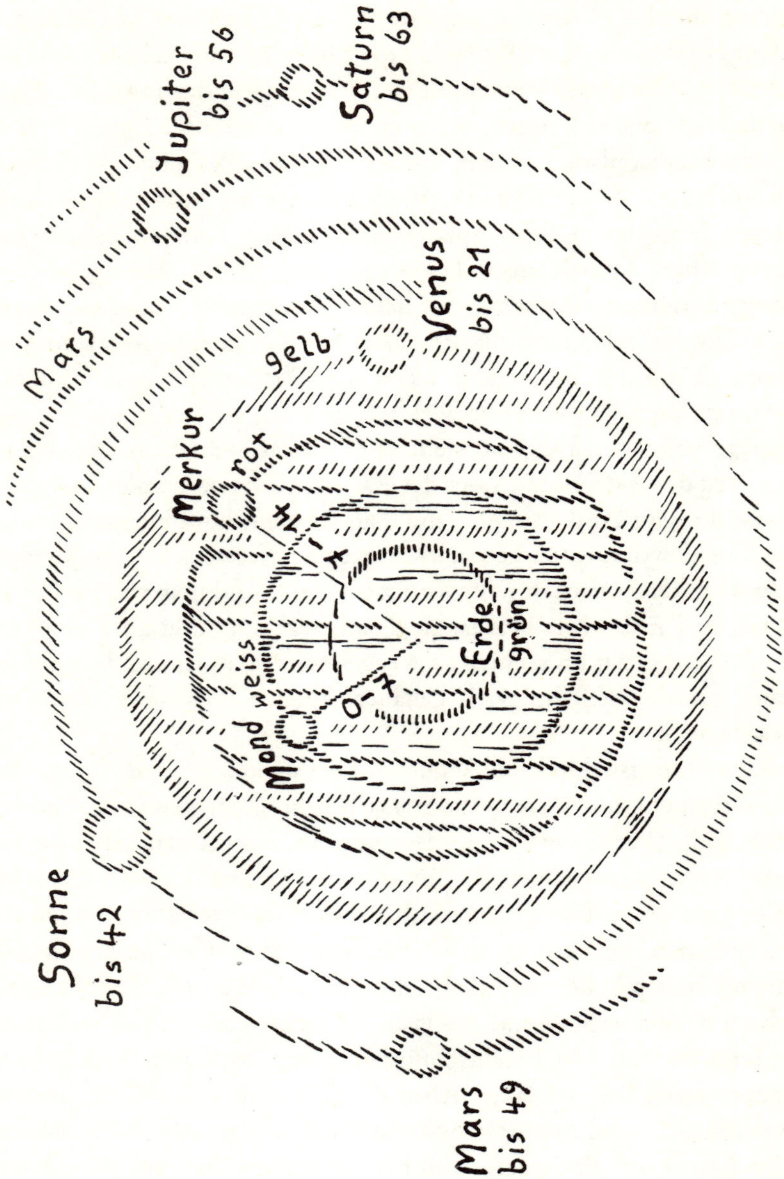

Mars
Jupiter
bis 56
Saturn
bis 63
Venus
bis 21
gelb
Merkur
rot
Mond weiss
0-7
Erde
grün
Sonne
bis 42
Mars
bis 49

Zahnwechsel, das dann in die Inspiration eingerückt ist, so daß es innerliche Kraft des Schauens geworden ist – dann sieht man eine andere Welt um sich. Die gewöhnliche verblaßt, wird undeutlich, eine andere Welt sieht man um sich.

Diese andere Welt ist diejenige, die man die Mondensphäre nennen kann (Zeichnung, weiß). Aber man sagt jetzt nicht, wenn man in diese Erfahrung hineinkommt: Hier stehe ich, und da wiederum ist der Mond –, sondern man sagt: Ich bin in dem Monde dadrinnen. – Und Mond ist einem alles das, was hier in diesem Kreise, den er beschreibt, beziehungsweise in dieser Kugel liegt. Dasjenige, was Mondumlauf ist, das ist nur die äußerste Grenze des Mondes. Man erlebt das, daß man im Mond darinnen ist. Sehen Sie, so im Mond darinnen sein könnte schon ein Kind mit 8 Jahren, wenn es auf seine ersten 7 Lebensjahre zurückblickte, wenn man es initiieren könnte. Da würde es sogar am leichtesten hineinschauen in diese Mondensphäre, weil es noch nicht durch das folgende Leben beirrt würde. Man kann es natürlich noch nicht initiieren mit 8 Jahren; aber theoretisch ist das durchaus möglich.

So schaut man also, wenn man mit der Kraft desjenigen schaut, was einem die ersten 7 Lebensjahre geben, in diese Mondensphäre hinein. Die Sache wird überhaupt da ganz, ganz anders, als man sie beschreibt mit dem gewöhnlichen Bewußtsein. Ich will Ihnen das durch einen Vergleich klarmachen. Sehen Sie, wenn der Biologe heute den Embryo studiert in der Keimesentwickelung von den ersten Stadien bis später, dann studiert er den Keim in einem gewissen Stadium. Und an einer exzentrisch liegenden, also hier außen liegenden Stelle, da ist eine Verdickung des Materiellen. Da ist ein Einschluß. Da sieht man eine Art von Kern. Aber man kann und darf nicht sagen, obwohl man das ganz deutlich sieht durch das Mikroskop, man darf nicht sagen: Das ist bloß der Keim, bloß der Embryo –, sondern es gehört das andere eben auch dazu. Und so ist es, sehen Sie, beim Mond und auch bei den anderen Sternen. Das, was man da sieht als Mond, ist bloß eine Art von Kern und das ganze hier (weiß schraffiert) gehört zum Monde dazu. Und die Erde ist im Mond da drinnen. Und wenn sich der Keim drehen könnte, dann würde dieser Kern auch hier herumgehen. Der Mond dreht sich. Das ganze Körperchen dreht sich. Daher geht der Mond hier herum.

Die Alten, die von diesen Dingen noch etwas wußten, sprachen daher nicht vom Mond, sondern von der Mondensphäre, und sie sahen in dem, was wir heute Mond nennen, eben nur einen Punkt der äußersten Grenze. Den sieht man jeden Tag woanders. Man sieht dann innerhalb von 28 Tagen die ganze Grenze der Mondensphäre. Die Kraft, hineinzuschauen in das, was da als Mondensphäre bleibt, wenn die Erde verblaßt, diese Kraft erlangt man, wenn die inneren Erlebnisse des Menschen zwischen der Geburt und dem 7. Jahre inspiratorische Kraft werden. Und wenn nun die Erlebnisse der zweiten Lebensepoche, zwischen dem Zahnwechsel und der Geschlechtsreife, inspiratorische Kraft werden, dann erlebt man die Sphäre des Merkur (rot). So daß man also daran die zweite Sphäre erlebt. Das also (weiß) ist aus der Kraft vom Lebensanfang bis zum 7. Lebensjahre; dieses hier (rot) ist aus der Kraft vom 7. bis 14. Lebensjahre.

Wiederum stecken wir ja mit der Erde im Merkur darinnen. Es wird uns dasjenige, was Merkurerlebnisse sind, nur durch das Auge sichtbar, das wir uns anschaffen können, wenn wir bewußt zurückdringen, anschauend zurückdringen in die Erdenerlebnisse zwischen dem 7. und 14. Jahre. Und wenn man dann geschlechtsreif wird, das Lebensalter durchlebt vom 14. bis 21. Lebensjahre, dann lebt man sich hinein in die Venussphäre (gelb). Die Alten waren gar nicht so dumm; sie haben in ihrer traumhaften Erkenntnis über diese Dinge viel gewußt, und sie haben den Planeten, in den man sich hineinlebt, wenn man geschlechtsreif wird, mit einem Namen bezeichnet, der mit dem Liebesleben zusammenhängt, denn das beginnt in dieser Zeit.

Dann weiter, wenn man auf dasjenige bewußt zurückschaut, andeutend zurückschaut, was man zwischen dem 21. und 42. Lebensjahre erlebt, dann weiß man sich darinnen in der Sonnensphäre. Also die einzelnen Lebensalter geben einem, wenn man sie zu inneren Organen umwandelt, die Kraft, das Bewußtsein hinaus in den Kosmos zu erweitern, stückweise zu erweitern. Wiederum ist es nicht so, daß man nicht vor dem 42. Lebensjahre etwas wissen könnte über die Sonnensphäre. Da können es einem aber die Merkurwesen sagen, denn die wissen es schon. Man erfährt es also dann indirekt, sozusagen durch übersinnlichen Unterricht. Um aber im eigenen Bewußtsein etwas zu erleben auf der Sonnensphäre, um hineinzutreten in die Sonnensphäre und in ihr so zu erleben, wie man spazierengeht in Torquay, dazu muß man nicht nur zwischen dem 21. und 42. Lebensjahre leben, sondern muß über das 42. Jahr schon hinaus sein, muß zurückschauen können, denn nur in der Rückschau offenbaren sich die Geheimnisse. Und wiederum, wenn man zurückschauen kann auf das Leben bis zum 49. Lebensjahre, offenbaren sich die Marsgeheimnisse. Kann man zurückschauen auf das Leben bis zum 56. Lebensjahre, offenbaren sich die Jupitergeheimnisse. Und die ganz tief verschleierten, aber ungeheuren Aufschluß gebenden Saturngeheimnisse, diese Geheimnisse, die, wie wir in den nächsten Vorträgen sehen werden, sozusagen das Tiefste des Kosmos verhüllen, die Saturngeheimnisse, sie offenbaren sich, wenn man zurückschaut auf dasjenige, was sich zuträgt vom 56. bis 63. Jahre.

Sie können daraus sehen, meine sehr verehrten Anwesenden, wie der Mensch wirklich eine kleine Welt, ein Mikrokosmos ist. Er hängt zusammen mit demjenigen, was er im gewöhnlichen Bewußtsein der Erde niemals selber gewahr wird; aber er würde nicht das Leben innerlich gestalten, herrichten können, wenn nicht die Mondenkräfte von seiner Geburt bis zum 7. Jahre in ihm wirkten. Wie sie da wirken, das nimmt man später wahr. Er würde nicht dasjenige in sich bewirken können, was er zwischen seinem 7. und 14. Jahre erlebt, wenn nicht die Merkurgeheimnisse in ihm leben würden. Er würde nicht dasjenige in sich bewirken können, was er vom 14. bis 21. Jahre bewirkt, wo also zum Beispiel die gewaltigen produktiven Kunstkräfte in denjenigen Menschen einziehen, wenn sie karmisch bei dem veranlagt sind, er würde das nicht erleben können, wenn er nicht innerlich verbunden wäre mit der Venussphäre.

Und ohne sein Verbundensein mit der Sonnensphäre würde er kein reifes Erfahrungsverständnis für die Welt entwickeln können zwischen dem 21. und 42. Lebensjahre, wo wir aus der Lehrzeit hinauskommen, wo wir in die Gesellenzeit kommen. In alten Zeiten hat man ja auch so etwas ausgeprägt. Man war ein Lehrling bis zum 21. Jahre, wurde dann ein Geselle, ein Meister erst später. Also alles das, was da innerlich vorgehen muß in dem Menschen zwischen dem 21. und 42. Lebensjahre, das hängt zusammen mit dem, was im Sonnendasein, in der Sonnensphäre lebt. So rührt alles dasjenige, was im verwelkenden Dasein zwischen dem 56. und 63. Lebensjahre im Menschen vorgeht, davon her, daß die Saturnsphäre da ist.

Wir stecken darinnen mit der Erde in sich ineinanderschiebenden Sphären. Sieben Sphären sind ineinandergeschoben, und wir wachsen in das Ineinandergeschobene hinein im Laufe des Lebens, hängen so mit ihm zusammen. Unser Leben von der Geburt bis zum Tode wird herausevolviert aus der ursprünglichen Anlage, indem gewissermaßen die Sternensphären uns ziehen von der Geburt bis zum Tode. Wenn wir beim Saturn angekommen sind, dann haben wir alles dasjenige, was die Planetensphäre beziehungsweise die Wesen der Planetensphäre in Gnaden an uns tun können, durchgemacht und bekommen dann, im okkulten Sinne gesprochen, das frei im Weltenall sich bewegende, geschenkte Leben, das zurückschaut auf das planetarische Leben vom Initiatenstandpunkte aus, und das in gewisser Beziehung emanzipiert sein kann von dem, was in früheren Lebensaltern noch Notwendigkeiten sind.

Doch über alle diese Dinge werde ich dann in den nächsten Tagen weitersprechen.

SIEBENTER VORTRAG

Torquay, 18. August 1924

Sternenerkenntnis

Die geistigen Hintergründe des geschichtlichen Werdens der Menschheit und seine Differenzierungen

Wir haben gesehen, wie der Mensch dadurch, daß er seine verschiedenen Lebensalter in geistiger Schau überblickt und beherrscht, zur Inspiration kommt, durch die er in der Lage ist, sein Bewußtsein stufenweise hinaufzuheben bis zu demjenigen, was ihm die Sternenwelt sagen kann, die Sternenwelt, die dann natürlich als ein Ausdruck, eine Offenbarung rein geistiger Wesenheiten und rein geistiger Tatsachen aufgefaßt werden muß.

Nun handelt es sich also darum, für die Wege in die geistige Welt hinein, für Forschungen über die geistige Welt die entsprechenden Bewußtseinszustände, die entsprechenden Seelenverfassungen wirklich anzustreben, und nicht in den Irrtum zu verfallen, mit dem gewöhnlichen Bewußtsein die geistige Welt erreichen zu wollen. Ich möchte Ihnen das heute an besonderen Beispielen, oder besser gesagt Fällen, darlegen. Ich möchte Ihnen zeigen, wo die Möglichkeiten von Abirrungen in der geistigen Forschung liegen können. Da möchte ich zunächst einmal das Folgende voranstellen.

Wenn der Mensch wirklich in die geistige Arbeit hineinkommt, durch die er die geistige Welt sich erschließen kann, durch die er die geistige Welt schauen und – wenn ich den Ausdruck gebrauchen darf – mit ihr verkehren kann, dann nimmt er namentlich im geschichtlichen Werden der Menschheit, hinter dem er die geistigen Hintergründe sucht, große Differenzierungen, große Unterschiede wahr. Zum Beispiel gibt es da das Zeitalter, das dem unsrigen unmittelbar vorangeht. Unser Zeitalter, das wir, ich habe das schon angedeutet, das Michael-Zeitalter nennen können – ich werde die Gründe dafür noch weiter in den Vorträgen angeben –, beginnt mit dem letzten Drittel des 19. Jahrhunderts, etwa in den siebziger Jahren des vorigen Jahrhunderts. Diesem Zeitalter geht aber ein anderes voran, das drei bis vier Jahrhunderte gedauert hat und das ganz anderer Natur war für denjenigen, der die geistige Welt erforscht hat. Und wiederum diesem Zeitalter geht ein anderes voran, das wieder ganz anderer Wesenheit ist und so weiter. Man schaut also mit der Initiationserkenntnis in Vergangenheiten zurück und findet immer für gewisse Zeitalter eine ganz andere Art von Eindrücken. Ich möchte das nicht bloß im Abstrakten schildern, sondern ich möchte es im Konkreten vor Ihre Seele hinstellen.

Ich habe Ihnen im Verlauf dieser Vorträge von Persönlichkeiten gesprochen, die in irgendeiner Weise innerhalb der Menschheitsentwickelung gelebt haben. Ich habe Ihnen zum Beispiel von *Brunetto Latini,* dem großen Lehrer *Dantes,* gesprochen. Ich habe Ihnen von den Lehrern der Schule von Chartres, von *Bernardus Silvestris,* von *Alanus ab Insulis,* von *Joachim de Fiore* gesprochen, und ich könnte Ihnen von hunderterlei anderen Persönlichkeiten des 9., 10., 11., 12., auch noch des 13. Jahrhunderts sprechen, und da haben wir mit solchen Persönlichkeiten ein ganz bestimmtes Zeitalter bezeichnet.

Wenn derjenige, der das geschichtliche Leben der Menschheit im geisteswissenschaftlichen Sinne erforschen will, an dieses Zeitalter, also sagen wir, an das Dante-Zeitalter herantritt, an das Giotto-Zeitalter herantritt, an dasjenige Zeitalter also, in dem sich die Renaissance vorgebildet, präpariert hat, dann hat er den Eindruck, er müsse in der geistigen Welt unbedingt mit Menschen verkehren, das heißt mit entkörperten Menschenseelen; er müsse gewissermaßen auch Aug in Auge, natürlich vergleichsweise gesprochen, den Menschenseelen, wie sie leben zwischen ihrem letzten Tode und ihrer nächsten Geburt, entgegentreten. So hat man mit der Initiationserkenntnis das entschiedene Gefühl, man möchte mit einer solchen Individualität, wie die des Brunetto Latini ist, sagen wir, geistig so verkehren als Mensch, wie man hier innerhalb der physischen Welt mit Menschen verkehrt. Ich habe auch versucht, in meine Darstellungen das einfließen zu lassen. Deshalb stellte ich dieses Zeitalter, wenn ich von Joachim de Fiore, von Brunetto Latini sprach, so dar, daß man merken konnte, da ist ein Bedürfnis vorhanden, möglichst persönlich, möchte ich sagen, die Schilderung zu geben. Ich sprach vom «auf die Schulter klopfen» und dergleichen.

Es ist ganz anders dann in dem folgenden Zeitalter, in dem Zeitalter, das nach diesem beginnt und bis in das letzte Drittel des 19. Jahrhunderts hinein reicht. Für dieses Zeitalter hat man mit der Initiationserkenntnis viel weniger das Bedürfnis, mit den entkörperten Seelen, die dafür in Betracht kommen, persönlich, sozusagen individuell in Beziehung zu treten. Man möchte sie viel lieber in ihrer ganzen Umgebung schauen, und man möchte gar nicht direkt an sie herantreten, sondern irgendwie von der Erdenerkenntnis aus, von der Erkenntnis des gewöhnlichen Bewußtseins aus den Zugang zu ihnen gewinnen.

Verzeihen Sie, wenn ich hier etwas, was ganz objektiv ist, aus der unmittelbaren persönlichen Erfahrung heraus erzähle, aber diese persönliche Erfahrung ist eben in diesem Falle ganz objektiv. Sehen Sie, ich kann gerade darüber sprechen, weil in diesem Zeitalter, das dem unsrigen vorangegangen ist, *Goethe* gelebt hat, mit dem ich mich ja jahrzehntelang beschäftigt habe. Ich habe das entschiedene Bedürfnis gehabt, zunächst an Goethe heranzutreten, indem ich von seinen naturwissenschaftlichen Schriften und von der Naturwissenschaft überhaupt mir den Weg zu ihm gebahnt habe. Erst verhältnismäßig spät ist das Bedürfnis entstanden, ihn unmittelbar auch als geistige Individualität in der geistigen Welt gegenüber zu haben. Das war nicht das erste. Das erste war, ihn sozusagen als Sternenmenschen nach seinem Tode im ganzen Weltenzusammenhang, im kosmischen Zusammenhang zu haben, nicht persönlich-individuell.

Wenn man so jemanden dagegen wie den Brunetto Latini, oder namentlich diejenigen Menschen, die sich mit der Naturerkenntnis in diesem selben Zeitalter beschäftigt haben, in dem der Brunetto Latini gelebt hat, in der geistigen Welt aufsuchen will, dann hat man unmittelbar das Bedürfnis, mit ihnen Meinungen, Anschauungen austauschen zu können in ganz persönlichem Seelenverkehre. Das ist eben ein bedeutsamer Unterschied. Und dieser Unterschied hängt damit zusammen, daß die Zeitalter in ihrer inneren geistigen Struktur durchaus voneinander verschieden sind. Heute leben wir in einem Zeitalter, in dem es dem Menschen, der ganzen Menschheit besonders vorgesetzt ist, geistige Tatsachen unmittelbar als geistige Tatsachen zu ergreifen; das heißt, die Initiationswissenschaft, die hineinschaut in das geistige Leben, unmittelbar äußerlich als Menschenerkenntnis zu verbreiten. Dieses Zeitalter, das ja eben erst angefangen hat, darf nicht ablaufen, ohne daß in rein geistiger Weise diejenigen, die man gebildete Menschen nennt, die hauptsächlichsten zu erreichenden geistigen Tatsachen, also nicht die irdischen, nicht die physisch-sinnlichen Tatsachen, sondern diese geistigen Tatsachen wirklich erkennen. Es muß also von jetzt ab für dieses Zeitalter ein energisches Vertreten von einer unmittelbar in die geistige Welt hineinleuchtenden Geisteswissenschaft vorhanden sein, sonst würde die Menschheit auf Erden ihre Aufgabe in dem ihr vorgesetzten Sinne gar nicht erreichen können. Wir müssen in ein spirituelles Zeitalter immer mehr und mehr einlaufen.

Dem ging ein Zeitalter voran, in dem ganz andere Kräfte in der Menschheitsentwickelung herrschend waren. Und wenn wir von dem Gesichtspunkte aus sprechen, den ich im letzten Vortrage angeschlagen habe, von dem Gesichtspunkt wirklicher, echter Sternenerkenntnis, dann kommen wir dazu, zu sagen: In dem Zeitalter, in das wir als Menschen eingetreten sind in den siebziger Jahren des vorigen Jahrhunderts, in diesem Zeitalter sind es vorzugsweise die von der Sonne kommenden spirituellen Kräfte, die in allem, im physischen Leben der Menschen, im seelischen Leben der Menschen, im wissenschaftlichen Leben, im künstlerischen Leben, im religiösen Leben herrschend werden müssen. Was der Welt die Sonne zu sagen hat, was in der Welt die Sonne zu tun hat, das muß in unserem Zeitalter immer weiter und weiter um sich greifen.

Nun, Sonne ist für denjenigen, der wirklich erkennt, nicht der physische Gasball, als den ihn die heutige Physik beschreibt, sondern eine Summe von geistigen Wesen. Und die hauptsächlichsten geistigen Wesenheiten, die von der Sonne aus sozusagen das Geistige, das Spirituelle ausstrahlen, wie physisch das Sonnenlicht oder ätherisch das Sonnenlicht strahlt, die gruppieren sich alle um ein gewisses

Wesen, das wir nach einer alten christlich-heidnischen, christlich-jüdischen Benennung könnten wir auch sagen, als das Michael-Wesen bezeichnen können. *Michael* wirkt aus der Sonne. Und das, was geistig die Sonne der Welt zu geben hat, kann man auch dasjenige nennen, was Michael mit den Seinigen der Welt zu geben hat.

Dem ging eben das andere Zeitalter voran, das ich in der angedeuteten Weise geschildert habe. Da waren es nicht die Sonnenkräfte, welche Menschenleben, Menschenwissen, Menschentun impulsierten, sondern da waren es die Mondenkräfte. Sie hatten für das Zeitalter, das in den siebziger Jahren des vorigen Jahrhunderts endete und drei bis vier Jahrhunderte vorher dauerte, sie hatten für dieses Zeitalter alles zu impulsieren.

Und wiederum gruppierten sich die maßgebenden Wesenheiten, die da auf die Erden- und Menschheitsentwickelung ihren großen Einfluß hatten, um ein Wesen, das, wiederum mit einer alten Bezeichnung, Gabriel genannt werden kann. Wir könnten ja ebensogut eine Bezeichnung erfinden, aber da ja einmal die Bezeichnungen da sind – auf die Terminologie kommt es nicht an –, so kann man sie beibehalten. Man kann also nach der christlich-jüdischen Sitte diese Wesenheit mit dem Namen *Gabriel* bezeichnen. Man lernt ja auf die Art, wie ich es Ihnen gesagt habe, diese geistige Wirksamkeit aus den Sternenwelten, die im Menschen ist, kennen. Lernt man mit der Initiationswissenschaft dasjenige kennen, was im Menschen wirkt von seiner Geburt bis zum Zahnwechsel, dann lernt man alles dasjenige erkennen, was Mondenwirkungen im Weltenall sind. Das heißt, man lernt durch diese Rückschau, durch diese inspirierte Rückschau auf das erste Kindesalter des Menschen so etwas besonders kennen wie das Gabriel-Zeitalter, in dem der Mond besonders wirksam ist.

Dagegen muß man schon etwas reifer werden, muß in die Vierzigerjahre kommen und zurückschauen können auf dasjenige, was im Menschen wirkt zwischen dem zwanzigsten und vierzigsten oder genauer gesagt zwischen dem einundzwanzigsten und zweiundvierzigsten Lebensjahre, um die besondere Eigentümlichkeit eines solchen Zeitalters wahrzunehmen, wie das unsrige es ist. So daß in dem Zeitalter, das dem unsrigen vorangegangen ist, gewissermaßen für die kosmische Weltenlenkung die Kinder das Allerwichtigste waren, die Säuglinge, die ganz jungen Kinder. Dahinein wurden die Kräfte, die das Zeitalter haben sollte, impulsiert. Für unser Zeitalter sind es die Menschen, die die Zwanziger-, die Dreißigerjahre erreicht haben, die von den Sonnenkräften aus die Impulse erhalten sollen. In unserer Zeit werden besonders die erwachsenen Menschen wichtig für die kosmische Führung der ganzen Welt.

Das ist etwas, was sich als praktisches Resultat unmittelbar aus einer solchen realen Anschauung, wie ich sie vorgestern geschildert habe, auch wiederum in realen Anschauungen ergibt. Es sind nicht Theorien, die ich erzähle, es ist eben etwas, was sich aus der realen Anschauung ergibt. Sie können daher auch begreifen, daß man für die Erkenntnis desjenigen Zeitalters, das als das Gabriel-Zeitalter unserem Michael-Zeitalter vorangegangen ist, nicht das besondere Bedürfnis hat, persönlich den Menschenseelen, die entkörpert sind, gegenüberzustehen. Man fühlt sich dann wie ein kleines Kind nämlich, das einem Erwachsenen gegenübersteht, weil man ihnen gegenübertreten muß mit der inspirierten Anschauung des allerersten Kindesalters.

Dagegen wird es ganz anders, wenn man nun nach dem vorangehenden Zeitalter sucht, nach dem Zeitalter, in dem Alanus ab Insulis, Bernardus Silvestris, Joachim de Fiore, Johannes von Auville, Brunetto Latini gelebt haben. Dieses Zeitalter war beherrscht von denjenigen Kräften, auf die man kommt, wenn man auf dasjenige hinblickt, was in dem Menschen wirkt in dem Lebensalter, welches zwischen dem Zahnwechsel und der Geschlechtsreife liegt. Da wirken insbesondere die Merkurkräfte, wie ich Ihnen im letzten Vortrage ausgeführt habe. Das ist tatsächlich etwas ganz außerordentlich, ich möchte sagen, Großartiges, in was man da hineinkommt, wenn man, von diesem Lebensalter des Menschen ausgehend, sich sozusagen die Organe in diesem Lebensalter bildet, um das Geistige wahrzunehmen. Denn zwischen dem Zahnwechsel und der Geschlechtsreife ist man so recht lernbegieriges Kind. Das wird man wiederum, indem man von da ausgeht. Man möchte daher auch ganz persönlich den Menschen dieses Zeitalters gegenüberstehen. Man tut es dann auch mit der Initiationserkenntnis. Man möchte so einem Brunetto Latini gegenüberstehen, wie ein zehn-, zwölfjähriges Kind einem, der mehr weiß, einem Erziehenden, einem Lehrenden. Und doch wiederum, mit der wirklichen Initiationswissenschaft wird man ja nicht unbewußt in bezug auf diejenigen Dinge, die man draußen in der physischen Welt hat. Man ist doch ein erwachsener Mensch und zugleich ein neugieriges, wißbegieriges Kind. Man steht gleich und gleich dem Brunetto Latini gegenüber, und doch wiederum mit einer ungeheuren Wißbegierde.

Das gibt gerade für dieses Zeitalter, das zurückgeht vom 15. ins 9. Jahrhundert, die besondere Färbung für die Initiationserkenntnis; da kommen wir zurück in ein Zeitalter, wo also Merkur die hauptsächlichsten Impulskräfte liefert für Erde und Menschheit. Und das Wesen, um das sich da alles gruppiert, das Wesen, das in dieser Zeit besonders wichtig war, das kann wiederum mit einem alten Namen als *Raphael* bezeichnet werden: Raphael in diesem Zeitalter, das der Renaissance vorangegangen ist, in diesem Dante-, Giotto-Zeitalter. Man möchte sagen, man möchte gerade die Leute, die in der Geschichte so ein wenig verborgen sind, die in der äußeren Geschichte nicht herausgekommen sind, persönlich kennenlernen.

Man hat eigentlich, auch wenn man in die Geisteswissenschaft hineinkommt, diesem Zeitalter gegenüber ein merkwürdiges Gefühl. Erst ärgert man sich, daß in den Handbüchern so wenig steht über einen Brunetto Latini, über einen Alanus ab Insulis und so weiter; man möchte da etwas wissen, das man äußerlich erwerben kann. Dann aber rückt man etwas vor und ist sehr froh, ist sehr dankbar, daß die äußere Geschichte da schweigt. Denn die äußere Geschichte notiert ja doch nur einen Fetzen als Dokument. Denken Sie nur einmal, was von unserer Zeit auf die Nachwelt wird kommen müssen, wenn die Zeitungsnotizen vor den historischen Hilfswissenschaften einmal alle als gültige oder ungültige Zeugnisse gelten sollen! Man ist dann dankbar, daß man nicht gestört wird durch dasjenige, was im Konversationslexikon steht über diese Persönlichkeiten. Und man versucht dann, diesen Menschen auf geistige Weise gegenüberzustehen, mit all den Mitteln, die es im heutigen Zeitalter gibt innerhalb der Anthroposophischen Gesellschaft, dasjenige zu sagen, was über diese Menschen geisteswissenschaftlich erkundet werden kann.

Und da ist es insbesondere von großer Bedeutung, denjenigen gegenüberzutreten, die in der damaligen Zeit – Raphael-Zeit – mit der Naturerkenntnis in Verbindung standen. Tiefere Naturerkenntnis, medizinische Erkenntnis können durch manche Persönlichkeit vermittelt werden, die, ich möchte sagen, aus dem grauen Geistesdunkel dieser Zeit vom 9. bis 14., 15. Jahrhundert heraustritt für das geistige Schauen, die einführen kann in die Art und Weise, wie man dazumal über die Stoffe dachte, wie man über den ganzen Weltenzusammenhang mit dem Menschen dachte. Und wenn man dann da hineinkommt, und manche Persönlichkeit kennenlernt, deren Name nicht genannt werden kann aus dem Grunde, weil der Name nicht auf die Nachwelt gekommen ist – aber die Persönlichkeiten sind ja da –, wenn man in dieses Zeitalter geistig hineinschaut, dann stehen manche von diesen Persönlichkeiten so da, daß man sagt: Da steht «Paracelsus maior», nur ist er nicht genannt worden, während «Paracelsus minor» später, in dem Gabriel-Zeitalter gelebt hat, und noch Reminiszenzen, noch Nachklänge gehabt hat an den «Paracelsus maior», aber nicht mehr in jener unverfälschten, großartigen Weise, geistigen Weise, in der sie bei dem «Paracelsus maior» war.

Oder auch der Jakob Böhme. Der «Jakob Böhme minor» tritt dann vor uns auf in dem späteren Gabriel-Zeitalter. Wiederum sagt man sich: Der hat ja da Großartiges erkundet, ist aus mancherlei Berichten darauf gekommen, hat die eigene Inspiration angeregt. – Aber wenn einem der «Jakob Böhme maior», der nicht auf die Nachwelt gekommen ist, so aus den Namen nur sporadisch auftaucht, wie Alanus ab Insulis oder Brunetto Latini, wenn da der «Jakob Böhme maior» auftritt, dann versteht man erst richtig den «Jakob Böhme minor». Und so muß man schon sagen: In diesem Vor-Renaissancezeitalter, aus dessen Ende die großen Gestalten Dante und Brunetto Latini aufleuchten, dann die Lehrer von Chartres aufleuchten, wo wie ein, ich möchte sagen, erratischer Block darinnen steht der *Scotus Erigena,* in diesem Zeitalter liegt etwas, was ungeheuer spirituell anregend sein kann. – Die äußere mittelalterliche Geschichte ist finster; aber hinter dieser Finsternis liegt ein gewaltiges Licht gerade für diejenige Zeit, von der ich jetzt gesprochen habe.

Wenn man betrachtend in dieses Raphael-Zeitalter eindringt, vom 9. bis zum 14., 15. Jahrhundert, dann hat man allerdings den Eindruck, daß die Gestalten, die darinnen sind, so ein Dante noch, Giotto, aber namentlich auch solche, die nicht äußerlich geschichtlich der Nachwelt überliefert sind, daß alle die anderen Gestalten, die ich Ihnen genannt habe, sehr stark hervortreten. Man bekommt einen unmittelbaren menschlichen Eindruck von ihnen. Raphael selber als Gestalt, die niemals in einem physischen Leib verkörpert war, inkarniert war, bleibt mehr im Hintergrunde, und andere geistige Wesenheiten, die ständig der geistigen Welt angehören, wenigstens heute ständig der geistigen Welt angehören, treten auch weniger stark hervor. Gerade die Menschen, die verstorbenen Menschen, die treten für dieses Zeitalter dem spirituell beobachtenden Blick außerordentlich stark gegenständlich gegenüber.

Im folgenden Zeitalter, in diesem Gabriel-Zeitalter hat man den Eindruck, daß selbst Gestalten wie *Goethe, Spencer, Lord Byron, Voltaire* nur so schattenhaft in der geistigen Welt sich benehmen, sich verhalten. Dagegen treten da mit großer imponierender Intensität Wesenheiten auf, die nicht den Eindruck des Menschlichen, sondern eigentlich schon des Übermenschlichen machen, Wesenheiten, an denen man mit spiritueller Erkenntnis gewahr wird, sie leben heute – wie wir Menschen auf der Erde zwischen Geburt und Tod –, sie leben heute in der Mondensphäre ständig. Sie sind die Bewohner der Mondensphäre. Imponierende Gestalten, die heute die ständigen Bewohner der Mondensphäre sind, die treten einem vor allen Dingen entgegen, und die menschlichen Seelen treten mehr in den Hintergrund. An diesen Gestalten erfährt man, daß sie aber einmal so mit der Erde verbunden waren, wie heute die Menschen verbunden sind. Nur gehen die Menschen in physischen Leibern herum; diese Wesenheiten haben sich einstmals in feinen, mehr ätherischen Leibern auf der Erde bewegt. Und man lernt erkennen, daß man da durchaus Wesen begegnet, die einmal auf der Erde waren, die einmal auf Erden in uralten Zeiten mit der Menschheit verbunden waren, die übersinnliche

Lehrer der Menschheit waren, Wesenheiten, die dann, nachdem sie ihre Aufgabe auf der Erde erfüllt hatten, nach dem Monde gezogen sind, in die Mondensphäre eingetreten sind, nicht mehr heute mit der Erde verbunden sind.

Wir wissen ja – Sie können das nachlesen in meiner «Geheimwissenschaft im Umriß», die als «Occult Science» ins Englische übersetzt ist –, daß der Mond selber als Weltenkörper einmal mit der Erde verbunden war, sich dann von der Erde getrennt hat. Dieser Trennung des Mondes sind diese Wesenheiten nachgefolgt. Sie sind später selber Bewohner der Mondensphäre geworden, nachdem sie Bewohner der Erdensphäre waren. So daß man mit jener Stufe der Erkenntnis, von der ich in diesen Tagen gesprochen habe, mit der man den Toten folgen kann unmittelbar nach dem Tode und in den Jahren nach dem Tode, mit dieser Erkenntnis in eine Welt eintritt, in der um einen herum, weil man ja noch die frühere Erkenntnis des gewöhnlichen Bewußtseins hat, natürlich die Menschen leben, die man heute als physische Menschen auch physisch kennenlernt im wachen Tagesleben. Dann lernt man aber erkennen, immer mitten unter diesen Menschen, wenn man in das andere Bewußtsein eintritt, Geistgestalten, die eigentlich, so wie wir zur Erde, heute zum Monde gehören, die überall da sind, die sich überall auch für menschliche Angelegenheiten interessieren, nur auf eine etwas andere Weise wie die Menschen heute auf physische Weise.

Unter diesen Wesenheiten, die einstmals die großen Lehrer der Menschheit waren, die heute die Erde nicht mehr bewohnen, sondern – wenn wir so es aussprechen dürfen, cum grano salis – den Mond bewohnen, unter diesen Wesenheiten sind solche, die, ich möchte sagen, mit einer großen Erhabenheit auftreten, die die Vollendetsten derselben sind, die Besonnensten, die von innerlicher geistiger Größe Durchdrungenen. Von ihnen ist sehr viel zu lernen in bezug auf die Geheimnisse des Kosmos. Sie haben ein Wissen, das weit über das dem Menschen mit dem heutigen Bewußtsein mögliche Wissen hinausgeht. Aber sie können dieses Wissen nicht ausdrücken in abstrakten Gedanken. Ich möchte sagen, sie dichten einen an, wenn man in ihre Nähe kommt, sie drücken alles in poetischen

Formen, in künstlerischen Bildern aus; sie zaubern vor einen hin in ihrer Art Großartigeres, als Homer geschrieben hat, als die alten indischen Dichtungen enthalten, die der Welt bekanntgeworden sind. Aber es ist eine tiefe Weisheit in dem enthalten, was diese Wesen vor einen hinzaubern.

Nun sind aber unter diesen Wesen auch unvollkommenere. Wie es ja auf Erden auch Menschen gibt, die sozusagen sympathische Zeitgenossen und solche, die unsympathische Zeitgenossen sind, so gibt es auch unter diesen Wesenheiten schon solche, die nicht die Größe und Vollkommenheit ihrer Genossen erreicht haben, aber dennoch bis zu einem Punkte gekommen sind, schon dadurch, daß sie Schüler, auch wohl die Diener der anderen waren, die schon dazu gekommen sind, die Erde verlassen zu können, in der Mondensphäre zu leben, weiterzuwirken. Bei diesen Wesenheiten fällt einem sogleich auf – wenn ich mich trivial ausdrücken darf –, wenn man ihre Bekanntschaft macht, sie haben ein brennendes Interesse für irdische Angelegenheiten, aber sie interessieren sich dafür auf ganz andere Art.

Sie müssen sich unter ihnen, unter diesen Wesen, nicht gleich unsympathische, schreckliche Gestalten vorstellen. Sie sind durchaus, trotzdem sie unvollkommen sind gegenüber ihren Zeitgenossen, weit über das Maß desjenigen hinaus, was an Vornehmheit, an Gescheitheit, an Einsicht der heutige Erdenmensch erreichen kann mit dem gewöhnlichen Bewußtsein. Aber sie haben durchaus eben die Gewohnheiten ihrer Genossen, andere Gewohnheiten, andere Neigungen, als heute ein gewöhnlicher Erdenbewohner hat.

Ich möchte da im einzelnen auf etwas Besonderes hinweisen. Man hat natürlich, wenn man einmal mit solchen Wesen in Zusammenhang tritt, das Bedürfnis, sozusagen – man muß sich in diesen Dingen immer etwas trivial ausdrücken – sich mit ihnen auszusprechen, sich zu beraten mit ihnen über das eine und andere. Nun, nehmen wir einmal an, man berate sich mit solchen Wesen – ich will einen Gegenstand herausgreifen – über die menschliche Schrift, über dasjenige, was Menschen geschrieben haben. Also sagen wir, der eine Mensch hat meinetwillen bloß seinen Namen geschrieben, der andere Mensch hat seinen Namen geschrieben, also Namenszüge.

Nun, wenn man sich mit diesen Wesenheiten berät darüber, was da eigentlich vorliegt, dann sagen sie: Ach, ihr Menschen, ihr interessiert euch ja für das Alleruninteressanteste. Ihr interessiert euch für dasjenige, wovon ihr sagt, daß es das Wort bedeutet. Wenn da «Schmied» steht, interessiert ihr euch dafür, daß das «Schmied» heißt; oder wenn da «Coiffeur» steht, dann interessiert ihr euch dafür, daß da «Coiffeur» steht. Daß das eine Wort «Coiffeur» bedeutet, das ist ja das Alleruninteressanteste. Viel interessanter ist es, zuzuschauen, wie ein Mensch, der das aufschreibt, seine Bewegungen dabei macht, wie der eine Mensch so schreibt, der andere Mensch anders, der eine schnell, der andere langsam, der eine geschickt, der andere ungeschickt, der eine automatisch, der andere malend. – Auch diese besondere Art, wie der Mensch sich verhält, wenn er schreibt, auf diese Art machen sie besonders aufmerksam. Die interessiert sie.

Und sie haben ja auch in der geistigen Welt, von der ich hier spreche, nun wiederum ihren Geistanhang; allerlei geistige Wesen, die auch nicht auf Erden sind, die niedriger sind als Erdenwesen, auch höher zuweilen, aber die nicht auf der Erde sind. Die leiten sie nicht an, sinnhaft das Irdische auszudrücken, sondern sie leiten sie an, die Schreibbewegungen zu machen, dasjenige, was sich die Menschen da an Schreibbewegungen nach der Zeit angeeignet haben, wo sie selber auf der Erde waren. Als diese Wesen auf Erden waren, die da Mondbewohner wurden, da gab es ja noch nicht ein Schreiben in unserem Sinne.

Nun haben sie immer beobachtet im Verkehr mit den Menschen, wie das Schreiben entsteht, und haben sich für dasjenige interessiert, was sie dazumal auch schon interessieren konnte, daß die Menschen mit ihren Fingern allerlei geschickte Bewegungen machen; das interessierte sie auch schon dazumal. Daß das übergeht, indem die Fingergeschicklichkeit unterstützt wird, in ein Rohr, von dem etwas herabfließt, oder ein Rohr, aus dem etwas herausfließt, das kam erst später dazu. Dafür interessierten sie sich weniger, was auf das Papier kommt. Dagegen für die Bewegungen, die gemacht werden, ganz außerordentlich.

Aber nun kam dazu, was da war von der Erde, und was geblieben ist, aber von dem Menschen dann weniger bemerkt worden war. Und da ist mancherlei, sehen Sie; da ist also erstens, wenn ich das gleich dazu zähle, was ich eben auseinandergesetzt habe, dasjenige, was der Mensch an Bewegungen ausstrahlt. Also, *vom Menschen ausgestrahlte Bewegungen,* das ist es, was da mit diesen Wesenheiten ganz besonders verhandelt werden kann.

Nun ist das aber zunächst etwas, was noch nicht auf das eigentliche Gebiet dieser Wesenheiten leitet, denn es war eben zu ihrer Erdenzeit noch nicht da. Dagegen liegt schon etwas – im guten, nicht im schlechten Sinne – Menschenverachtendes darinnen, wenn sie von den geringen Anlagen der gegenwärtigen Menschen sprechen für die Erkenntnis dessen, was von dem Menschen an Ausdünstung, an Ausstrahlung des Flüssigen zustandekommt. Dafür haben sie ein ganz besonderes Verständnis; das beachtet der gegenwärtige Mensch nicht. Also Ausstrahlungen des Flüssigen, *Hautausstrahlungen des Flüssigen,* das ist es, was in dem Zeitalter dieser Wesenheiten ganz besonders wichtig und wesentlich war. Man lernte den Menschen erkennen an dem, was man später nicht beachtete, an dem, was er um sich herum dunstend verbreitete.

Das dritte, wofür diese Wesenheiten besonders empfänglich sind, ist die Hautausatmung, also das Luftförmige, das der Mensch aus sich herausstrahlt. Für alle diese Ausstrahlungen der physischen Natur, die aber, wie wir in den nächsten Betrachtungen hören werden, durchaus einen halb geistigen Charakter gewinnen können, für alle diese Ausstrahlungen des Menschen, im Festen im Schreiben, im Flüssigen in der Hautausdünstung, im Luftförmigen in der Hautausatmung – der Mensch atmet ja durch die Haut auch fortwährend aus –, sind diese Wesenheiten besonders empfänglich.

Dann viertens in der *Wärmeausstrahlung.* Alle diese Dinge, insofern sie auf Erden vorhanden sind, sind diesen Mondenwesen noch von ganz besonderer Wichtigkeit, und sie beurteilen den Menschen eben nach der Konfiguration seiner Bewegungen im Schreiben, nach der besonderen Art seiner Ausstrahlungen.

Dazu kommt dann noch fünftens die *Lichtausstrahlung,* die durchaus auch vorhanden ist. Jeder Mensch ist nicht nur in seiner Aura, sondern auch in bezug auf den physischen Organismus und den Ätherorganismus leuchtend, lichtausstrahlend. Und diese Lichtausstrahlung, die so schwach ist, daß sie unter gewöhnlichen Verhältnissen nicht gesehen werden kann, die aber zum Beispiel heute schon von Naturforschern wie *Moriz Benedikt* in besonders hergerichteter Dunkelkammer sichtbar gemacht wird, diese Lichtausstrahlung, die dann in roten, gelben, blauen Strahlungen und Glimmungen um den menschlichen Organismus herum ist, die ist beim Menschen an verschiedenen Stellen verschieden. Sie können von dem Naturforscher Moriz Benedikt lernen, wie er diese gefärbte Lichtausstrahlung in der Dunkelkammer sichtbar gemacht hat, so daß man die eine Seite, die linke Seite in Farbe leuchten, in gelb-orangem Licht sehen kann, die andere Seite wieder in blauem Lichte sehen kann. Da handelt es sich nur darum, daß die physikalische Anordnung in entsprechender Weise getroffen wird.

Dann gibt es eine sechste Ausstrahlung, das ist die *Ausstrahlung chemischer Kräfte*. Die ist tatsächlich in umfassendem Maße heute nur in seltenen Fällen vorhanden auf der Erde. Das heißt, sie ist schon immer vorhanden, aber ich meine, sie kommt nur in seltenen Fällen in Betracht, spielt in seltenen Fällen eine Rolle, und zwar in den Fällen, wo die schwarze Magie angewendet wird. Wenn also Menschen sich ihrer chemischen Ausstrahlungen bewußt werden und diese anwenden, dann kommt auf Erden die schwarze Magie zustande.

Eine siebente Art von Ausstrahlung ist direkt die unmittelbare geistige Lebensausstrahlung. Ebenso wie die schwarze Magie, in der fast immer die chemischen Ausstrahlungen entarten in unserer Zeit, ebenso wie die schwarze Magie etwas Verwerfliches, Böses ist, ebenso bedeutend ist die Ausstrahlung des Lebens. Denn diese Mondenwesen, von denen ich da spreche, die können ihrerseits, in gutem Sinne aber, denn sie sind keine schwarzen Magier – schwarze Magier sind unter Umständen diejenigen, die auf Erden das tun und in das Böse verfallen –, diese Mondenwesen können immer mit den Kräften, die in dieser chemischen Ausstrahlung liegen, rechnen und arbeiten. Aber nur dann, wenn Vollmond ist, wenn der Mond von der Sonne beschienen wird und sie sich in das Gebiet des Sonnenscheins begeben können, dann können sie unter der Einwirkung des Sonnenlichtes mit den Lebensausstrahlungen rechnen.

Und diese Lebensausstrahlungen, sehen Sie, das sind diejenigen, die nun im Gegensatze zu allem Verwerflichen gerade als etwas Gutes in unser Zeitalter hereinkommen müssen; denn mit all den Impulsen, welche im Michael-Zeitalter gegeben werden sollen, soll nach und nach diese Beherrschung der Lebensausstrahlung, der vitalen Ausstrahlung verbunden sein.

Das soll hauptsächlich gelernt werden, nicht tot zu wirken mit dem, was aus der geistigen Welt kommt, sondern unmittelbar lebendig zu wirken mit dem, was aus der geistigen Welt kommt. Lebendige Ideen, lebendige Begriffe, lebendige Anschauungen, lebendige Empfindungen, nicht tote Theorien zu finden, das ist die Aufgabe des Zeitalters. Das kommt unmittelbar von den Gestalten, die mit dem Wesen, das wir als Michael bezeichnen, vereinigt sind.

Dagegen hat man sich mehr, ich möchte sagen, an das Irdische gewendet im abgelaufenen Gabriel-Zeitalter. Man wollte nicht gleich hinein zu den Wesenheiten, die da sind, unter Umständen dem Menschen sehr nahestehen, weil diese [Wesenheiten] sich für etwas interessierten, wofür sozusagen das Zeitalter weniger veranlagt sein sollte. Sie interessierten sich für alle diese okkulten Strahlungen, die aus dem Menschen hervorkommen.

An unsere Welt, wie wir sie als physische Welt zwischen Geburt und Tod haben, stößt ja sogleich eine andere, geistige Welt an, in der wir, so wie ich es beschrieben habe, die Toten finden. Aber in dieser Welt ist ja vieles andere darinnen. Und unter dem, was da darinnen ist, ist eben die Wirksamkeit von solchen Kräften, wie sie in den Strahlungen, den Ausstrahlungen der Menschen leben. Das ist in gewissem Sinne ein höchst gefährliches Weltengebiet, in das man da hineinkommt. Und man muß in diesen Tagen die öfter erwähnte auch seelisch-geistige Haltung haben, damit man das, was von diesen Mondenwesen kommt, von denen ich gesprochen habe, in gutem und nicht in bösem Sinne lenke.

Denn, sehen Sie, es ist ja so, daß alle Kräfte, alle Impulse der gegenwärtigen Epoche dem zueilen müssen, auf Erden die Vitalstrahlung zu verwenden. Aber ungeheuer naheliegend ist es, daß man da in dasjenige hineinkommt, was zwischen dieser Vitalstrahlung und allen anderen Strahlungen, die man so gerne haben möchte, liegt: die schwarze Magie. Die Menschen möchten so gerne sichtbar machen, was in den Bewegungen zum Ausdruck kommt – wir werden davon zu sprechen haben –, sichtbar machen dasjenige, was in der Ausdünstung vorhanden ist und so weiter, was in der Lichtausstrahlung vorhanden ist. Das alles ist in einem gewissen Sinne verwandt mit etwas Gutem, mit dem, was eigentlich nur gut sein kann, weil das Michael-Zeitalter unter den Menschen anbricht.

Aber zwischen alldem liegt die schwarze Magie, die abgehalten werden muß, wenn die guten, die richtigen Wege der übersinnlichen Forschung, und nicht die bösen, falschen Wege der übersinnlichen Forschung eingeschlagen werden sollen.

(Auf der Tafel:)

1. Vom Menschen ausgestrahlte Bewegungen
2. Hautausstrahlungen des Flüssigen
3. Hautausstrahlungen des Luftförmigen
4. Wärmeausstrahlung
5. Lichtausstrahlung
6. Chemische Kräfteausstrahlung
   (schwarze Magie)
7. Vitalstrahlung.

Mediale Naturen und ihre Ausstrahlungen

Sehen Sie, wenn nun in der geistigen Welt dieser Verkehr stattfindet zwischen den Menschen hier auf der Erde und den Mondenwesen – und im Unterbewußten findet er ja fortwährend statt –, dann ist es eben möglich, daß bei dieser Entwickelung des Interesses, welches gewisse Mondenwesen an den Bewegungen haben, die die Menschen beim Schreiben, beim Zeichnen auch ausführen, daß an diesem Interesse, das sich ja an diesen Mondenwesen geistig offenbart, wiederum ihrerseits Interesse haben gewisse Elementarwesen der geistigen Welt. Elementarwesen, die tiefer stehen als die Mondenwesen, die auch niemals auf Erden sich inkarnieren, die aber in der angrenzenden Welt, von der ich gesprochen habe, eben doch leben, als geistig-ätherische Wesen leben. Wenn die sich wiederum interessieren für alles das, was da vorgeht, dann kann folgendes vorkommen. Wenn der Mensch hier auf der Erde beobachtet wird, so sieht man ja eben, daß seine Gedanken, die er dann, sagen wir, durch die Schrift mitteilt, auf seine ganze Menschenwesenheit wirken. Sie sind zunächst im Ich vorhanden, aber sie wirken hinunter in den astralischen Leib, der seine Bewegungen im Sinne dieser Bewegungen ausführt, die wir beim Schreiben machen vom Ich aus. Sie wirken in den ätherischen Leib. Und sie wirken bis in den physischen Leib hinunter. Diese Wirkungen in den physischen Leib hinein, die beobachten nun gewisse Wesenheiten elementarischer Art und bekommen sozusagen auch die Sehnsucht, sich ebenso zu bewegen. Das können sie aber nicht, weil andere Gesetze in ihrer Welt herrschen, als in der Welt, in der geschrieben wird. Geschrieben wird ja nur in der physischen Welt der Menschen hier auf der Erde.

Aber folgendes ist möglich. Es gibt gewisse Menschen, die, wenn sie schreiben oder auch denken, selbst fühlen, ganz tief in ihrem ätherischen Leib darinnenstecken. Alles in ihrem ätherischen Leib geht mit, drückt sich dann auch stark in dem physischen Leibe aus. Und bei diesen Menschen kommt es dann vor, daß sie das, was in ihrem Ich ist, ganz unterdrücken, und eine Nachahmung des Schreibens, des Zeichnens, in ihrem astralischen, ätherischen, physischen Leibe auflebt. Das sind die Medien. Solche Medien können dann, weil ihr Ich unterdrückt ist, in sich aufnehmen diese gelehrigen Elementarwesen aus der geistigen Welt, die sozusagen die Bewegungen des Schreibens von den Mondenwesen gelernt haben. Und es kommen dann solche Medien in eine Tätigkeit hinein, in der sie nicht Schreibbewegungen machen im Sinne ihres Ich, im Sinne ihres vollen Bewußtseins, sondern im Sinne des Elementarwesens, das in ihnen sitzt. Dadurch kommt alles das, was mediales Schreiben, mediales Zeichnen ist, durch die vom Menschen ausgestrahlten Bewegungen bei herabgedämpftem Bewußtsein zustande: alles gewöhnlich Mediale. Da werden also die ausgestrahlten Bewegungen benutzt.

Von gewissen Wesenheiten, die unter dem Einfluß der Mondenwesenheiten besonders sich das Künstlerische aneignen, das in den Seelen der Menschen lebt, können die Ausstrahlungen der zweiten Art benutzt werden. Auch diese Wesenheiten gehen in solche Menschen hinein, die das Oberbewußtsein heruntergedämpft haben, und die ein gewisses künstlerisches Moment in ihrem ätherischen Leib haben, in ihrem astralischen Leib haben und dadurch es hineinleiten in die Ausstrahlungen. Da ist es unter Umständen recht interessant, wie dann solch ein Menschenwesen gewissermaßen besessen sein kann von elementargeistigen Wesenheiten, und in seine Ausstrahlungen hineinbekommt so etwas wie plastisch existierende Träume, Zusammensetzungen zum Teil von dem, was das Menschenwesen selber im Leben wahrnimmt, weil das heruntergerutscht ist in den Äther- und astralischen Leib und in den Ausstrahlungen erscheint; zum Teil von Kundgebungen aus der Welt, in der nur die Elementarwesen sind, die in das Menschenwesen hineingekrochen sind.

Sehen Sie, solche Ergebnisse hat der experimentierende *Schrenck-Notzing* bekommen. Er hatte gewisse mediale Naturen zur Verfügung, die ganz besonders, wenn das Bewußtsein heruntergerutscht war, also das Ich ausgeschaltet war, für die elementarischen Wesen behandelbar waren durch ihre Hautausstrahlungen flüssiger Natur. Es gibt ein interessantes Buch von Schrenck-Notzing. Die einen halten es ganz für Schwindel, die anderen sind entzückt davon. Bei denen, die entzückt darüber sind, braucht man nicht davon überrascht zu sein, daß sie die Dinge als etwas Wunderbares hinnehmen. Es ist ja etwas Wunderbares. Es ist etwas Wunderbares, wenn da ein Medium vorhanden ist, mit dem experimentiert wird, und dann an einer bestimmten Stelle eine plastische Gestalt aus dem Körper herausgeht, welche etwas Geistiges hat, das nicht auf Erden vorhanden ist. Aber auch da ist bei manchem der Fälle hineingemischt ein Bild, das das Medium zuletzt in einer illustrierten Zeitung gesehen hat. So also strahlt aus dem Medium irgend etwas aus. Es ist die Hautausdünstung. In die strahlt hinein irgendwo etwas, sagen wir, ganz Geistiges; aber daneben etwas, was dieses Medium zuletzt in einer illustrierten Zeitung gesehen hat, sagen wir zum Beispiel eine Gestalt Poincarés, so wie er in Zeitungen erschienen ist, vielleicht in einem Witzblatt.

Man braucht nicht darüber frappiert zu sein, daß die Menschen das erstaunlich finden. Aber man kann nämlich sehr davon frappiert sein, wie fashionable, mit den guten Sitten durchaus vertraute Persönlichkeiten, selbst Damen, nicht reden möchten von den Hautausdünstungen und in jeder Weise dasjenige umschreiben, was in dieser Weise an dem Menschen zutage tritt, wie sie aber lechzen danach, das Medium anzuschauen, das diese plastischen Gestaltungen in nichts anderem zeigt als in den ganz gewöhnlichen Hautausdünstungen.

Die Dinge, meine sehr verehrten Anwesenden, die Schrenck-Notzing experimentiert hat, die werden – so ist es nun einmal – geschwitzt. Und in dasjenige, was geschwitzt wird, geht eben das hinein, was an plastischer Wesenheit, angeregt durch diese Elementarwesen, in den Hautausstrahlungen zum Ausdruck kommen kann. Ebenso kann durch gewisse elementare Wesenheiten die Hautausatmung, also die Luft, die herauskommt, dann angeregt werden. Sie ist aber so verbunden mit der eigenen menschlichen Gestalt, der Mensch legt so stark die eigene menschliche Gestalt in diese Hautausatmung hinein, daß diese Wesenheiten zumeist nicht viel mehr vermögen, als ein Phantom des Menschen selber herauszuleiten. Dann entstehen jene Manifestationen, jene Phänomene, wo eben das Phantom aus dem Menschen heraustritt. Es ist also die Erscheinung des Phantoms. Hier haben wir bei «Zweitens» die mediale Plastik. Hier haben wir die Erscheinung des Phantoms bei «Drittens».

Nicht so leicht ist nun Wärme- und Lichtausstrahlung aus dem Menschen herauszubringen, so daß darinnen irgend etwas zum Vorschein kommt von dem, was anregen solche Elementarwesen unter dem Einfluß von Mondenwesen. Da muß man schon gewisse Vorbereitungen machen.

Nun, heute ist selbst die Naturwissenschaft, wie ich Ihnen gesagt habe, so weit, daß sie gewisse Lichtausstrahlungen, die verbunden sind mit Wärmeausstrahlungen, in der physikalischen Dunkelkammer zur

Anschauung bringt. Und gerade die Experimente von Moriz Benedikt in dieser Beziehung sind ja außerordentlich interessant. Aber die Möglichkeit, so richtig mit diesen Ausstrahlungen, mit Wärme- und Lichtausstrahlungen zu arbeiten, haben eigentlich immer nur diejenigen Menschen gehabt und haben sie noch heute, die Vorbereitungen machen, in denen eben nicht nur die gewöhnlichen Machinationen der physischen Welt sich ausdrücken, sondern welche Vorbereitungen machen mit besonderen Räucherungen, mit der Entwickelung besonderer Dämpfe, auch mit der Entwickelung besonderer Gerüche, mit dem Mischen von besonderen Stoffen und so weiter, wodurch dann all jene magischen Vorgänge entstehen, von denen ja reichlich in einer älteren magischen Literatur die Rede ist.

Alle diese magischen Vorbereitungen haben den Zweck, es dazu zu bringen, daß diese Kräfte, die in den Wärme- und Lichtausstrahlungen des Menschen liegen, zur Geltung kommen. Und Sie können ja recht bedenkliche und recht gefährliche Anleitungen dazu lesen in den Schriften von *Eliphas Levi,* auch in denjenigen von *Encausse,* der unter dem Namen Papus geschrieben hat. Da finden Sie bedenkliche und durchaus gefährliche Anleitungen zu solchen Dingen. Aber wir haben hier über das Objektive dieser Dinge, über das Wesen dieser Dinge zu sprechen und müssen sie daher berühren.

Alle diese Dinge führen dann hin zur direkten schwarzen Magie, wo mit dem im Irdischen verborgenen Geistigen gearbeitet wird. Mit welchem Geistigen? Nun, ich habe Ihnen gesagt, und Sie können das in meiner «Geheimwissenschaft» nachlesen, daß einmal der Mond mit der Erde verbunden war. Aber zahlreiche Kräfte hat der Mond nicht mit sich hinausgenommen, nicht alle, die zu ihm gehören. Es sind viele zurückgeblieben in der Erde und durchsetzen nun Mineralien, Pflanzen und Tiere. Die sind heute noch da, diese Mondenkräfte. Wenn man also mit Mondenkräften auf der Erde hier arbeitet, Kräften, die eigentlich nicht zu den normalen Mineral-, Pflanzen-, Tier- und Menschenkräften gehören, dann kann man mit diesen Mondenkräften auf ungehörige Art direkt in das Gebiet hineinkommen, in dem man mit den Wesenheiten zusammenkommt, die als Elementarwesen manches von den Mondenwesen lernen, aber auf eine Art lernen, wie ich es

Ihnen angedeutet habe, die nicht in unsere Welt gehört. Und so arbeitet der schwarze Magier auf der einen Seite mit den Mondenkräften, die noch hier auf Erden sind. Aber dadurch, daß er so arbeitet, kommt er in Zusammenhang mit Elementarkräften, die direkt, man möchte sagen, indem sie kiebitzen, zuschauen wie beim Halma oder Schachspiel, indem sie kiebitzen bei dem, was auf rechte Weise vorgeht zwischen den Menschen und den Mondenwesen, lernen, der physischen Welt möglichst nahezukommen; die gucken entweder herein oder betreten diese physische Welt auch. Aber der gewöhnliche Mensch, bei dem das alles im Unterbewußtsein bleibt, hat mit ihnen nichts zu tun. Der schwarze Magier, der mit den Mondenkräften arbeitet, der in seinen Retorten, in seinen Tiegeln und Räucherungen überall die Mondenkräfte besitzt, der wird umschwirrt von diesen Kräften.

Von diesen Schwarzmagiern kann dann auch wohl ein guter Mensch manches lernen. Goethe hat das Umschwirrtwerden, das schon ganz bedenklich angrenzt an schwarze Magie, in seinem «Faust» im ersten Teil dargestellt. Da kommt der Mensch durch die Benützung dieser Mondenkräfte in die Region, wo Wesenheiten, die in den Dienst der Mondenkräfte eingetreten sind, zum Verkehr mit Menschen bereit sind. Und da entstehen dann die Zentren schwarzer Magie, wo die Magier mit Mondenkräften zusammenarbeiten, mit Geistern, die direkt sich in den Dienst, aber in einen bösen Dienst der Mondenkräfte gestellt haben. Es ist auch dadurch, daß mancherlei gerade im Laufe der letzten Jahrhunderte nach dieser Richtung gearbeitet worden ist, in der Erde eine bedenkliche Atmosphäre geschaffen worden. Und diese bedenkliche Atmosphäre ist da. Es schwirren und weben viele solche Kräfte herum, die aus einer Verbindung von menschlicher Tätigkeit mit Mondeningredienzien und Mondendynamik mit Elementarwesenheiten hervorgehen, die im Dienste ungehöriger Mondenkräfte stehen. Diese bedenkliche Atmosphäre, die ist da. Und das ist die Region, die gerade stark nun dem entgegenarbeitet, was aus der Sonnenregion kommen soll im Zeitalter des Michael, und was die Vitalstrahlung im reinen Seelisch-Geistigen ganz besonders berücksichtigen soll. Da anknüpfend, wollen wir dann morgen weiterreden.

(An die Tafel wurde geschrieben:)

1. Vom Menschen ausgestrahlte Bewegungen, Mediales
2. Hautausstrahlungen des Flüssigen, Mediale Plastik
3. Hautausstrahlungen, Erscheinen des Phantoms
4. Wärmeausstrahlung
5. Lichtausstrahlung
6. Chemische Kräfteausstrahlung
   Schwarze Magie
7. Vitalstrahlung.

ACHTER VORTRAG

Torquay, 19. August 1924

Möglichkeiten der Abirrung in der geistigen Forschung

Ahrimanische Elementarwesen

Wenn man die Bewußtseinszustände, von denen gesprochen worden ist, entwickelt, so kommt man mit jedem Bewußtseinszustand in ein bestimmtes Weltgebiet. Ich will schematisch darstellen, wie das Anschauen des Menschen sich verhält zu diesen einzelnen Weltgebieten, in die man durch das Erringen von besonderen Bewußtseinszuständen, wie ich sie charakterisiert habe, kommen kann. Man kann selbstverständlich die Welten, die eigentlich ineinander sind, hier nur nebeneinander darstellen. Ich habe ja auch gezeigt, wie die Mondenwelt, die Mondensphäre eigentlich unsere Sphäre durchdringt, wiederum die Merkursphäre unsere Sphäre durchdringt. Jetzt muß ich, um die verschiedenen Welten darzustellen, sie nebeneinander darstellen.

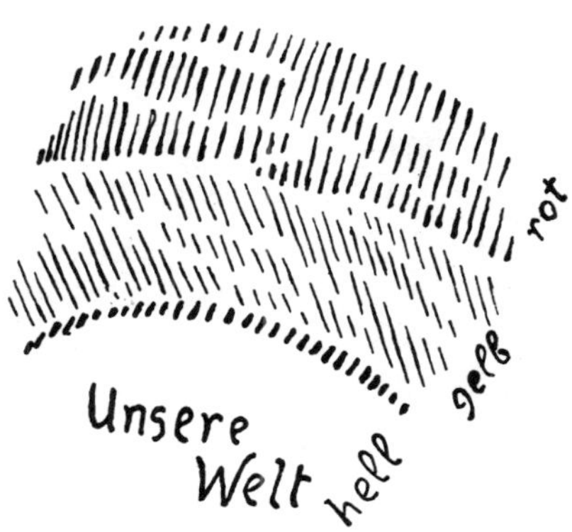

Wenn wir dieses als unsere Welt bezeichnen (siehe Zeichnung, hell), dann kommen wir dadurch, daß wir andere Bewußtseinszustände entwickeln, jeweilig in andere Welten. Nehmen wir also an, wir entwickeln denjenigen Bewußtseinszustand, den wir haben müssen, um in die Welt einzutreten, in die wir die Toten unmittelbar in den Jahren nach ihrem Tode verfolgen können. Ich werde diese Welt dadurch charakterisieren, daß ich sie anstoßend an unsere Welt hier aufzeichne (gelb). Wir würden dann, wenn wir den nächsten Bewußtseinszustand entwickeln würden, den Bewußtseinszustand, durch den wir weiter hineinkommen in jenes Leben, das dann der Tote betritt, nachdem er den Weg rückwärts absolviert hat, und den ich den Zustand des leeren, aber wachenden Bewußtseins gegenüber der physischen Welt genannt habe. Da würden wir hineinkommen in eine weitere Welt (rot), in diese Welt, wo zum Beispiel der Mensch ganz besonders mit den Merkurwesen zusammenkommt, mit demjenigen Geschehen, mit denjenigen Tatsachen, die in der Sphäre des Raphael in dem gestern charakterisierten Sinne liegen. In dieser Sphäre lernt man vor allen Dingen die Heilkräfte der menschlichen Natur kennen.

So kommt man mit jedem Bewußtseinszustand in ein gewisses Gebiet der Welt. Dadurch aber lernt man diejenigen Wesen kennen, welche für irgendeine Zeit dieser Welt angehören. Wenn ich also die Menschen kennenlernen will, wie sie in den Jahren nach dem Tode leben, so muß ich mich mit dem Bewußtsein in die Welt begeben, in der dann die Toten wandeln. Ich kann sie in ihrer wirklichen Gestalt nicht in einer anderen Welt beobachten. Wenn ich die Merkurwesen betrachten will, muß ich mich mit meinem Bewußtsein in diese Welt der Merkurwesen hineinbegeben. Daraus sehen Sie, daß wir als Menschen die Welten in gewissem Sinne getrennt voneinander annehmen und für jede Welt ihren besonderen Bewußtseinszustand entwickeln können. Das müssen wir auch, wenn wir in rechtem Sinne die Welten kennenlernen wollen, denn nur dadurch können wir uns in der richtigen Art vorbereiten, ein jedes Wesen in seinem wahren Charakter kennenzulernen. Ich will Ihnen an einem einfachen Beispiele zeigen, wohin ein solches Erkennen führt, also ein Erkennen, das für bestimmte Weltgebiete richtig den entsprechenden Bewußtseinszustand entwickeln will.

Nehmen wir an, wir sehen eine Pflanze, die Blätter, die Blüte. Wir haben gesehen, wie eine solche Pflanze eigentlich ein Spiegelbild dessen ist, was gestaltend, geformt draußen in der Welt ist. Dasjenige, was wir gerade in dieser Welt finden können, von der wir jetzt gesprochen haben, das finden wir gespiegelt auf der Erde in unseren Pflanzen. Wie lernen wir die Pflanzen kennen? Wir lernen sie kennen, wenn wir unser Bewußtsein in diese Welt erheben. Aber da stellt sich etwas ganz Besonderes heraus. Da stellt sich heraus, daß wir einen großen, gewaltigen Unterschied machen müssen zwischen den Pflanzen, die uns im Bereiche des Irdischen begegnen. Wenn wir irgendeine Pflanze, Cichorium oder irgendeine andere bestimmte Pflanze ansehen, so erscheint sie auch in diesem geistigen Sinne anders als manche andere Pflanze.

Nehmen Sie zum Beispiel das gewöhnliche Veilchen und vergleichen Sie dieses Veilchen – um gleich ein radikales Beispiel zu haben –, mit der Belladonna, mit der Tollkirsche, dann wird man, wenn man so hinschaut auf die Pflanzenwelt, wie ich es charakterisiert habe, sehen, wie das Veilchen einem ganz offen vor dem Seelenauge steht, wenn man in der Welt ist, der das Veilchen angehört, also in der Welt des leeren, wachenden Bewußtseins.

Nicht so ist es bei der Tollkirsche. Die Tollkirsche, Belladonna, sie zieht ihre Wesenheit noch aus anderen Welten herein. Ich kann das auch so charakterisieren: Man lernt eine gewöhnliche Pflanze kennen, indem man sieht, sie hat ihren physischen Leib, sie hat ihren Ätherleib; und dann sieht man, daß die Blüte und die Frucht umschwebt wird von dem allgemeinen Astralischen im Kosmos. Sie sehen also auf die Pflanze hin. Überall sprießt aus der Erde das Physische der Pflanze heraus. Überall hat die Pflanze ihren Ätherleib und darüber, wie in Wolken, lagert das Astralische. So ist es bei solchen Pflanzen wie bei dem Veilchen.

Bei einer Pflanze wie der Tollkirsche wird es anders. Bei der Belladonna ist es so: die Pflanze wächst, hat hier ihre Blüte, hier drinnen entwickelt sich die Frucht (es wird gezeichnet). Da aber geht das Astralische in die Frucht hinein. Das Veilchen entwickelt die Frucht bloß im Ätherischen. Die Tollkirsche saugt mit der Frucht das Astralische ein. Dadurch wird sie giftig. Alle Pflanzen, die in irgendeinem ihrer Teile Astralisches aus dem Kosmos einsaugen, werden giftig. Dasselbe also, was, wenn es ins Tier kommt, dem Tier den Astralleib gibt, das Tier innerlich als ein Empfindungswesen ausgestaltet, es macht, wenn es in die Pflanze eintritt, die Pflanze zur Giftpflanze. Das ist sehr interessant, weil wir sagen können: Unser astralischer Leib trägt Kräfte in sich, die, wenn sie in die Pflanze kommen, als Gift sich darstellen. – Und so muß man auch das Gift auffassen. Nur dadurch kommt man zu einer innerlichen Erkenntnis des Giftes, daß man weiß, normalerweise hat man als Mensch in seinem astralischen Leib eigentlich die Kräfte aller Gifte in sich, die es gibt, denn das gehört zum Wesen des Menschen.

Nun will ich in dieser Auseinandersetzung nur einen bestimmten Begriff geben, den wir nachher verwerten müssen, damit wir eindringen können in den Unterschied zwischen den wahren und den falschen Wegen der geistigen Forschung. Was sehen wir an einem solchen Beispiel? Wir haben ein Veilchen. Wir haben eine Tollkirsche. Wir sehen, wenn wir für jede Welt das richtige Bewußtsein entwickelt haben, in dem Veilchen ein Wesen, das in seiner richtigen Welt verbleibt, nichts heranzieht aus einer ihm fremden Welt. Bei der Tollkirsche sehen wir, daß sie etwas heranzieht aus einer ihr fremden Welt. Die Belladonna eignet sich etwas an, was eigentlich eine Pflanze nicht haben darf, was erst ein Tier haben soll. Und so ist es bei allen Giftpflanzen. Sie eignen sich dasjenige an, was sie als Pflanzen nicht haben sollen, sondern was erst dem Tiere gebührt.

Nun gibt es im Weltenall viele Wesen, die den verschiedensten Weltengebieten angehören. Es gibt gerade in demjenigen Gebiete, das wir finden, wenn wir unmittelbar die Welt betreten, in der wir den Toten nach dem Tode ein paar Jahre, zehn, zwanzig, dreißig Jahre folgen können, bis sie diese Welt verlassen, eine ganze Anzahl von Wesen, die wirklich sind, die aber nicht sichtbar in unsere physische Welt hereinkommen. Ich möchte eben solche Wesen als eine bestimmte Art von Elementarwesen charakterisieren.

Also wenn wir dem Toten, nachdem er durch die Pforte des Todes gegangen ist, folgen, treten wir ein in eine Welt, in der auch allerlei Elementarwesen sind, die Formen haben, von denen man sprechen kann, die dieser Welt wirklich angehören. Wir können also sagen: Da diese Wesen dieser Welt angehören, sollten sie sich eigentlich nur all der Kräfte bedienen, die in dieser Welt sind. – Nun sind aber unter diesen Elementarwesen solche, die nicht dabei bleiben, sondern die zuschauen, wenn zum Beispiel die Menschen schreiben, und die da hereinblicken auf all die Tätigkeiten, welche innerhalb der Menschenwelt, das heißt innerhalb derjenigen Welt, die die Menschen zwischen Geburt und Tod durchleben, verrichtet werden. Fortwährend haben wir solche Wesenheiten, die da zuschauen. Nun ist das Zuschauen an sich noch nichts irgendwie Schlimmes, denn der ganze Plan, in dem dasjenige begründet ist, was ich jetzt erzähle, besteht ja darin, daß alle die Welten, die an unsere anstoßen, also die Welt, die wir gleich nach dem Tode betreten, die Welt, die wir nach Jahrzehnten nach dem Tode betreten, daß alle diese Welten ja das nicht in sich haben, was der Mensch hier auf Erden um sich hat, und was er hier auf Erden lernt. Wenn man in diese an unsere Welten anstoßenden Welten eintritt, dann gibt es dadrinnen zum Beispiel kein Schreiben, kein Lesen in unserem Sinne. Es gibt auch keine Flugzeuge in unserem Sinne, auch keine Autos in unserem Sinne, nicht einmal gewöhnliche Gespanne in unserem Sinne. Das alles gibt es ja in diesen anstoßenden Welten nicht.

Man kann aber auch nicht sagen, daß wir auf Erden hier Autos bauen, schreiben und lesen, daß wir auf Erden Bücher schreiben, die ja auch nicht gelesen werden von den Engeln, wir können nicht sagen, daß das alles ohne Bedeutung sei für die Welt im allgemeinen. Sondern es ist so, daß gewissermaßen solche Wesenheiten, von denen ich gerade gesprochen habe, abkommandiert werden aus der unmittelbar an unsere anstoßenden Welt. Sie sollen gewissermaßen achtgeben, was da die Menschen treiben. Sie werden also aus anderen Welten heraus besonders beauftragt mit der Mission, sich zu kümmern um die Menschennatur, und dasjenige, was sie da lernen, für zukünftige Zeiten zu bewahren. Denn sehen Sie, wir Menschen können unser Karma von einem Leben in das andere tragen, können auch alles das von einem Leben in das andere tragen, was durch die äußere Kultur mit unserem Karma geschieht. Was wir im Auto erfahren als Mensch, das können wir von einem Erdenleben in das andere tragen; die Konstruktion des Autos nicht. Dasjenige, was bloß aus Erdenkräften heraus entstanden ist, das können wir Menschen selber nicht von einem Erdenleben ins andere hinübertragen. Dadurch hat die Menschheit im Verlauf der Zivilisation etwas begründet, was sie selber verlieren würde, wenn ihr nicht andere Wesen zu Hilfe kämen.

Nun sind diese Wesen, von denen ich sprach, besonders abkommandiert, um das, was der Mensch nicht von einem Erdenleben ins andere tragen kann, für die Zukunft zu bewahren. Das ist das Bedeutsame, daß wir also mitten unter uns in der an uns anstoßenden Welt Wesen haben, die dazu bestimmt sind, das, was der Mensch von seiner äußeren Zivilisation nicht in die Zukunft hinübertragen kann, hinüberzutragen, damit der Mensch es in der Zukunft wiederum haben kann. Sehen Sie, so ist vieles, sehr vieles dadurch, daß in vergangenen Zeiten es manchen von diesen Wesen recht schwierig geworden ist, ihre Aufgabe zu erfüllen, so ist manches von dem, was in alten Zeiten schon in der Zivilisation erfunden war, für die Menschheit doch wieder verlorengegangen.

Also das Wichtige, was ich Ihnen hier darlegen will, ist dieses, daß mitten unter uns Wesenheiten sind, die im Weltenplan damit beauftragt sind, all das in die Zukunft hinüberzutragen, was die Menschen nicht selber von einem Erdenleben in das andere hinübertragen können. Das ist vor allen Dingen zum Beispiel der abstrakte Inhalt unserer Bibliotheken. Den können wir Menschen nicht von einem Erdenleben ins andere hinübertragen. Dazu braucht es besondere Wesenheiten. Und diejenigen geistigen Wesenheiten, mit denen wir Menschen direkt in Verbindung stehen, die können das nicht. Und daher können wir es als Menschen auch nicht. Diese Wesenheiten mußten sich anderer Wesenheiten bedienen, die lange ihnen fremd waren, die eine ganz andere Entwickelung durchgemacht haben als unsere mit uns zusammenhängenden geistigen Wesen.

Ich habe in meinen Büchern diese anderen Wesenheiten, die eine ganz andere Entwickelung durchgemacht haben, ahrimanische Wesenheiten genannt. Das ist eine ganz andere Evolution, die bei solchen Gelegenheiten mit der unsrigen zusammenkommt, zum Beispiel wenn wir hier ein Auto konstruieren. Das sind Wesenheiten, die also eine besondere Einrichtung in der Gegenwart, zum Beispiel die Autokonstruktion, aus ihren ahrimanischen Weltenkräften heraus verstehen können, und die hinübertragen in zukünftige Zeiten dasjenige, was in der Menschheitszivilisation einmal angeeignet worden ist, und was der Mensch nicht von einer Inkarnation in die andere hinübertragen kann.

Besessenheit

Nun können wir mit den Vorstellungen, die wir auf diese Weise gewonnen haben, charakterisieren, was eigentlich ein medialer Mensch ist. Wir müssen natürlich unterscheiden zwischen einem medialen Menschen im allerweitesten Sinne und zwischen dem, was man im eigentlichen Sinne des Wortes ein Medium nennt. Denn im Grunde genommen, meine verehrten Anwesenden, sind wir alle Medien, wenn man den Ausdruck Medium im weitesten Sinne nimmt. Wir sind zum Beispiel seelisch-geistige Menschen, bevor wir heruntersteigen in die irdische Welt und das Leben vollbringen zwischen Geburt und Tod. Dasjenige, was wir in der geistigen Welt sind, das ist verkörpert in dem, was wir hier in der physischen Welt sind. In der physischen Welt sind wir ein Medium für unseren eigenen Geist. Also wenn man das Wort Medium im allerweitesten Sinne nimmt, so würde man jedes Wesen irgendwie als Medium bezeichnen können. Das ist nicht gemeint, wenn man im gewöhnlichen Sinne von einem medialen Menschen spricht. Ein medialer Mensch in unserer Welt, die wir zwischen Geburt und Tod durchleben, ist derjenige Mensch, welcher gewisse Gehirnpartien so entwickelt hat, daß sie aus seiner Gesamtwesenheit ausgeschaltet werden können. So daß also zu gewissen Zeiten bei einem Medium gerade diejenigen Gehirnpartien nicht als Grundlage für die Ich-Tätigkeit da sind, die diese Ich-Tätigkeit besonders unterstützen.

Wenn wir so recht zu uns Ich sagen, wenn wir unser Ich so recht ins Bewußtsein hereinbringen, dann ist immer diese Bewußtseinsentwikkelung, diese Ich-Entwickelung gestützt auf ganz besondere Gehirnteile. Diese Gehirnteile werden ausgeschaltet bei demjenigen, der ein Medium ist. Dadurch bekommen gewisse Wesenheiten von der Art, wie ich sie jetzt eben charakterisiert habe, Appetit, statt des Menschen-Ich in diese Gehirnteile hineinzukriechen. Und ein solches Medium wird dann der Träger derjenigen Wesenheiten, die eigentlich die Zivilisation in die Zukunft hinübertragen sollten. Also wenn sie irgendwo ein Gehirn erhaschen, diese Wesen, das nicht von seinem Ich bewohnt ist zu einer gewissen Zeit, dann bekommen diese Wesen ungeheuren Appetit, in dieses Gehirn unterzutauchen. Und wenn ein Medium in Trance ist, wie man sagt, wenn also das Gehirn ausgeschaltet ist, dann kriecht solch ein Wesen, das unter ahrimanischem Einflusse steht und die Zivilisation in zukünftige Zeiten hinübertragen sollte, in das Gehirn hinein, und ein solcher Mensch ist dann in dieser Zeit statt eines Menschen-Ich der Träger eines elementarischen Wesens, das im Kosmos seine Pflicht versäumt. Fassen Sie diesen Ausdruck nur ganz wörtlich auf: das im Kosmos seine Pflicht versäumt.

Die Pflicht eines solchen Wesens im Kosmos ist, zu sehen, wie die Menschen schreiben. Sie schreiben mit denjenigen Kräften, die in diesen Gehirnpartien, von denen ich eben jetzt spreche, verankert sind. Statt daß diese Wesen bloß zuschauen, wie sie es sonst immer machen müssen, geben sie acht, wo irgendwo ein mediales Gehirn ist, das ausgeschaltet werden kann. Dann kriechen sie herein und tragen dasjenige, was sie schon an Schreibkunst entwickelt haben durch Zuschauen, in die gegenwärtige Menschenwelt herein. So daß also solche Wesenheiten etwas, was sie eigentlich ihrer Aufgabe gemäß in die Zukunft hineintragen sollen, mit Hilfe von medialen Menschen in die Gegenwart hereinprojizieren. Darauf beruht der Mediumismus, daß undeutlich dasjenige, was in der Zukunft als Fähigkeiten ausgebildet werden soll, schon in der Gegenwart in einer chaotischen Weise ausgebildet wird. Daher das Prophetische des medialen Wesens, daher das Faszinierende. Es ist in der Tat etwas, was vollkommener arbeitet als der Mensch in der Gegenwart. Aber es ist hereingetragen durch Wesen in der Art, wie ich es Ihnen vorhin charakterisiert habe.

Geradeso wie die Belladonna medial ist für die Astralwelt – die Belladonna ist ein Medium für gewisse Astralkräfte, die sie in ihre Frucht hereinzieht –, so ist ein Menschenmedium durch sein besonderes Gehirn eben ein Medium für diese elementarischen Wesenheiten, die nun schon einmal an unserer Zivilisation Anteil haben müssen, weil die Menschen nicht alles von einem Erdenleben in das andere hinübertragen können. Das ist das eigentliche Mysterium des Mediumwesens: die Besessenheit durch diese bestimmten Wesen. Nun können Sie sich denken, diese Wesenheiten sind ja auf der einen Seite wirkliche Geschöpfe der ahrimanischen Wesenheiten. Die ahrimanischen Wesenheiten sind im Weltall vorhanden als Wesenheiten von einer die Menschheit weit überragenden Intelligenz. Sobald wir in der unmittelbar an der unsrigen anstoßenden Welt, oder auch, wenn wir das Schauen entwickeln, noch in dieser physischen Welt an die ahrimanischen Wesen herankommen, sind wir erstaunt über ihre ungeheure Intelligenz, über ihre überragende Intelligenz. Weit intelligenter sind sie, als irgendein Mensch es sein kann. In der Intelligenz sind sie wahrhafte Übermenschen. Und wir bekommen erst Respekt vor solchen Wesenheiten, wenn wir eben einsehen, wie unendlich intelligent sie sind.

Etwas von dieser Intelligenz geht dann über auf diese ihre Geschöpfe, diese Elementarwesen, die in Mediengehirne hineinkriechen, hinuntertauchen, so daß also allerlei Bedeutsames auf diesem Wege durch Medien herauskommen kann. Man kann allerlei Bedeutsames erfahren, insbesondere wenn man mit vollem, gut entwickeltem Bewußtsein hinschauen kann auf das, was solche Medien produzieren. Es ist nicht so, daß man, wenn man in richtigem Sinne die Konstitution, die Beschaffenheit der geistigen Welt versteht, ableugnet, daß durch Medien allerlei Richtiges herauskommen kann aus den geistigen Welten in die physische Welt herein. Wichtiges, Bedeutsames kann durch Medien erfahren werden; aber es ist kein richtiger Weg. Warum nicht?

Das können Sie eben gerade an solchen Pflanzen lernen, die Pflanzenmedien sind, Medien für gewisse astrale Kräfte, die sie zu Giftpflanzen machen. Man lernt, wie es sich mit diesen Dingen verhält, wiederum nur durch das gut entwickelte Bewußtsein kennen. Wie man das kennenlernt, möchte ich Ihnen auf folgende Weise schildern. Man liebt es mehr, anschaulich zu schildern, wenn es sich um die geistigen Welten handelt, als abstrakte Begriffe zu bilden.

Nehmen wir an, man tritt ein mit der Initiatenerkenntnis in jene Welt, in der nach ihrem Tode die Toten sind. Man folgt ihnen. Es ist ja wirklich so, daß man, wenn man so den Toten folgt, wie in eine ganz andere Welt zunächst eintritt. Ich habe sie zum Teil beschrieben. Ich habe Ihnen charakterisiert, wie sie einen viel wirklicheren Eindruck macht als diese unsere Welt, in der wir zwischen Geburt und Tod sind. Aber wenn man nun eintritt in diese Welt, fällt einem sogleich auf, was da außer dem, daß die toten Menschenseelen da sind, für merkwürdige Geschöpfe sind. Bald nachdem der Mensch gestorben ist, sieht man, wenn man ihm da folgt, unter den Menschenseelen, die gestorben sind, also auch um diejenigen Menschenseelen herum, die eben verstorben sind, merkwürdige dämonenartige Gestalten. Gerade am Eingange dieses Seelenlandes, das der Tote zu betreten hat, und das man mit einem gewissen hellseherischen Blick mit ihm betreten kann, sieht man dämonenhafte Gestalten, welche mächtig große – natürlich immer mit irdischen Verhältnissen verglichen, man kann ja, wenn man von groß und klein spricht, nur in Vergleichen sprechen –, welche mächtig groß entwickelte Schwimmfüße haben, wie die Enten, überhaupt wie die Schwimmtiere; mächtig entwickelte, aber sich fortwährend verwandelnde Schwimmfüße wie die Enten oder wie die Wildenten. Dann haben sie eine Form, die man etwa mit der Form des Känguruhs vergleichen könnte, aber halb vogelartig und halb säugetierartig, große, mächtige Wesen. Durch ganze weite Gebiete solcher Wesenheiten geht man durch, wenn man den Toten folgt. Und wenn man sich nun frägt: Wo sind diese Wesenheiten? – so müssen Sie sich nur richtig vorstellen, wie man über das Wo solcher Wesenheiten zu denken hat, wo sie sind. Sie sind immer um uns, denn wir stehen ja drinnen in derselben Welt, in der die Toten sind. Sie sind immer um uns, diese Wesenheiten, nur, sehen Sie, sind sie just in diesem Saale nicht. Da eben beginnt sozusagen der Weg einer wirklichen, ganz exakten geistigen Forschung.

Nehmen Sie das Folgende. Sie gehen über eine Wiese, in der im Herbste viele Pflanzen wachsen von der Art des Colchicum autumnale, der Herbstzeitlose. Jetzt gehen Sie da, finden überall die Herbstzeitlose. Versuchen Sie, in dem Momente, wo Sie mitten unter den

Herbstzeitlosen stehen, den Bewußtseinszustand hervorzurufen, in dem Sie dem Toten folgen können, so wie ich es geschildert habe, da sehen Sie, wie überall an der Stelle, wo eine Herbstzeitlose ist, das Wesen ist, das ich eben geschildert habe mit diesen Schwimmfüßen und mit diesem merkwürdigen, känguruhartigen Körper. Aus jeder Herbstzeitlose wird ein solches Wesen. Und begeben Sie sich in ein anderes Gebiet, wo die Belladonna, die schwarze Tollkirsche am Wege wächst, und versetzen Sie sich in den Bewußtseinszustand, von dem ich gesprochen habe, so treffen Sie dort ganz andere, furchtbar dämonische Wesenheiten, die nun auch aus der Welt sind, von der ich eben spreche. So daß man also sagen kann: Colchicum autumnale, Belladonna, sind Medien, welche die nächste Welt in sich hereinlassen und welche eigentlich mit ihrem anderen Wesen in der Welt der Toten sind.

Wenn Sie dies ins Auge fassen, so werden Sie sich sagen: Um uns herum ist überall auch dasjenige, was wir eine andere Welt nennen. Es kommt nur darauf an, daß wir mit unserem Bewußtsein hineinkommen, daß wir das Colchicum autumnale, die Belladonna, nicht bloß mit dem gewöhnlichen Alltagsbewußtsein sehen, sondern mit dem höheren Bewußtsein, wo sie im Totenreiche stehen. Die Belladonna sehen wir mit dem höheren Bewußtsein, wo sie im Totenreiche steht.

Nun können Sie folgendes sagen: Hier meinetwillen ist eine Wiese, darauf wachsen die Herbstzeitlosen. – Jetzt müssen Sie weit gehen, wenn Sie in der physischen Welt sind, vielleicht einen ganzen Berg hinauf, da oben sind die Sträucher, auf denen die Tollkirschen wachsen. Belladonna und Colchicum autumnale sind nicht nebeneinander in der physischen Welt. Aber in dieser geistigen Welt, die die nächste ist, von der ich spreche, sind sie nebeneinander. Der Raum hat eine ganz andere Anordnung. Was weit voneinander entfernt sein kann in der physischen Welt, kann ganz nebeneinander sein in der geistigen Welt. Die geistige Welt hat eben durchaus ihre ureigenen Gesetze. Alles ist da anders. Und nehmen Sie nun das, daß Sie diese Pflanzen – ich kann mich so ausdrücken – in der Welt der Toten antreffen. Wenn Sie in den ersten Zeiten den Toten folgen, dann haben die durchaus nicht den greulichen Eindruck, den der Mensch auf der Erde hat von diesen Pflanzen, sondern sie wissen, daß das im weisen Weltenplane begründet ist, daß diese Dämonengestalten da sind. Wenn Sie also zunächst im Seelenlande den Toten folgen, dann finden Sie das Seelenland besetzt mit den den Giftpflanzen entsprechenden Gestalten, Dämonengestalten, eben in der nächsten anderen Welt.

Kommen Sie weiter gegen die Gebiete, aus denen dann die Toten heraustreten nach zehn, zwanzig, dreißig Jahren, um in ein höheres Gebiet einzutreten, dann finden Sie da erst das Entsprechende für unsere nicht giftigen Pflanzen. Da finden Sie erst zum Beispiel Veilchen und dergleichen, was nicht giftig ist. So hat die Pflanzenwelt ihre Bedeutung hier in der physischen Welt und auch in der nächsten Welt. Nur sehen wir sie dort in anderen Formen. Dasjenige, was in wahrer Gestalt von mir geschildert worden ist im Sternengebiet, das spiegelt sich auf Erden in der Form, wie sie auf Erden eben eine Belladonna, ein Colchicum autumnale, wie sie das Veilchen hat; das spiegelt sich auch in der Welt, in die die Toten eintreten. Unmittelbar nach dem Tode spiegelt es sich so, wie ich es beschrieben habe. Alles wirkt auch auf die anderen Welten, was in einer Welt ist. Aber will man es seiner Wirklichkeit nach erkennen, dann muß man mit seinem Bewußtsein in seine ureigene Welt eintreten. So ist es aber auch für die Wesen dieser anderen Welten. Was diese Wesenheiten sind, diese Elementarwesen, die eigentlich Geschöpfe der ahrimanischen Herrscher sind, das kann man nur erkennen, wenn man eintritt in die nächste, an unsere heranstoßende Welt.

Nun aber kommen sie heraus durch die Medien, diese Wesenheiten, machen die Medien von sich besessen und treten damit vorübergehend in unsere Welt ein. Wenn wir also diese Wesenheiten nur durch ein Medium in unserer Welt kennenlernen, dann lernen wir sie eigentlich in einer Welt kennen, in der sie fremd sein sollten, können sie also nicht ihrer wahren Gestalt nach kennenlernen. So daß für denjenigen, der diese Wesenheiten, der ihre Offenbarungen nur durch Medien kennenlernt, gar keine Möglichkeit vorhanden ist, auf das Wahre zu kommen, weil sie sich ja in einer ihnen fremden Welt manifestieren. Es sind also unbedingt geistige Offenbarungen da; aber das Verstehen dieser geistigen Offenbarungen ist unmöglich, wenn man diese Wesenheiten nur in einer Welt kennenlernt, der sie gar nicht angehören. Das ist das Trügerische, das im höchsten Sinne Illusionäre alles dessen, was durch das mediale Bewußtsein in die Welt tritt, daß diejenigen, die diesen Wesenheiten entgegentreten, nicht wissen, von welcher Beschaffenheit eigentlich diese Wesenheiten sind.

Diese Wesenheiten haben nun auch dadurch, daß sie auf diese Art in die Welt hereinkommen, ein ganz besonderes Schicksal. Denn sehen Sie, man lernt noch anderes kennen, wenn man so die Welt kennenlernt, wie ich es beschrieben habe. Tritt man in die Welt der Toten ein, geht da durch den Dämonenwald von Colchicum autumnale, von Belladonna, Digitalis purpurea, Datura stramonium und so weiter, geht man durch dieses ganze Gebiet, dann merkt man: Veilchen, sie werden sich umwandeln, sie werden in der Zukunft ganz andere Gestalten tragen. Sie haben eine Bedeutung für die Zukunft des Kosmos. Colchicum autumnale nimmt Teil seinem Wesen nach an dem Tod, für den es bestimmt ist. Es sind sterbende Pflanzen, die Giftpflanzen, absterbende Pflanzen, die nicht hineinragen in zukünftige Gestaltungen. In zukünftigen Epochen werden wiederum andere Giftwesen da sein. Aber diejenigen Wesen, die heute Giftwesen sind, sterben ab in unserer Epoche. Die Epoche dauert natürlich lange, aber sie [diese Giftpflanzen] tragen in sich die Impulse des Todes. Und das breitet sich auch aus über alle Vegetation. Man schaut in der Vegetation, wenn man mit diesem Blicke schaut, Aufgehendes, sich Entwickelndes, in die Zukunft hin Impulsierendes; Absterbendes, sich mit dem Tode Verbindendes.

Und so ist es mit den Wesenheiten, welche die Medien von sich besessen machen. Sie gliedern sich gewissermaßen ab von ihren Genossen, die die Aufgabe haben, das Gegenwärtige in weite Zukünfte hinüberzutragen, sie dringen herein durch die Medien in diese gegenwärtige Welt, verbinden sich da aber auch mit dem Schicksal des Irdischen und verlieren ihre Zukunftsaufgabe.

Damit aber berauben sie den Menschen in einem hohen Sinne seiner Zukunftsaufgabe. Und das ist es, was man unmittelbar vor sich hat, wenn man das mediale Wesen wirklich kennenlernt. Die Zukunft soll sterben – so spricht eigentlich das mediale Wesen –, die Gegenwart soll alles sein. Und daher ist man auch, wenn man mit wirklichem Einblick in die Tatsachen und in das Wesenhafte der Welt zu einer spiritistischen Sitzung kommt, zunächst frappiert darüber, wie all das, was da im Kreise sitzt und teilnimmt an einer spiritistischen Manifestation, umgeben ist von demjenigen, was einem in Form von Giftpflanzen erscheint. Jede spiritistische Sitzung ist eigentlich eingerahmt von einem Garten von Giftpflanzen, die nun nicht so sind wie in der Welt der Toten, die aber herumwachsen um die spiritistische Gemeinschaft, und aus deren Blüten und Früchten Dämonen sich herauserheben.

Das ist es, was derjenige, der hineinschaut in die anderen Welten, durchmacht bei einer spiritistischen Sitzung. Er geht eigentlich zumeist durch einen Hag, durch einen Weltenhag, der die spiritistische Gemeinschaft umgibt, von Giftpflanzen, die aber in sich beweglich sind, wie lebendig sind, etwas Tierhaftes haben. Man erkennt nur noch an ihren Formen, daß sie Giftpflanzen sind. Man kann aber gerade daraus sehen, wie stark das, was in dieser medialen Form arbeitet, das, was fortfließen sollte im Lauf der Menschheitsentwickelung, in der Zukunft fruchtbar werden sollte, wie das hereingebannt wird in die Gegenwart, in die es nicht gehört, und in der Gegenwart eben zum Schaden der Menschheit entwickelt wird. Das ist das innere Mysterium des medialen Wesens, das wir hier im Verlaufe dieser Vorträge kennenlernen sollen.

Das innere Mysterium des medialen Wesens

Man kann nun ganz genau, ganz exakt angeben, wo im Mediumwesen sozusagen der schwierige Punkt der Menschheitskonstitution liegt. Da werde ich Ihnen eine etwas abstrakt erscheinende Auseinandersetzung machen müssen, allein Sie werden gerade dadurch in das Wesen des Mediumistischen ein wenig hineinschauen.

Sehen Sie, das menschliche Gehirn, wie es in der Schädelhöhlung enthalten ist, hat ein Gewicht von etwa durchschnittlich tausendfünfhundert oder etwas mehr Gramm. Das ist eigentlich eine bedeutende Schwere. Und es ist so, daß, wenn dieses menschliche Gehirn mit seiner eigenen Schwere auf die feinen Adern im Kopfe drücken würde, die unter ihm sind, es diese Adern sofort zerquetschen würde. Wir Menschen gehen, je nachdem wie alt wir werden, kürzer oder länger durch die Welt, und unser Gehirn wirkt nicht mit seiner Schwere, mit seinem Gewicht auf das Adernsystem, das darunter ist. Man versteht diese Sache sofort, wenn man sie in der richtigen Art auffaßt.

Nehmen Sie den Menschen so, wie er konstruiert ist, ich will es ganz schematisch zeichnen. Sie sehen dann, daß des Menschen Rückenmarkskanal hinaufgeht und sich im Gehirn verbreitert (rot). Die ganze Anordnung ist so, daß der Rückenmarkskanal, mit Ausnahme einiger Partien, die nicht fest, die nur halbfest sind, durch Flüssigkeit ausgefüllt ist. In dieser Flüssigkeit schwimmt eigentlich das Gehirn. Das Gehirn des Menschen schwimmt in der Gehirnflüssigkeit (lila). Nun gibt es so etwas wie das archimedische Prinzip. Sie werden es kennengelernt haben in Ihrem Physikunterricht. Dieses archimedische Prinzip rührt her von dem alten Weisen *Archimedes,* von dem ja erzählt wird, daß er dieses Prinzip durch seine Genialität gefunden habe, als er im Bade war. Er hat das naheliegende Experiment gemacht, als er im Bade war: mit dem ganzen Körper ist er drinnen geblieben, die Beine hat er immer abwechselnd herausgestreckt aus dem Bad, und dadurch hat er bemerkt, daß, je nachdem die Beine drinnen im Wasser oder draußen sind, sie für ihn ein verschiedenes Gewicht haben. Sie sind schwer, wenn sie draußen sind; gleich verlieren sie von ihrem Gewichte, wenn sie drinnen sind im Wasser. Das war für so einen Archimedes etwas ganz anderes, als für einen gewöhnlichen Menschen. Ein gewöhnlicher Mensch spielt da halt herum. Der Archimedes aber machte ein große, gewaltige Entdeckung. «Heureka!» Ich hab's gefunden! – Denn er hat dabei gefunden, daß jeder Körper, der in einem anderen, in einem Medium schwimmt, also in einer Flüssigkeit schwimmt, in dieser Flüssigkeit so viel von seiner Schwere verliert, wie das Gewicht der Flüssigkeit beträgt, die er verdrängt.

Stellen wir uns ein Gefäß, das mit Wasser angefüllt ist, vor. Ich gebe da hinein einen festen Körper. Wenn ich den Körper dadurch, daß ich ihn aufhänge, wägbar mache, dann kann ich genau herausfinden, der Körper wird im Wasser leichter, er wiegt weniger, als er draußen wiegt. Und zwar, wenn Sie sich einen Wasserkörper vorstellen würden von derselben Größe, so wiegt der doch als Wasserkörper auch etwas. So viel der wiegt, so viel müssen Sie abziehen von dem Gewicht dieses Körpers, wenn der Körper im Wasser ist. Der Körper verliert im Wasser so viel von seinem Gewicht, als das Gewicht eines gleich großen Wasserkörpers beträgt. Das ist das archimedische Prinzip.

Dieses archimedische Prinzip kommt uns als Menschen in unserer Konstitution sehr zugute; denn das Gehirn schwimmt in der Gehirnflüssigkeit, verliert also so viel von seinem Gewichte, wie das Gewicht der Gehirnflüssigkeit beträgt, die ebenso groß ist wie das Gehirn. So ist unser Gehirn, wenn wir es in uns tragen, nicht tausendfünfhundert Gramm schwer, sondern es verliert so viel, wie ein Wassergehirn betragen würde, es verliert tausendvierhundertachtzig Gramm und bleibt nur etwa zwanzig Gramm schwer. Wir tragen also in Wirklichkeit nicht ein Gehirn in uns von tausendfünfhundert Gramm, sondern nur von zwanzig Gramm. Das andere geht dadurch verloren, daß das Gehirn im Gehirnwasser schwimmt nach dem archimedischen Prinzip. Da haben wir also etwas in unserer Organisation, das eigentlich viel leichter ist, als es ist. Wir tragen das Gehirn nur mit zwanzig Gramm in uns. Aber just auf diese zwanzig Gramm, die noch Gewicht haben, müssen wir sehr achtgeben. Denn diese zwanzig Gramm, die sind allein befähigt, unser Ich aufzunehmen. Alles übrige von uns haben wir woanders.

Nun ist aber der ganze Körper mit allerlei festen Bestandteilen ausgefüllt, die auch in Flüssigkeit schwimmen, zum Beispiel die Blutkörperchen. Die verlieren alle von ihrem Gewicht, nur das, was bleibt noch an Gewicht, da ist das Ich auch drinnen, so daß das Ich im Blut ausgebreitet ist, aber nicht mit der Schwere des Gewichtes des Blutes. Auf alles das müssen wir achtgeben, auf alles das, was noch merkbares Gewicht enthält, wenn wir herumgehen. Ja, meine sehr verehrten Anwesenden, Sie müssen alle furchtbar achtgeben auf dasjenige, was da sitzt (siehe Zeichnung: Gehirn) und noch schwer ist im ureigentlichen Sinne. Denn dadrinnen, da darf Ihr Ich sein. Sonst darf es nirgends sein, sonst muß überall astralischer Leib, Ätherleib und so weiter sein.

Das Medium ist nun ein Mensch, bei dem dieser Schwerebestandteil seiner Konstitution, also die zwanzig Gramm Gehirn, nicht mehr das Ich enthält. Aus der Schwere, aus dem Gewichte ist das Ich herausgetrieben. Da können sogleich in diese Teile diejenigen Wesen hinein, von denen ich gesprochen habe.

Nun sehen Sie auch etwas Besonderes an dem, was ich da darstelle. Die materialistische Denkweise möchte überall Lokalitäten aufweisen. Sie frägt: Ja, wo ist denn der Teil des Menschen, wo das Elementarwesen Platz nimmt, wenn es sich des Mediums bemächtigt? So spricht man nicht über diese Dinge, so spricht nur der materialistische Verstand. So spricht derjenige, der mechanisch denkt und mathematisch denkt. Aber das Leben geht nicht mathematisch und mechanisch vor sich, sondern dynamisch. Man muß also nicht sagen: Das Medium ist besessen da oder dort, rein mathematisch oder geometrisch lokalisiert –, sondern man muß sagen: Das Medium ist besessen in dem Teile, der schwer bleibt in ihm, in dem Teile, der zur Erde hinunterzieht. – Da können die ahrimanischen Wesen hinein. Und nicht nur da, sondern auch noch woanders. Sehen Sie, das ist ja nur das Gröbste der Sache, was ich Ihnen hier exakt dargelegt habe, das Allergröbste. Es gibt ein Feineres.

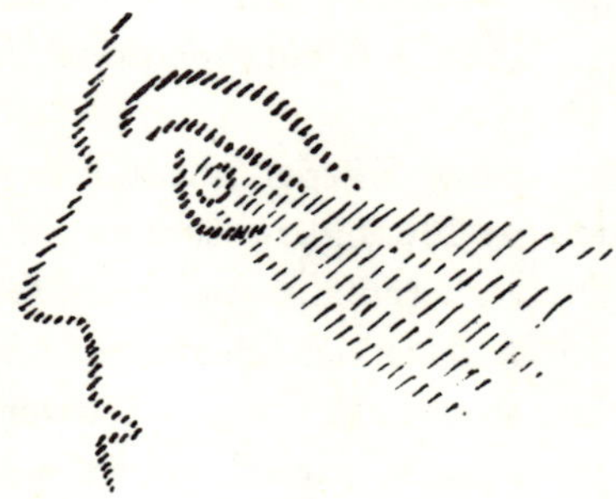

Wie sehen wir auf dem physischen Plane? Da haben wir unser Auge (siehe Zeichnung). Vom Auge geht der Sehnerv nach rückwärts nach dem Gehirn zu. Der Sehnerv breitet sich im Auge aus, geht nach dem Gehirn zu. Der Sehnerv behält die Grundlage der Farbenempfindung. Nun denken die Materialisten darüber nach, wie der Sehnerv die Farben da ins Gehirn hineinträgt und die Farben da auslädt. Denn die Materialisten stellen sich ja alles so vor wie eine Schiffs- oder Eisenbahnladung. Es wird da außen im Sinnesorgan etwas aufgeladen, wird verfrachtet in den Nerven; da wird es irgendwo ausgeladen, geht in die Seele hinein – nun, so grob nicht, aber es kommt auf das hinaus. Es ist aber ganz und gar anders! Die Sache ist so, daß der Sehnerv gar nicht dazu da ist, die Farbenempfindung nach rückwärts zurück zum Gehirn zu tragen, sondern daß er dazu da ist, sie an einem bestimmten Punkte auszulöschen. Die Farbe sitzt nur außen an der Peripherie. Der Sehnerv ist berufen, die Farbe auszulöschen, je weiter Sie nach innen kommen, so daß das Gehirn möglichst farblos ist, so daß nur ganz schwache, verschwindende Farben ins Gehirn hineinkommen. Nicht nur die Farbe wird ausgelöscht, sondern auch jedes Verhältnis zur äußeren Welt wird im Gehirn ausgelöscht. Hören, Sehen ist in den Sinnen. Gegen das Gehirn hin löschen Sehnerven, Gehörnerven,

Wärmenerven alles dasjenige, was Sie an der Peripherie haben, bis zu einem schwachen Schatten aus. Der schwache Schatten ist in ebendemselben Verhältnis zu dem Empfinden, wie die zwanzig Gramm zu den tausendfünfhundert Gramm. Die zwanzig Gramm, das ist ja auch nur ein Schatten des Gehirngewichtes.

So wenig ist das, was wir da noch haben. Wenn wir ein mächtiges, gigantisches Morgenrot haben, das in unseren Sinnen ruht, so haben wir hinten im Gehirn einen schwachen Schatten davon. Auf diesen schwachen Schatten, auf den müssen wir wieder achtgeben, denn da nur darf unser Ich hinein. In dem Augenblicke, in dem unser Ich ausgeschaltet ist, in dem wir medial werden, kriecht sofort ein solches elementarisches Wesen, wie ich es geschildert habe, in diesen schwachen Schatten hinein oder in die schwachen Töne, die aus dem Hören kommen und so weiter. In all das, wo das Ich hineingehört, wo die äußere Sinnesempfindung ausgelöscht ist, da kriecht dieses Wesen hinein, da macht es das Medium von sich besessen. Und es kriecht dann bis in die Verzweigung der Nerven, bis in die Willensgestaltung hinein, das heißt bis in jene Nerven, die in die Willensgestaltung gehen. Es kommt das heraus, daß das Medium anfängt, aktiv zu werden, weil ergriffen ist dasjenige in ihm, was nur vom Ich des Menschen ergriffen sein soll. Der Rest des Gehirngewichtes, der Rest der Farbenempfindung, der Gehörempfindung, all dieses feine Schattenhafte, das uns wie ein Phantom ausfüllt – denn dieses zwanzig Gramm Schwere ist nur ein Phantom, diese schwachen Schatten von den Farben, die in das Innere gehen, sind phantomhaft –, in das taucht dieses Elementarwesen unter, und dann wird der Mensch so im ganzen, daß er vollständig ruhig mit seinem Körper daliegt, lethargisch, und all das wird in ihm tätig, was eigentlich vom Ich ausgefüllt sein soll in den schwachen, phantomhaften Schatten [Lücke], die sonst eben vom Ich ausgefüllt sind.

Sehen Sie sich also das Medium an. Das Medium kann nur dadurch Medium sein, daß es alles in Lethargie, in absolute Trägheit zurücksinken läßt, was benutzt wird von dem normalen Menschen, und daß tätig wird dieses Phantom, das ich geschildert habe. Das können Sie zum Beispiel an der Art beobachten, wie das Medium schreibt. Es könnte natürlich auch nicht schreiben, wenn nicht dadrinnen ebenso wie im Gehirn alles leichter würde; denn alles Schwere schwimmt in einer Flüssigkeit, wird in dem Gefühl, in der Empfindung leicht, und es schreibt da in dem, worinnen, als in dem Leichten, das Ich sonst die Feder führt. Da führt in diesem Menschenphantom dann das Elementarwesen die Feder beim Medium.

Sie sehen, es ist also tatsächlich, wenn das Medium so dasitzt oder in irgendeiner anderen Weise sich manifestiert, das Hereinragen einer anderen Welt. So wie in die Bewegungen des Mediums die Wesen der anderen Welt, diese ahrimanischen Wesenheiten hereinragen können, so auch in die Ausstrahlungen, in alle Ausstrahlungen, die ich gestern beschrieben habe. Und es sind ja immer, namentlich in den Gegenden der menschlichen Organisation, wo Drüsen sind, mächtige Flüssigkeitsausstrahlungen vorhanden. Also in die Flüssigkeitsausstrahlungen, in die dringen dann wiederum solche Wesen der elementarischen Welt ein, ebenso in die Atmungsausstrahlungen, in die Lichtausstrahlungen. Nur dann, wenn die chemischen Ausstrahlungen kommen, dann ist ein bewußter Verkehr vorhanden zwischen dem, der diese chemischen Ausstrahlungen benützt, und diesen Wesenheiten, die in diese chemischen Ausstrahlungen hereinkommen. Da beginnt dann eben, wie ich schon gestern charakterisiert habe, die schwarze Magie, das bewußte Arbeiten mit den Wesenheiten, die auf die Art hereinkommen, wie ich es beschrieben habe.

Beim Medium, und in der Regel auch bei demjenigen, der mit dem Medium experimentiert, ist ja eigentlich Unbewußtheit vorhanden über die eigentlichen Vorgänge. Beim schwarzen Magier tritt meistens eine volle Bewußtheit darüber auf, daß er sich in die chemischen Ausstrahlungen von Menschenwesenheiten, meistens in seine eigenen, hereinruft diese Wesenheiten der elementarischen Welt. Der schwarze Magier ist also eigentlich immer umgeben von einer Schar von Dienern, die in solchen Elementarwesen bestehen, und denen er entweder durch seine eigenen Ausstrahlungen oder durch Räucherungen, die er in seinem Laboratorium vollbringt, die Möglichkeit gibt, die okkult-chemischen Impulse hier in dieser physisch-sinnlichen Welt zu benutzen.

Das führt uns eben hinein in die Erkenntnis: Geradeso wie die Belladonna hinaufwächst in eine Welt, in die sie nicht hineingehört und dadurch giftig wird, so wächst die geistige Welt durch das Mediumwesen in unsere Welt hier herein, die wir bewohnen zwischen Geburt und Tod. – Aber im Grunde genommen ist die Gefahr, daß diese geistige Welt in ähnlicher Weise hereinwächst, wie wir es bei der Belladonna beschrieben haben, jedesmal vorhanden, wo der Bewußtseinszustand, das heißt die Ich-Erfüllung, im Menschen unterdrückt wird, wo der Mensch also in einem benommenen, ohnmachtähnlichen Zustande ist oder in einer wirklichen Ohnmacht.

Jedesmal, wenn das Bewußtsein des Menschen nicht durch den normalen Schlaf, sondern durch etwas anderes herabgedämmert ist, ist die Gefahr vorhanden, daß da ein Fenster sich öffnet für die Welt, die ich jetzt beschrieben habe. Und inwiefern das im Menschenleben eine ungeheuer bedeutsame Rolle spielt, daß sich solche Fenster durch die herabgedämpften Bewußtseine der Menschen eröffnen, das wollen wir dann morgen und in den nächsten Vorträgen weiterhören.

NEUNTER VORTRAG

Torquay, 20. August 1924

Abnorme Wege in die geistige Welt und deren Umwandlung

Die Benutzung naturwissenschaftlicher Vorstellungen für den Erkenntnisweg

Sie haben gesehen, wie in diesen Betrachtungen von der Erforschung eines Zustandes im gewöhnlichen heutigen Leben, von der Erforschung des Traumlebens ausgegangen worden ist, wie dann vorgedrungen werden konnte von da aus zu der Auseinandersetzung über andere Bewußtseinszustände in der menschlichen Seele, die fähig sind, in andere Welten einzudringen, als die ist, die wir zwischen Geburt und Tod durchleben. Sie haben gesehen, daß wir bei dem medialen Bewußtsein gelandet sind, bei demjenigen Bewußtsein, das den Menschen, ich kann auch sagen, in einen somnambulen Zustand führt, denn der mediale Zustand ist immer ein somnambuler. Nun, beide Erlebnisarten, das Traumerleben und das somnambule Erleben, sind ja innere Zustände der Seele, die in ihrer richtigen Art auch im normalen Leben durchaus vorhanden sind und die nur, wenn sie verstärkt werden, entweder ins richtige oder ins falsche Fahrwasser führen.

Betrachten wir heute das Traumleben noch einmal. Wir haben gesehen, daß der Mensch des gewöhnlichen Bewußtseins Träume erlebt, wenn er aus dem Wachzustand in den Schlafzustand hinüberrückt, und in seinem astralischen Leibe dasjenige nachzittert, was er durchmacht in seinem Ätherleibe und in seinem physischen Leibe während des Wachzustandes. Da kommen dann die chaotischen, zwar wunderbaren Traumerlebnisse, deren Deutung aber dennoch nur richtig dem Initiaten möglich ist, weil sie in ihrem gewöhnlichen chaotischen Zustande den, der nicht tiefer in das Wesen der geistigen Welt eindringt, konfus machen.

Aber wir haben auch gesehen, wie durch meditative und konzentrative Übungen dieses Gespinst des Traumlebens von einem wirklichen höheren Bewußtsein durchwoben wird. Sie müssen sich also vorstellen den Menschen, versetzt in die wunderbare chaotische Welt der Träume, aber dieses Traumleben durchströmt von Bewußtheit, so daß man so besonnen ist darüber und auch so in der Realität darinnen ist, wie man es im gewöhnlichen Leben ist. Dann schaut man in eine andere Welt, eben in die Welt, die ich Ihnen angeführt habe, wo man die Toten noch nach ihrem Tode begleiten kann. Und man fühlt sich wie auseinandergebreitet in einer viel realeren Welt als in derjenigen, in der man gegenwärtig ist. Nun ist die Frage diese: In welche Welt kommt man eigentlich? Auch darüber habe ich schon gesprochen; ich will jetzt nur von einem anderen Gesichtspunkte die Sache noch einmal berühren.

Mit den Menschen der Erde lebten einmal, so sagte ich, große Menschheitslehrer, welche nicht in physischen Körpern, sondern nur in feinen ätherischen Körpern waren, die allerdings in Luft sich verkörpern konnten, welche auf dem Wege der Inspiration die Menschen unterrichteten und die Urkultur auf der Erde begründeten. Mit dem entsprechenden Bewußtseinszustande zurückgeschaut in alte Zeiten, findet man diese großen geistigen Urlehrer der Menschheit unter Menschen wandeln. Diese großen Menschheitslehrer haben sich zurückgezogen nach dem Monde, sind heute nur in der Mondensphäre zu finden, haben sich dort allerlei Wesen, die niemals auf die Erde gekommen sind, dienstbar gemacht, leben unter solchen Elementarwesenheiten, und sie wirken namentlich dann, wenn der Mensch durch die Pforte des Todes gegangen ist, auf den Menschen, ihm begreiflich machend, wie er sich seinem Karma gemäß zu verhalten hat. Mit diesen Wesen hat man es ja auch zu tun, wenn man zunächst in die geistige Welt eindringen will. So wie man das Erdenleben nur mit Menschen, in Gesellschaft, in sozialem Zusammensein mit Menschen vollziehen kann, so kann man ja auch das Leben in höherer Erkenntnis nur mit anderen Wesen zusammen vollziehen. Und mit diesen Wesen, mit diesen Mondenwesen, die, ich möchte sagen aus Erdenwesen, aus diesen Urlehrern der Menschheit geworden sind, und mit denjenigen

Wesenheiten zusammen, welche sie sich dienstbar gemacht haben, erforscht man die zunächst an die unsrige Welt anstoßende Geisteswelt.

Man findet dann in dieser Welt auch immer die Anhaltspunkte dafür, frühere Inkarnationen von Menschen kennenzulernen, zurückzugehen in frühere Erdenzeiten, um Persönlichkeiten aufzufinden, die früher gelebt haben, mit denen man entweder karmisch verbunden war oder auch nicht. Ich habe Ihnen als Beispiel dafür angeführt, wie man so allmählich in Zusammenhang kommt mit solchen Erdenwesen, die heute nicht auf der Erde verkörpert sind, *Brunetto Latini, Dante, Alanus ab Insulis* und anderen Persönlichkeiten, dadurch, daß man in diesem Bewußtseinszustande weiter vorgeht. Dieser Bewußtseinszustand ist also eine Erhellung, eine Durchleuchtung des Traumzustandes. Der Traumzustand ist sozusagen das Rudiment des gewöhnlichen Lebens für diesen Zustand. Was ist nun der Unterschied zwischen dem Menschen in dem gewöhnlichen Bewußtsein und dem Initiaten? Diesen Unterschied können Sie sich sehr leicht klarmachen.

Wenn der Mensch gewöhnlich schläft, so hat er seinen physischen Leib und seinen Ätherleib im Bette; er ist mit seinem astralischen Leib und mit seinem Ich außer dem physischen und dem Ätherleib. Im Traum erlebt nun nur das Ich. Zwar sind die Vorgänge, die im Traum erlebt werden, im astralischen Leibe, der noch außerhalb des physischen und des Ätherleibes ist; aber erleben kann für das gewöhnliche Bewußtsein im Traume nur das Ich. Beim Initiaten erlebt das Ich und vor allen Dingen der astralische Leib. So daß also der Unterschied zwischen dem gewöhnlichen Träumer und dem Initiaten der ist, daß der gewöhnliche Träumer, wenn er außerhalb seines physischen und seines Ätherleibes ist, nur mit seinem Ich erlebt; der Initiat erlebt auch mit dem Astralleib.

Nun, diese Art wahrzunehmen, sie ist vor allen Dingen schon in den alten Mysterien zur Erforschung der übersinnlichen Welten stark ausgebildet worden. Sie ist dann rudimentär, dekadent weitergebildet worden durch das Mittelalter und die neuere Zeit, bis sie sich in der allerneuesten Zeit mehr oder weniger verloren hat. Einzelne Menschen haben immer dadurch, daß sie auf irgendeine Weise, sei es auf geistige Weise, sei es durch Tradition, von den alten Lehrern in den Mysterien Kunde erhalten haben, wie man das gewöhnliche Traumleben durchleuchtet mit Bewußtsein, einzelne Menschen haben immer eine Möglichkeit gehabt, in die Welten einzudringen, in die man eben auf diese Weise eindringen kann. Es ist immer eine Gefahr vorhanden für den Menschen, wenn er in diese Welten eindringen will. Denn in diesen Welten hat der Initiat zum Beispiel sofort das Gefühl, wenn er mit der imaginativen Erkenntnis da untertaucht in das, was sonst durch die Träume ausgefüllt ist, daß er die Welt verliert, daß er mit seinem Bewußtsein sozusagen ins Leere sich verliert. Er hat immer das Gefühl, fester Boden geht im fort, Gewicht, Schwere geht ihm fort. Er fühlt, wie er innerlich leicht wird, wie er ohne seinen Willen hinausgetragen wird in geistige Weltenfernen, wie er leicht die Beherrschung über sich verlieren kann, weil alle Schwere, alles Gewicht verlorengeht.

Damit das nicht der Fall ist, dazu sind eben die Übungen da, die in meinem Buche «Wie erlangt man Erkenntnisse der höheren Welten?» beschrieben sind. Wer sich diesen Übungen in der richtigen Weise hingibt, wird finden, daß er ein seelisch beflügeltes Wesen wird, das sich dann, wenn die Schwere, das Gewicht aufhört, gewissermaßen seelischer Flügel bedienen kann. Das ist aber eben gerade der bedenkliche Zustand, wenn man als Initiat sozusagen seine Füße verliert und noch nicht die Flügel hat, wenn man die physischen Füße und die ätherischen Füße verliert und noch nicht die astralischen und Ich-Flügel hat. Sie verstehen, wenn ich das bildlich ausdrücke, was damit gemeint ist. Aber es ist so. Bei sorgfältigem Hineinwachsen in die Welt, die man da betritt durch die Übungen, ist natürlich jede Gefahr beseitigt, kann keine Gefahr eintreten. Der Mensch kann allmählich in diese Welt hineinwachsen, wie er durch seinen physischen und Ätherleib in die gewöhnliche physische Welt hineinwächst.

Dies ist aber zugleich ein Zustand, in dem die Urmenschheit mehr oder weniger durch natürliche Verhältnisse war. Wir müssen diesen Zustand durch Übungen erreichen. Die Urmenschheit brauchte das nicht. Die Urmenschheit hatte natürliche Anlagen, wodurch immer ein Zustand vorhanden war, der nicht unser Wachen darstellt, sondern ein geistiges Schauen, wie ich es bei den Chaldäern beschrieben habe, und ein Zustand, der auch nicht unser Träumen darstellt, sondern ein Wahrnehmen im Imaginieren ist. Ein Mensch begegnete dem anderen. Er sah ihn nicht bloß in bezug auf seine leiblichen Konturen, sondern er träumte um ihn herum die Aura. Aber das war die wirkliche Aura, nicht eine bloß subjektiv erträumte.

Dann wiederum, wenn er diese Gabe hatte, an einem Erdenmenschen, der im physischen Leibe ist, die Aura zu schauen, dann hatte er auch die andere Fähigkeit – denn beide sind miteinander verbunden –, nun die Aura eines geistigen Wesens zu schauen, das nicht im physischen Leibe verkörpert ist. Und dann träumte er die Gestalt dieses geistigen Wesens. Merken Sie den Unterschied: Begegnete man in alten Zeiten einem Menschen, einem Erdenmenschen, so sah man den Erdenmenschen und imaginierte um ihn herum in einem realen Traum die Aura. Begegnete man einem Geistwesen, einem Engel- oder Elementarwesen, so sah man von vornherein die Aura geistig und träumte dazu die Gestalt.

So haben die Urmaler auch gemalt. Nur weiß man das noch nicht. Die Urmaler sahen die geistigen Wesenheiten, träumten dazu die Gestalten, malten ziemlich menschenähnlich noch die Wesen aus der Hierarchie der Angeloi, malten mit verschwimmendem Leibe, aber mit deutlichen Flügeln und noch mit Haupt die Archangeloi, und nur das Haupt, das geflügelte Haupt malten sie, weil sie es träumten, bei den Archai. Alle diese Dinge waren sozusagen dem alten Menschen, dem Urmenschen ganz natürlich, wie es uns heute natürlich ist, daß wir beim anderen die Nase und die Augen sehen. Heute müssen sie, weil sie allmählich in der Menschheit verlorengegangen sind, durch Übungen wiederum errungen werden. Aber es hat daher, weil das der Urmenschheit eigen war, und weil es verhältnismäßig leicht durch Übungen immer wieder zu erringen war, dieses Gebiet viel Forschung im Laufe der Zeit gefunden. Man hat die Welt, welche sozusagen von den Mondenwesenheiten regiert wird, immer mit einem großen Eifer durchforscht, und die Initiaten der alten Mysterien, die auf diesem Gebiete die richtigen Forscher waren, sprechen viel gerade von dieser Welt, von ihren Begegnungen mit Toten nach dem Tode, von ihrer

Erforschung der Mondensphäre. Und dann geben sie Perspektiven, wie von der Mondensphäre aus die Welt sich ausnimmt.

Kopernikus hat ja eben nur von der Erdensphäre aus sein kopernikanisches System begründet. Das alte ptolemäische System ist nicht falsch, sondern es ist nur von der Mondensphäre aus gesehen, und da ist es richtig. Nun ist ein Eigentümliches bei diesen Forschern, was man immer findet. Das ist, daß sie nicht weitergehen als bis zu dieser Mondensphäre.

Sehen Sie, es ist ja Ihnen wohl allen bekannt, daß dasjenige, was man Anthroposophische Gesellschaft nennt, zuerst drinnengestanden hat in der Theosophischen Gesellschaft. Die Theosophische Gesellschaft, die eine ähnliche Gesellschaft ist, wie es im Laufe der Zeiten viele gegeben hat von der Art, sie hat eine reiche Literatur. Wenn Sie diese Literatur nachlesen, meine verehrten Anwesenden, dann werden Sie finden, daß – richtig oder unrichtig, darauf kommt es jetzt nicht an – die Welt beschrieben ist, von der ich eben spreche, die Welt, die man mit den Mondenwesenheiten durchforscht, die Welt der Mondensphäre. Und es hatte da für mich etwas Bedeutsames, möchte ich sagen, etwas, womit zunächst Störungen verbunden waren, als ich den Antrag bekam, in der Theosophischen Gesellschaft zu wirken. Es bestand darinnen, daß ich bei all denen, die in der Theosophischen Gesellschaft standen, eigentlich nur Forschungen und eine Literatur vorfand, die sich auf diese Mondensphäre bezog. Da ist gewiß vieles Unrichtige, aber es ist auch vieles außerordentlich Bedeutsame, Großartige, Gewaltige, namentlich in den Schriften der *Blavatsky*. Aber alles, was in den Schriften der Blavatsky sich vorfindet, ist so, wie es ist, aus dem Grunde, weil sie eben in der Sphäre drinnen stand, die ich soeben beschrieben habe, und weil sie ihren Zusammenhang hatte mit Initiaten, die sich bescheiden in dieser Mondensphäre hielten. Nun, ich kann ja sagen, ich habe manchen solchen Initiaten kennengelernt, kennengelernt, wie solche Geister vordringen in die Mondensphäre, und wie sie uninteressiert werden, wenn man weiterkommen will.

Wenn ich also – es ist das ja in den Jahren 1906 bis 1909 geschehen – in meinem Buche «Geheimwissenschaft im Umriß» beschrieben habe die Erde in ihrer früheren Inkorporation Mond, in ihrer früheren

Inkorporation Sonne, in ihrer früheren Inkorporation Saturn, so finden Sie, daß ich da nicht bei der Mondeninkorporation Halt gemacht habe, sondern weitergegangen bin, zurück bis zum Saturn; wogegen alle die Initiaten, die von diesen Dingen sprachen, Halt machten zwischen Mond und Sonne, eigentlich nur zurückgingen bis zur Mondensphäre. Sie wurden uninteressiert, sogar zuweilen unruhig, wenn man an sie die Zumutung stellte, da weiter zurückzudringen. Das kann man nicht, sagten sie, da kommt man an eine Grenze, wo ein Schleier ist, über den man nicht hinauskommt.

Es war natürlich außerordentlich wichtig und auch interessant, zu sehen, woran das liegt. Sehen Sie, das liegt daran, daß solche Initiaten – wenn man sie gut kennenlernte, bemerkte man das bald – einen Widerwillen hatten, eine Antipathie hatten gegen das Kennenlernen derjenigen Vorstellungsformen, welche sich auf die neuere Naturwissenschaft beziehen. Man konnte sogar die Erfahrung machen, wenn man Vorstellungen, wie sie im Darwinismus, Haeckelismus und so weiter leben, an diese Initiaten heranbrachte, daß sie ganz unwillig wurden, das als kindisch, als tölpelhaft von dem modernen Menschen betrachteten, und sich nicht damit befassen wollten. Brachte man Goethesche Vorstellungen an sie heran, dann waren sie anfangs nicht so unwillig, aber sie fanden doch, der drückt sich auch so aus, wie sich ein Naturforscher der neueren Zeit ausdrückt. Und dann schmissen sie die Sache auch weg.

Kurz, man kam mit diesen Vorstellungen an diese Initiaten gar nicht heran. Und erst als ich in diesen Jahren 1906 bis 1909 einfach die modernen naturwissenschaftlichen Vorstellungen der Seele imprägnierte, um sie in die Region zu bringen, wo sonst die Imaginationen sitzen, war es mir möglich, vorzudringen bis Sonne und Saturn. Ich benutzte also diese naturwissenschaftlichen Vorstellungen nicht, um mit ihnen so zu erkennen, wie *Haeckel* oder *Huxley* erkannten, sondern ich benutzte sie als innerliche Aktivität, um über diese Begrenzung hinauszukommen, der die Initiaten in der Zeit unterlagen, als eine neuere naturwissenschaftliche Denkungsart noch nicht vorhanden war, und man daher nur innerlich durch Imprägnieren der Traumwelt mit Imaginationen in das höhere Bewußtsein hineinkam.

Es ist also hier zur Abfassung meiner «Geheimwissenschaft» der Versuch gemacht worden, die ganz bewußte Vorstellungswelt, die sich sonst nur auf äußerliche Naturgegenstände bezieht, innerlich zu nehmen und damit die imaginative Welt zu imprägnieren. Da ergab sich dann die Möglichkeit, in diese ganze Kette: Saturn, Sonne, Mond einzudringen. Da kam man dann darauf, dasjenige auf Erden zu erforschen, was auch die alten Initiaten hatten.

Ich erzähle diesen Erkenntnisweg aus dem Grunde, damit Sie sehen, wie solche Dinge verlaufen. Sie können sagen: Das ist etwas Persönliches. – Aber in diesem Falle ist das Persönliche ja wirklich ganz objektiv. Und wenn man etwas getadelt hat an meiner «Geheimwissenschaft», so ist es das, daß sie wie ein mathematisches Lehrbuch geschrieben ist, daß ich nichts Subjektives versuchte hineinzubringen, sondern diesen ganzen Gang, wie ich ihn jetzt erzählte, mit einer mathematischen Kühle geschrieben habe. Aber er ist so. Er ist dadurch zustande gekommen, daß man die Denkungsweise, die seit Kopernikus, *Galilei* und so weiter da ist, die von *Goethe* so sehr vertieft worden ist, in dieselbe Seelenverfassung hineingetragen hat, die man sonst bei der Imagination hat. Dadurch konnte man dieses Gebiet, das immer den Initiaten zugänglich war, eben nach vorne hin, in der Zeit nach vorne hin bis zum Saturn hineintragen. So sehen Sie vielleicht an diesem Beispiel, wie es darauf ankommt, in diesen Dingen nicht nebulos, sondern ganz klar und besonnen vorzugehen, eben gerade Besonnenheit hineinzutragen da, wo sonst leicht die Besinnungslosigkeit beginnt. So haben wir also hier das Beispiel, wo das Traumleben, das sonst nur das Ich ergreift, den astralischen Leib ergreift.

Und ich möchte auf die Frage: Worin besteht denn nun der Unterschied zwischen der modernen Naturwissenschaft und dem, was ich in meinem Buche «Geheimwissenschaft» gegeben habe – antworten: Der Unterschied besteht darinnen, daß der moderne Naturdenker nur an das Ich sich wenden kann, sofort ins Träumen kommt, wenn er aus dem Ich herauskommt, und ich konnte dem Astralleib sagen, was die Naturforscher für Vorstellungen haben; dadurch konnte der Astralleib hineindringen in die Welten, die ich zu beschreiben hatte. Das ist ein Weg, der Ihnen ganz exakt beschrieben werden kann und der Ihnen, als Beispiel, als Exempel vielleicht viel genauer zeigen wird, wie die richtigen Wege sind gegenüber den falschen, als irgend etwas anderes.

Die Überwindung der Karikatur naturwissenschaftlicher Methoden zur Erforschung des Mediumismus und Somnambulismus

Nun, der polarisch entgegengesetzte Zustand gegenüber dem Traumzustand ist der Zustand des Somnambulismus oder Mediumismus. Der Träumer lebt ganz in seinem Ich und astralischen Leib; wenn er auch im astralischen Leib keine bewußten Wahrnehmungen hat, so lebt er doch darinnen. Der Träumer lebt ganz in seinem Ich und in seinem Astralleib, außerhalb seines physischen und Ätherleibes. Er ist also versenkt, vertieft in seine eigene Wesenheit, und, da die eigene Wesenheit zusammenhängt mit Welten, von der eigenen Wesenheit aus in Welten [und damit in gewissem Grade auch in den physischen Organismus]. Also der Träumer taucht sozusagen unter in seine eigene Wesenheit und dadurch in die Welt. Das genau Entgegengesetzte ist beim Medium und beim Somnambulen der Fall. Man ist auch nur in einem somnambulen und in einem mediumistischen Zustand, wenn man mit seinem Ich und astralischen Leibe heraus ist außer dem physischen und Ätherleib; aber dann ist, wie ich Ihnen gestern ausgeführt habe, Ich und astralischer Leib durchdrungen von einer fremden Wesenheit.

So haben wir das Medium oder die Somnambule da mit ihrer physischen Wesenheit; aber außerhalb des physischen und des Ätherleibes ist das Ich und der astralische Leib. Da ist das Ich unterdrückt, geknechtet, und der Astralleib auch, denn ein anderes Wesen, wie ich gestern beschrieben habe, sitzt darinnen. Dadurch kann aber auch das Medium nicht in der richtigen Weise zurückwirken auf den physischen und Ätherleib. Denn auch wenn wir zum Beispiel im Schlafe sind, im traumlosen Schlafe, wirken wir zurück auf den physischen Leib und Ätherleib. Wir durchdringen gewissermaßen im Wachzustand physischen Leib und Ätherleib von innen, im Schlafzustand schützen wir sie von außen. Das hört auf beim Somnambulen. Das Medium, die Somnambule, sie können sich nicht kümmern um ihren physischen und Ätherleib. Die sind sozusagen verlassenes Gebiet. Das ist das Eigentümliche des Mediums, des Somnambulen, daß physischer und Ätherleib verlassenes Gebiet sind.

Wenn wir den Menschen, der seine für unsere heutige menschliche Gegenwart normale Seelenverfassung hat, betrachten, so haben auf seinen physischen und Ätherleib nur die Kräfte der Mineralien und der Pflanzen Einfluß; nichts anderes, nur die Kräfte der Mineralien und der Pflanzen. Wenn nicht die Kräfte der Mineralien, also auch der mineralischen Erde, auf unseren physischen Leib wirkten, könnten wir nicht gehen, uns nicht bewegen, denn das sind die physischen Kräfte, deren wir uns bedienen. In die dürfen wir hineinkommen; das ist normaler Zustand. Aber die dürfen nicht in den Ätherleib hereinkommen.

Ebenso ist es bei den Pflanzen. Sie dürfen in gewissem Sinne noch auf den Ätherleib wirken, aber nicht allzu stark. Aber nicht die Kräfte, die in den Tieren die Empfindung bewirken, und auch nicht die Kräfte des anderen Menschen dürfen auf den physischen Leib des Menschen und namentlich auf den Ätherleib einwirken. Weil physischer Leib und Ätherleib beim Medium, beim Somnambulen verlassen sind, wirken die tierischen und irdisch-menschlichen Kräfte auf den Somnambulen, auf das Medium. Sie werden suggestiv beeinflußt.

Ebenso wie sich der Gedanke aus dem Traume hineinsenkt, so senkt sich jetzt der Wille aus dem Menschen heraus in die Umgebung hinein. Und wir können dem Somnambulen, dem Medium suggerieren, es soll gehen. Wir können ihm suggerieren, wenn wir ihm eine Kartoffel geben, es sei eine schmackhafte Birne und so weiter. Wir gelangen unmittelbar als Menschen suggestiv an Medien und an Somnambule in bezug auf den physischen und dadurch auf den Ätherleib heran. Und die Somnambule und das Medium tragen in ihrem Ätherleib ihre physische Umgebung in sich, die sie nur in ihrem physischen Leib in sich tragen sollen, wie es beim normalen Menschen der Fall ist. So ist der normale Mensch traumhaft hingegeben an die innere Geisteswelt.

Und so ist die Somnambule, das Medium, hingegeben an die äußere Naturwelt.

Wiederum ist das, also medial zu sein, somnambul zu sein, ein normaler Zustand, wenn er eben normal ist; denn daß wir gehen, daß wir greifen, daß wir überhaupt im Raume etwas tun können, das ist ja eine magisch-somnambule Verrichtung bei jedem Menschen. Es darf nur nicht heraufkommen in den Ätherleib, es muß nur im physischen Leib verbleiben. Das Normale geht durchaus über in das Abnorme. Sehen Sie, so ist eigentlich der Träumende ganz in sich darinnen, das Medium und die Somnambule ganz aus sich heraus, und wir haben gewissermaßen wie Automaten den physischen Leib und den Ätherleib des Menschen vor uns im Medium und in der Somnambulen, können auf diese wirken, weil sie nicht versorgt werden vom eigenen Ich und vom eigenen Astralleib. Und dadurch wird, ebenso wie beim Träumenden eine Verbindung mit der inneren Geistwelt erzeugt wird, bei der Somnambulen und bei dem Medium eine Verbindung mit der äußeren Naturwelt erzeugt, mit der Welt der Gestaltung, mit der Welt der Bildentstehung, mit alldem, was anschaulich ist, was räumlich ist, was zeitlich ist.

Wenn man in die Traumeswelt hinuntertaucht, taucht man in das Gestaltenlose, in das ewig Sich-Verwandelnde ein. Wenn man in die Welt, in der die Somnambule unter suggestivem Einfluß den Willen ausübt, eindringt, wenn also der physische Leib und der Ätherleib in diese Welt eindringen, so ist alles bestimmt, konturiert; mit ungeheurer Exaktheit wird eigentlich alles ausgeführt, was durch äußeren Einfluß geschieht. Das ist die dem Träumenden ganz entgegengesetzte Welt, das ist gewissermaßen ein realisiertes, ein äußerliches, naturhaft hergestelltes Träumen, wo im Tun geträumt wird, statt daß sonst nur im inneren Erleben geträumt wird. Dieser Gegensatz, der ist nun auch bedeutsam und von höchstem Interesse, wenn man ihn betrachtet vom Initiatenstandpunkte aus. Der Initiat hat, wie ich Ihnen sagte, seine Schwierigkeiten, wenn er da untertaucht in die Traumwelt, um sie imaginativ zu durchströmen; seine Schwierigkeiten hat er, weil er ja das Gefühl hat, die Schwere geht verloren, das Gewicht geht verloren, alle die Dinge der Außenwelt, die festen Boden geben, die gehen verloren.

Wenn der Initiat sich einlebt – und er muß sich nun bewußt einleben, er muß ein Bewußtsein dafür entwickeln, so herauszugehen, wie unbewußt die Somnambule herausgeht in die Welt –, dann hat er das Gefühl, daß er in jedem Moment bewußtlos werden kann, das Bewußtsein verlieren kann. Das ist ja der Fall, dieses fortwährende in der Möglichkeit stehen, das Bewußtsein zu verlieren. Man hat immer die Notwendigkeit, sich stramm, straff innerlich zu halten, damit das Bewußtsein ja nicht verlorengeht.

Ich möchte sagen, geht man in dieser Welt vor, so muß man sich als Initiat so vernünftig bewegen in dieser Welt, wie sich sonst leidlich vernünftige, anständige Menschen in unserer Welt bewegen. Ich möchte sagen, man darf es dem Initiaten nicht ansehen, daß, während er zwischen Menschen und Tieren und Steinen durchgeht, er zugleich in einer geistigen Welt ist, wo er mit vollem Bewußtsein drinnensteht. Denn würde er einen Augenblick nur meinen, er habe jetzt keine Füße, sondern er fliege da durch diese Welt, so würde er sehr, sehr leicht in allerlei Allüren hineinkommen, wodurch ihn die Mitmenschen bedenklich finden würden. Sie würden sagen: Was ist denn das für ein Verrückter! – Das kann geschehen, wenn er nicht innerlich straff und stramm sich hält, um das volle Bewußtsein zu behalten beim Durchgehen durch die geistige Welt, die überall da ist, wie die physisch-sinnliche da ist.

Sehen Sie, hier eröffnet sich ein Gebiet, das nun nicht die Domäne der Theosophischen Gesellschaft geworden ist, sondern ein Gebiet, über das sich solche «höher geartete» Naturforscher hergemacht haben, das man nennt das Gebiet für psychische Forschung, Psychical research und so weiter. Es ist das ein Gebiet, wo diejenigen Menschen, die naturwissenschaftlich sonst vorgebildet sind, aber in der Naturwissenschaft weniger leisten können, statische Aufnahmen machen über solche Dinge, mit Medien Versuche machen, um dahinterzukommen, wie es in der geistigen Welt ist. Da wird in allerlei Gesellschaften und von allerlei Gesichtspunkten aus eben ein Gebiet geschaffen, wo man nun von außen erforschen will, wie das vor sich geht, wenn der Mensch nicht mit seinem gewöhnlichen Bewußtsein seine Glieder bewegt oder sich verhält, sondern mit herabgedämpftem oder ganz ausgelöschtem Bewußtsein, wo andere Wesen sich seiner Seele bemächtigt haben. Da wird dann registriert, was andere Menschen tun, in denen das Bewußtsein so heruntergedämpft ist.

Wir haben es sogar erlebt, daß für diese Art von Forschung begeisterte Leute die Anforderung gestellt haben, ich selber soll mich mit alledem, was ich der Welt zu sagen habe, in ihren Laboratorien zur Verfügung stellen, damit sie nun auch von außen erforschen können, was da vor sich geht, was da als innere Welt vor sich geht. Es ist ungefähr so gescheit, wie wenn einer kommt und sagt: Von Mathematik verstehe ich nichts, ich kann also nicht sagen, ob das, was der Mathematiker behauptet, richtig oder falsch ist; aber er soll zu mir in mein psychisches Laboratorium gehen, da werde ich Versuche mit ihm machen und ausprobieren, ob er ein großer Mathematiker ist.

Ungefähr so ist es. Ich weise damit also hin auf eine Domäne in der Gegenwart, wo man auch die Welt des Somnambulen, des Mediumistischen von außen durch die Karikatur der naturwissenschaftlichen Methode erforschen will, nicht eigentlich auf das Innere eingehen will. Denn ginge man auf das Innere ein, würde man sehen, daß man da im Medium und der Somnambulen ein Äußeres vor sich hat, einen Automaten des physischen und Ätherleibes, daß man also gar nicht eigentlich das Geistige erforscht, sondern daß dasjenige, was man erforschen will, verlassen hat, das, was man vor sich hat. Aber in diese feineren Eigentümlichkeiten der geistigen Welt wollen eben die Menschen nicht hineinsehen. Sie wollen sehr häufig nicht nur durch innere Erlebnisse, sondern in äußerlicher Anschauung das Geistige vor sich haben. Im äußeren sichtbaren, sinnlichen Wirken wollen sie das Geistige vor sich haben.

Das tritt manchmal noch in anderer Weise hervor. Das tritt hervor, indem solche Dinge auftreten, wie sie ja auch dann später gerade in der Zeit, als ich diesen Weg da durchgemacht habe, respektive dargestellt habe, in der Theosophischen Gesellschaft aufgetreten sind, wo man die geistige Gestalt des Christus in einer physischen Persönlichkeit gesucht hat. Man wollte in der äußeren physischen Welt ein unmittelbares Geistiges haben.

Man muß die physische Welt physische Welt sein lassen und das Geistige da suchen, wo es ist, allerdings auch da, wo die physische Welt ist, aber eben in den Sphären, die die physische Welt durchdringen und die geistig sind. Aber hier liegt noch ein anderes Gebiet. Und der Mensch in seinem gesunden Zustande fühlt sich schon berufen, die Brücke zu schlagen zwischen dem einen und dem anderen Gebiete, zwischen dem Gebiete innerlichen Erlebens und äußerlichen Anschauens, zwischen der Welt, in der abnorm der Träumende ist, und der Welt, in der abnorm das Medium oder die Somnambule ist. Bringt man beide Welten zusammen, befruchtet sie gegenseitig, dann entsteht die Kunst. Denn in der Kunst wird dasjenige, was äußerlich sinnlich wahrnehmbar ist, durchgeistigt, mit den Impulsen der geistigen Welt durchsetzt; dasjenige, was innerlich seelisch wahrnehmbar ist, wird in einer äußerlichen Verkörperung dargestellt.

Während daher die Theosophische Gesellschaft sich damit befaßte, eine äußerliche physische Wesenheit als Geistwesenheit hinzustellen, waren wir in der Anthroposophischen Gesellschaft dazu gedrängt, die okkulte Strömung in die Kunst einlaufen zu lassen. Die Mysterien entstanden. Die Eurythmie entstand. Die Sprachgestaltung wurde ausgebildet. All dasjenige, was in der anthroposophischen Bewegung da entstanden ist, ist aus diesem Impuls heraus entstanden, die Brücke zu schlagen herüber vom Geistigen ins Physische, so daß das Bewußtsein herüberspielt von der Welt, die der Träumende chaotisch betritt, zu der Welt, die die Somnambule oder das Medium chaotisch betritt. In der Kunst wird beides bewußt ineinandergefügt.

Und das wird man einmal einsehen. Man wird einsehen, was gemeint ist, daß zum Beispiel durch diese besonderen Bestrebungen die Sprachgestaltung, wie sie durch *Marie Steiner* geübt wird, wiederum zurückgebracht werden soll auf diejenige Stufe, die sie einmal gehabt hat, als die Menschen noch instinktiv geistig waren. Da galt Rhythmus, Takt im Sprechen mehr als der äußerliche abstrakte Wortausdruck. Das muß wieder zurückerobert werden. Und in der Eurythmie wird wieder zurückerobert der bewegte Mensch, der sich vor uns evolviert, wie der Mensch ist als geistig-seelische Wesenheit. Das ist dasjenige, was Sie in der Eurythmie sehen.

Und so haben wir in der Kunst zunächst diese Brücke zu schlagen gehabt von der Welt, an die der Träumende heranstreift, zu der Welt, in der die Somnambule, das Medium herumhopsen und herumstolpern, ungeschickt sich herumbewegen. In unserer gegenwärtigen materialistischen Zeit steht der Träumende einsam sinnend da und weiß nichts von Gestaltungen, von stofflichen Formen, die Geistiges ausdrücken und offenbaren. Und die Somnambulen gehen herum – gleichgültig, ob sie als Medien verehrt werden, oder ob sie im Bolschewismus reine Staatstheorien machen und gleich wie die Medien in der Welt allerlei Dinge realisieren –, sie gehen in der gegenwärtigen Welt herum und ahnen nichts vom Geistigen. Das ist das Wesentliche, daß wiedergefunden werde die Brücke vom Geist in die Materie, von der Materie zum Geiste hinüber. Im Künstlerischen handelt es sich zunächst darum, diese Brücke zu schlagen, nicht mehr bloß in der äußeren Welt herumzustolpern und herumzuhopsen, sondern durch geistige Bewegungen, die nicht die gewöhnlichen sind, Sinn dafür zu bekommen.

So sehen Sie den wahren, den inneren Anfang des Eurythmischen als Initiatenimpuls, und alles dasjenige, was bei uns als Kunst in der Sprachgestaltung geübt wird, ist auch aus diesem Impulse heraus. Und wenn demnächst der Kursus in Dornach über dramatische Kunst gehalten wird, wird versucht werden, auch die Schauspielkunst wieder zurückzuführen darauf, daß auf der Bühne Geistiges sein wird. Lange Zeit hat man nur nachgedacht darüber, wie man möglichst so wie im gewöhnlichen Leben den Schauspieler auf die Bühne stellen soll. Nur komisch waren die Diskussionen in den neunziger Jahren, wo man darüber diskutierte, und sich schließlich für das Naturalistische entschied, ob die Schillerschen Gestalten mit den Händen in der Hosentasche, weil ja das einmal Mode geworden ist, ob die auch auf der Bühne in dieser Weise ihre heroenhaften Sentenzen, sagen wir, aussprechen sollen!

Sie sehen, es gibt viel Anlaß, den Weg zu finden hinein in ein richtiges Erforschen der geistigen Welt. Und derjenige, der auf dem

Gebiete der Kunst sich eröffnet, der ist ein wahrhaft nicht ganz unrichtiger Weg.

War es so von einer ganz besonderen Bedeutung, von der alten Initiatenwissenschaft, die sich versenkt hatte in die Mysterien des Mondes mit alledem, was dazugehört, vorzudringen zu demjenigen, was nur durchdrungen werden kann, wenn die Errungenschaften, aber ich meine jetzt die seelischen Errungenschaften der Naturwissenschaft, hineinimprägniert werden in den Seelenzustand, der okkult erkennen kann, war das von einer ungeheuren Bedeutung, so ist es auf der anderen Seite von nicht minder großer Bedeutung, daß die unklaren, dilettantischen Versuche, die gemacht werden, um dem beizukommen, was nach Entgeistigung, wie es bei der Somnambulen und dem Medialen der Fall ist, sich dennoch unter geistigem Einflusse in den Formen des Geistigen bewegt –, es war nicht minder wichtig, dies zum besonderen Gebiete des Forschens zu machen. Denn diese beiden Wege müssen ja eigentlich als einer angesehen werden: das Durchstoßen von innen aus durch die besonnen gewordene Traumeswelt, und das bewußte Erfassen der Außenwelt, die die Naturwissenschaft nur durch ihre mineralischen Eigenschaften erfaßt, die auf eine dilettantische Weise erforscht werden sollen durch die sogenannte psychische Forschung, Psychical research. Es ist ein Wichtiges, gerade weil wir im naturwissenschaftlichen Zeitalter leben, auch diesen Weg der geistigen Forschung zu gehen, auch das andere Gebiet, das polarisch den Träumen entgegengesetzte Gebiet, geistig zu durchforschen.

Wenn wir eine Somnambule, ein Medium vor uns haben, dann geschieht ja durch die Somnambule und das Medium nicht etwas, was wir gewöhnt sind aus dem gewöhnlichen Leben. Die Somnambule schreibt nicht, wie ein gewöhnlicher Mensch schreibt, bewegt sich nicht, wie ein gewöhnlicher Mensch sich bewegt, spricht nicht, wie ein gewöhnlicher Mensch spricht, schmeckt nicht, wie ein gewöhnlicher Mensch schmeckt, weil astralischer Leib und Ich heraus sind aus dem physischen und Ätherleib und wir es zu tun haben mit einem physischen und Ätherleib, die verlassen sind, und die nun unter dem Einfluß des Kosmos stehen, dem Einfluß des Kosmos hingegeben sind. Wir haben es also da mit Offenbarungen des Physischen und des Ätherischen zu tun, die nicht die gewöhnlichen Naturwirkungen sind, die aus dem Geistigen, aus der geistigen Welt herrühren. Denn es ist schließlich ja im Prinzip einerlei, ob ich vor einem Medium stehe und ihm etwas suggeriere, oder ob das Medium irgendeinem Sterneneinfluß hingegeben ist und den aufnimmt in den Ätherleib oder einen klimatischen Einfluß oder den Einfluß eines Metalles und so weiter.

Wir haben eine Organisation vor uns in dem Medium, die in magischer Weise Geistigem hingegeben ist. Das müssen wir ins Auge fassen. Da kann man dann nicht diese Wirkungen, ohne daß man das Geistige schon hat, studieren, wie es die Gesellschaften für äußere psychische Forschungen machen möchten, die in äußerlicher Weise damit experimentieren wollen. Da muß man hineinschauen in den geistigen Zusammenhang. Da muß man das, was da durch das Medium oder die Somnambule oder sonst durch den Menschen vorgeht, als Vordergrund haben und im Hintergrund dasjenige sehen, was als Geistiges vorhanden ist.

Aber alle diese Wirkungen, die im Medium auftreten, in der Somnambulen auftreten, sind verwandt mit anderen medialen Erscheinungen. Wenn Sie hier ein Medium sitzen haben und das in einem bestimmten Zustande unter Mencheneinfluß oder unter kosmischem Einfluß dies oder jenes vollführt, das heißt eigentlich, wenn hier ein physischer und ein Ätherleib dies oder jenes vollführen, dann ist das vorübergehend, temporär ganz dasselbe, was, durch etwas anderes bedingt, bewirkt wird in den giftigen Pflanzen, durch die der Mensch in gewisser Weise erkrankt. Es ist nur, ich möchte sagen, die äußere vorübergehende Maske der Krankheit, die in dem somnambulen, in dem mediumistischen Zustande auftritt. Und von einem gewissen Gesichtspunkte aus – das wird dann noch weiter auszuführen sein in den nächsten Vorträgen – kann man an den Erscheinungen des Mediumismus, an den Erscheinungen des Somnambulismus – man braucht es nicht, aber man kann es – wieder dasjenige sehen, was am kranken Menschen eigentlich dadurch vorliegt, daß in unnormaler Weise sein Ich und sein astralischer Leib irgendwie von einem Organ oder vom ganzen Organismus sich herausgezogen hat, und der Mensch so unter besondere geistige Einflüsse kommt.

Sehen Sie, weil man in alten Zeiten eingesehen hat, daß dieser Zusammenhang besteht, waren immer die Mysterien verknüpft mit Medizinischem, und weil man damals nicht so neugierig war wie heute, hat man es nicht für nötig gehalten, sich viel mit Medien und Somnambulen zu befassen, deren Wirken man begriffen hat, wie man Krankheitszustände begriff. Man befaßte sich eben mehr von diesem Standpunkte aus, der im Medizinischen gegeben ist, mit diesen Dingen. Und das war ein Standpunkt, der wieder errungen werden muß.

Und was in dilettantischer Weise als der andere Weg gerade durch die Naturerscheinungen hineinkommt ins Geistige, der andere Weg, der in dilettantischer Weise da begangen wird, der muß in richtiger Weise verfolgt werden. Es muß dasjenige, was in der Welt ist und was sich insbesondere durch die pathologischen Zustände des Menschen und der Tiere äußert, in richtiger Art wiederum verfolgt werden. Dadurch wird man erst dazu kommen, dasjenige erforschen zu können, was die Gesellschaft für psychische Forschung erforschen möchte.

Und auch dieser Weg ist nun betreten worden auf dem Boden der anthroposophischen Bewegung. Er ist möglich geworden dadurch, daß die pathologischen Erscheinungen in der Art verfolgt werden können, daß sich aus ihnen heraus der Zugang zur geistigen Welt eröffnet. Das ist dadurch möglich geworden, daß im Zusammenarbeiten von mir und Dr. *Ita Wegman* dieser Weg, der verfehlt wird von den physischen Forschungen, in der richtigen Weise versucht wird zu gehen. Es ist das möglich dadurch, daß dieses Zusammenarbeiten sich ergeben hat dadurch, daß in Ita Wegman wirklich nicht bloß jene Erkenntnisse vorhanden sind, die der heutige Arzt erwirbt, sondern diejenigen intuitiv-therapeutischen Impulse, welche unmittelbar aus dem Krankheitsbilde heraus in die geistige Welt hineingehen und von da zur Therapie kommen.

Da aber liegt der Weg, das Gebiet zu durchforschen, auf das ich hier hindeute. Und so wird hier versucht, durch dieses Arbeiten die wirkliche initiierte Medizin auszubilden, die von selbst initiierte Naturwissenschaft ist. Auf diese Weise wird auch der andere, richtige Weg gegenüber den falschen Wegen vor die Welt hingestellt werden.

Und man wird schon sehen an dem ersten Bande des Buches, das von Frau Dr. Wegman und mir zusammen geschrieben wird, das demnächst erscheinen wird und jetzt im Drucke ist, wie dieser Weg gegangen werden muß.

Sie sehen, daß sich an Beispielen am allerleichtesten zeigen läßt, wie die richtigen Wege sich von den falschen, von den irrtümlichen Wegen unterscheiden. Und auch darauf darf vielleicht hier im Zusammenhange hingewiesen werden. Wenn ich vorher gesagt habe, es muß ein Weg in die Kunst hinein eröffnet werden, der nun wiederum das Gebiet des Geistigen und das Gebiet des stofflich Geformten einander nahebringt, so muß ich sagen: Es scheint nach den Bedingungen der heutigen Zivilisation unmittelbar sogar das vorzuliegen, daß man erst den rechten Weg auch dazu finden wird, wenn der letztere Weg mit Bezug auf die Naturerscheinungen gegangen sein wird. – Denn es ist heute auf dem künstlerischen Gebiet die Menschheit so weit entfernt von jenem Brückenschlagen, von dem ich gesprochen habe, daß sie vielleicht erst dann überzeugt werden kann von dem Weben und Leben des Geistigen auch in der Kunst, wenn sie auf jene intensive Weise überzeugt werden kann von dem Wirken des Geistigen, das man besonders schauen kann in der Genesis des Pathologischen; wenn erst anschaulich geworden ist durch ein solches Wirken, wie das in dem Zusammenarbeiten von Ita Wegman und mir vorliegen wird, wenn erst ersichtlich sein wird, wie der Geist webt und lebt in der Materie, wie er sich in der Materie offenbart. Wenn man das auf dem Gebiete der Natur schauen wird, dann wird vielleicht auch der Enthusiasmus, der volle Enthusiasmus erwachen können dafür, daß das unmittelbar in der Kunst vor die Welt hingestellt werden soll.

Ich werde dann morgen von diesen Dingen weiter sprechen.

ZEHNTER VORTRAG

Torquay, 21. August 1924

Einflüsse des außerirdischen Kosmos auf das menschliche Bewußtsein

Sonnenwirkungen und Mondenwirkungen

Ich habe gestern darauf hingewiesen, wie die abnormen, die krankhaft auftretenden Wege in die geistige Welt – auf der einen Seite der Weg des innerlich-mystischen Vertiefens, des tieferen Hineingeratens in die Traumeswelt, und auf der anderen Seite der Weg, der mehr, ich möchte sagen, in einer karikaturhaft naturwissenschaftlichen Weise durch die Erscheinungen geht, welche sich äußerlich bei den Somnambulen, bei den Medien darbieten –, wie diese beiden Wege aufgegriffen und in fruchtbarer Weise fortgeführt werden müssen, wenn tatsächliche Initiationserkenntnis zustande kommen soll. Wir werden nun weiter in dieses Gebiet eindringen, wenn wir uns vor die Seele stellen, unter welchen Einflüssen von seiten des Kosmos das menschliche Bewußtsein und überhaupt mit dem menschlichen Bewußtsein zusammen die ganze menschliche Wesenheit steht.

Sie können ja leicht übersehen, wie unter allem, was außer den Erdenwirkungen an Wirkungen auf Menschen vorhanden ist, die Sonnenwirkungen und die Mondenwirkungen alles überragen. Man denkt gewöhnlich nicht darüber nach, allein es ist ja heute auch naturwissenschaftlich ganz evident, daß alles auf der Erde nicht wäre, wenn nicht die Sonnenwirkungen, die vom außerirdischen Kosmos auf die Erde herabkommen, da wären.

Die Sonnenwirkungen zaubern das ganze Pflanzenwesen hervor. Die Sonnenwirkungen sind notwendig für alles Tierische, aber auch für alles, was physisch und ätherisch im Menschen ist. Sonnenwirkung kann überall bemerkt werden, wo man sie nur bemerken will, und sie ist durchaus auch für die höheren Wesensglieder des Menschen bedeutsam. Die Mondenwirkung bemerkt man weniger. Sie lebt heute vielfach im Aberglauben, und was man über sie exakt wissen kann, ist entstellt dadurch, daß eben vielfach dem Aberglauben huldigende Vorstellungen über die Mondenwirkungen vorhanden sind, und daß diejenigen, die heute Wissenschaft treiben wollen, sich erhaben fühlen über allen Aberglauben und deshalb auch alles Bedeutsame der Mondenwirkungen zurückweisen und es nicht in die eigentliche Wissenschaft hereinlassen wollen. Da und dort ahnt man aber, nicht nur bei den Dichtern, die da wissen, wie anregend der Mondenzauber auf die Phantasie wirkt, nicht nur bei den Liebenden, die ihre Liebesaffären gern im Mondenlichte abmachen, sondern man ahnt schon bei den Erkennenden, daß durchaus, wenn auch ganz anders geartete, Wirkungen vom Monde aus auf die Erde stattfinden. Da kann man ja ganz besonders merkwürdige Dinge erfahren.

Es gab in der Mitte des 19. Jahrhunderts in Deutschland zwei Gelehrte. Der eine hieß *Schleiden,* der andere *Gustav Theodor Fechner.* Gustav Theodor Fechner ging von ganz exaktem Standpunkte aus gern an die geheimeren Naturwirkungen sowohl im Menschen wie draußen in der großen Natur heran. Er sammelte namentlich Daten darüber, eine Art Statistik stellte er auf, wie die Regenmenge, welche an irgendeinem Orte niederfällt, zusammenhängt mit Vollmond und Neumond. Und er bekam eben heraus, seiner Ansicht nach, daß bei gewissen Mondenphasen mehr Regenmenge für irgendeinen Ort da ist als bei anderen Mondenphasen. Das vertrat er. Er genierte sich nicht, gegenüber der landläufigen Wissenschaft auch eine solche Wissenschaft geltend zu machen. Allein sein Kollege an der Universität, Professor Schleiden, der große Botaniker, war anderer Meinung, machte diese Meinung Fechners lächerlich und sagte: Von Mondenwirkungen solcher Art kann überhaupt nicht die Rede sein.

Das Merkwürdige aber war dieses: Die beiden Gelehrten waren verheiratet – es waren damals in der noch verhältnismäßig kleinen Universitätsstadt, die allerdings eine der großen Städte Deutschlands ist, noch patriarchalische Verhältnisse –, es war damals so, daß die Frauen das Regenwasser sammelten, weil sie meinten, daß das ganz besonders gut zum Wäschewaschen ist. Nun gab es also eine Frau

Professor Fechner und eine Frau Professor Schleiden. Und es kam dahin, daß sich in dieser Frage nicht nur die beiden Professoren unterhielten, sondern daß auch die Frauen hinter diese Frage kamen. Und siehe da, der Professor Fechner sagte zu seiner Frau: Nun ja, der Professor Schleiden glaubt ja nicht, daß die Mondenphasen Einfluß auf die Regenmenge haben; also sag' einfach du, du willst diese Mondenphasen benutzen, um das Regenwasser zu sammeln, und die Frau Professor Schleiden kann ja dann nach dir in einer anderen Phase das Regenwasser sammeln; da der Professor Schleiden nicht daran glaubt, daß die Mondenphasen Einfluß haben, so kann ja gar nichts dagegen einzuwenden sein. – Aber siehe da, die Frau Professor Schleiden wollte der Frau Professor Fechner diejenige Mondenphase nicht überlassen, von der ihr Mann nicht glaubte, daß in ihr mehr Regenwasser komme! Also es gab einen sehr netten Universitäts-Familienstreit über diese Sache. Aber er hat ja einen wissenschaftlichen Hintergrund. Und wenn wir, aber mit mehr geisteswissenschaftlichen Mitteln, an solche Wirkungen herangehen, dann kommen wir schon darauf, daß tatsächlich nicht bloß im Aberglauben, sondern in wirklich wissenschaftlicher Weise von starken Mondenwirkungen ebenso gesprochen werden kann wie von Sonnenwirkungen.

Aber damit haben wir gewissermaßen schon dasjenige erschöpft, was in die Tatsache hereinspielt, welche das gewöhnliche Bewußtsein des heutigen Menschen umfaßt. Der heutige Mensch lebt sozusagen unter dem Einflusse von Erde, Mond und Sonne. Der heutige Mensch ist auch in seinem Bewußtsein im wesentlichen abhängig von Erde und Mond und Sonne. Denn, wie ich schon angedeutet habe, das äußerlich Sichtbare der Sterne ist ja nicht das Wesentliche, auch nicht das äußerlich Sichtbare der Sonne und des Mondes. Wir haben ja ausdrücklich darüber gesprochen, wie die Mondensphäre diejenigen Wesenheiten in sich birgt, welche einstmals die großen Urlehrer der Menschheit waren. So birgt die Sonnensphäre eine große Summe von geistigen Wesenheiten. Jeder Stern ist eine Kolonie von Wesenheiten, wie die Erde die kosmische Kolonie des Menschentums ist. Aber wie gesagt, der Mensch, der heute seine Zeit zubringt zwischen der Geburt und dem Tode, er lebt fast ausschließlich unter dem Einfluß von Erde,

Sonne und Mond. Und nun handelt es sich darum, genauer kennenzulernen, wie der Mensch mit seinem ganzen bewußten und auch leiblichen Zustande, also mit seinem geistigen, seelischen und physischen Zustande unter dem Einflusse von Sonne und Mond lebt.

Nehmen wir da die extremsten Bewußtseinszustände, zwischen denen der Traumzustand liegt, nehmen wir das wache Tagesbewußtsein und das bewußtseinsleere – wenn ich den Widerspruch bilden darf –, das bewußtseinsleere Schlafbewußtsein, das traumlose Schlafbewußtsein. Wenn wir den Menschen verfolgen, wie er da sich befindet während des Schlafes – physischer Leib und Ätherleib sind getrennt vom astralischen Leib und Ich –, dann finden wir, wie der Mensch in dem, was er aus seinem physischen und aus seinem ätherischen Leibe als astralischen Leib und Ich herausgezogen hat, zwischen dem Einschlafen und Aufwachen innerlich die Sonnenwirkungen sorgsam bewahrt.

Wir schauen vom Aufwachen bis zum Einschlafen äußerlich auf die Sonne hin. Wir schauen ja auch auf ihre Wirkung hin, wenn eine vollständige Regendecke da ist; denn das, was wir von den anderen Dingen sehen, sind ja die zurückgeworfenen Sonnenstrahlen. Wir stehen während des ganzen Wachens unter dem Einflusse der die Dinge äußerlich bescheinenden Sonne. In dem Augenblicke, wo wir in den anderen Zustand hinüberschlafen, fängt an, für das geistige Auge schaubar, in unserem Ich und unserem astralischen Leibe das Sonnenlicht zu erglänzen. Da haben wir zwischen dem Einschlafen und dem Aufwachen Sonne in uns. Sie wissen ja, es gibt gewisse Mineralien, wenn man sie unter gewissen Verhältnissen bestrahlt und läßt dann den Raum finster werden, so bewahren sie das Licht und strahlen es dann im Finstern als Nachwirkung zurück. So ist es für das geistige Anschauen mit dem menschlichen Ich und dem menschlichen Astralleibe. Sie sind gewissermaßen übertönt von dem äußeren Sonnenlichte in dem Zustand des Wachens. Sie fangen an zu glimmen und zu leuchten, indem sie das Sonnenlicht nunmehr in sich tragen zwischen dem Einschlafen und Aufwachen.

So daß wir sagen können: Im Wachen ist der Mensch unter dem Einflusse der äußeren Sonnenwirkungen. Im Schlafe ist der Mensch unter dem Einflusse der Sonnenwirkung, die er nunmehr selber bis zum Aufwachen in sich trägt. – Wir haben Sonne in uns, wenn wir schlafen, und lassen in der Nacht nur den physischen und den ätherischen Leib zurück. Aber im Geistigen beleuchten wir selber mit dem, was wir jetzt als das aufbewahrte Sonnenlicht haben, während des Schlafes von außen unseren physischen und unseren ätherischen Leib. Und würden wir das nicht tun, würden wir nicht von außen mit unserem bewahrten Sonnenlichte unsere Haut und bis in das Innere der Sinnesorgane hinein uns bestrahlen, so würde der Mensch früh ganz trocken, verdorrt werden, verwelken. Wir leisten in der Tat für Frische und Wachstum und Vitalität unseres Organismus alles dadurch, daß wir während des Schlafens durch das bewahrte Sonnenlicht von außen gegen unsere Haut und gegen unsere Sinne strahlen. Und es ist wirklich so, daß während des Schlafens der Mensch, indem er draußen ist mit seinem Ich und seinem Astralleibe, erstens seine Haut bescheint durch das Sonnenlicht, zweitens aber das Sonnenlicht wirft durch Augen und Ohren bis zurückdringend in die Nerven. Das ist das Phänomen des menschlichen Schlafen, daß die Sonne scheint, vom menschlichen Ich und menschlichen Astralleibe aus selber in den Menschen hineingehend, auf die Haut aufstrahlend, da wo Sinnestore sind, in den Menschen hineinstrahlend (siehe Zeichnung «Schlafen» S. 202, rot).

Dann tritt, gleichgültig ob Neumond oder Vollmond ist – denn dadurch ändern sich die Wirkungen nur, aber sie sind da bei allen Mondenphasen –, dann tritt für die Mondenwirkungen das ein, daß sie von außen an den Menschen herankommen und sich erstrecken über den physischen und den Ätherleib. So daß wir also haben – ich müßte den ganzen Menschen zeichnen –: im physischen und Ätherleib während des Schlafens Sonnenwirkungen vom Ich und astralischen Leib; Mondenwirkungen von außen auf den physischen und Ätherleib. Sehen Sie, damit ist der Schlafzustand in bezug auf den Kosmos charakterisiert. Der Mensch steht durch sein Inneres mit der Sonne in Beziehung, steht nach außen mit dem Monde in Beziehung, denn astralischer Leib und Ich sind ja doch das Innere, wenn sie jetzt auch außen sind. (Siehe Zeichnung «Schlafen».)

Schlafen

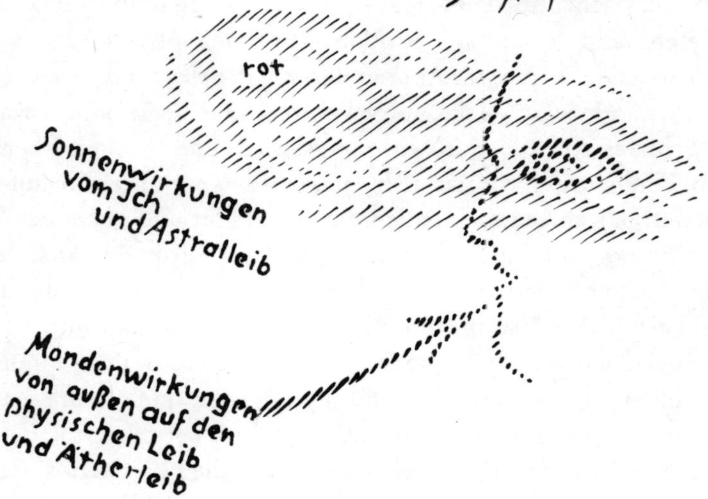

Wachen

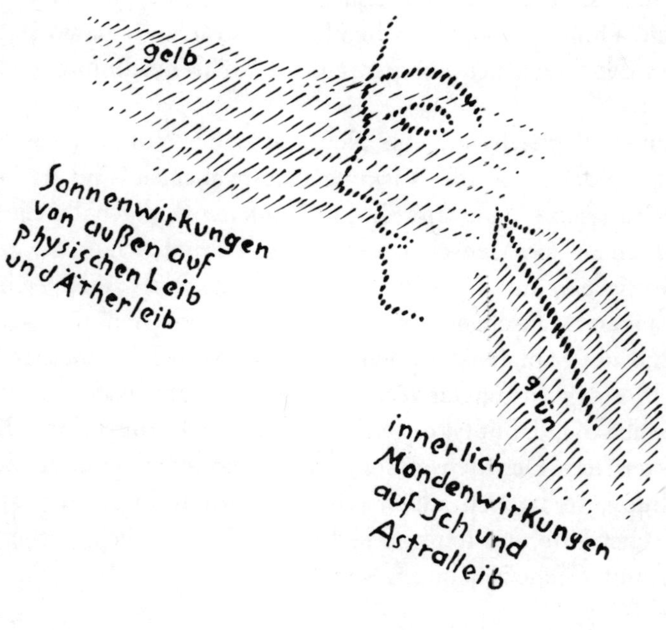

Im Wachen ist es umgekehrt. Wenn wir aufwachen, tragen wir innerlich, ganz innerlich die Mondenwirkungen in uns, und die Sonnenwirkungen kommen von außen. So daß wir sagen können: Wenn wir wachen, so kommen die Sonnenwirkungen von außen unmittelbar an den physischen und Ätherleib heran, und das Ich und der astralische Leib im Inneren stehen unter dem Einflusse der bewahrten Mondenkräfte. Wenn wir also schematisch dieses zeichnen für das Wachen, so haben wir auf den physischen Leib und den Ätherleib die Sonnenwirkungen, also Sonnenwirkungen von außen (gelb), innerlich auf Ich und astralischen Leib Mondenwirkungen (grün). (Siehe Zeichnung: «Wachen».)

Wir tragen also, während wir wachen und uns von außen in bezug auf unseren physischen und Ätherleib die Sonnenwirkung bestrahlt, innerlich in uns während des Wachens die bewahrten Mondenwirkungen. Im Ich des Menschen und im astralischen Leibe lebt die Sonne während des Schlafens und der Mond während des Wachens. Im physischen und Ätherleib lebt die Sonne während des Wachens, der Mond während des Schlafens. Und dadurch, daß das so ist, auch dann ist, wenn der Mensch ein Nachtschwärmer wird und sich in der Nacht, statt zu schlafen, vorbereitet für den Kopfschmerz des nächsten Morgens, auch dann bleiben diese Wirkungen in derselben Weise vorhanden; denn wenn auch die äußere Konstellation nicht beachtet wird, diese Dinge sind so, daß sie durch die eigene Trägheit, durch das Beharrungsvermögen im Kosmos trotzdem für den Menschen so verlaufen.

Der Mensch, auch wenn er bei Tag schläft und bei Nacht wacht, trägt auch während des nächtlichen Wachens in seinem Ich und in seinem astralischen Leib die Mondenwirkungen; und die Sonnenwirkungen kommen an ihn heran, nur daß sie dann in Form von Straßenlaternen, oder wenn er irgendwo auf dem Felde liegt, in Form des schwachen Sternenlichtes und dergleichen an ihn herankommen. Aber es sind überall die Sonnenwirkungen, welche der Mensch im Schlafe bewahrt, die Mondenwirkungen, die der Mensch im Wachen innerlich in sich trägt. Und umgekehrt ist es für den physischen und für den Ätherleib in bezug auf das Äußere des Menschen. Dieser

Konstellation verdankt der Mensch sein gewöhnliches Bewußtsein zwischen Geburt und Tod. Wir werden nun sehen, wie das Aufsteigen zu anderen Bewußtseinsformen diese Sache ändert. Denn beim Initiaten wird das Verhältnis nun zu Sonne und Mond etwas geändert, immer mehr und mehr geändert, und in dieser Änderung des Verhältnisses zum Kosmos besteht der Weg in die geistige Welt hinein.

Das lebendige Erfassen der Mondensphäre als Ausgangspunkt eines Initiatenweges

Wie der Mensch drinnensteht in der Welt, wie er Sonne und Mond gegenübersteht mit dem gewöhnlichen Bewußtsein, das brauche ich nicht zu schildern, das kann vor jeder Seele stehen, wenn sie sich darauf besinnt, wie der Tag ausschaut, wie man als Mensch im Tag, wie man als Mensch in der Nacht lebt. In dem Augenblicke, wo der Mensch beginnt, seine innere Seelenkraft zu verstärken für das sonst chaotische Traumbewußtsein, in dem Momente, wo er es dahin bringt, das sonst träumende Bewußtsein zu einem Werkzeug der Auffassung der Realität zu machen, in demselben Momente wird der Mensch schon gewahr, wie der im Wachzustande in seinem Ich bewahrte Mond dadrinnen ist. In dem Augenblicke, wo man wirklich den Traum durch Initiatenerkenntnis in Wirklichkeit verwandelt, fühlt man sich wie von einem zweiten Menschen durchdrungen. Aber man weiß, in diesem zweiten Menschen lebt die Kraft der Mondensphäre.

Also im beginnenden Initiatenbewußtsein sagt man sich: In mir lebt die Kraft der Mondensphäre, und sie hat eigentlich immer die Tendenz, in mir einen zweiten Menschen auszubilden, den ich dann in meinem ersten Menschen wie in einer Hülle in mir trage. Und jetzt beginnt auch schon der Kampf, wenn nicht beim Tagbewußtsein, im wachen Bewußtsein, sondern im Schlafbewußtsein der Mond innerlich im Menschen zu wirken beginnt – in diesem zweiten Menschen, von dem ich jetzt gerade spreche, daß er normal durch die inneren Mondenwirkungen ausgelöst wird beim Menschen, wenn der durch den wirklichen Mond in der Nacht ausgelöst wird, wenn da dieser zweite Mensch sich geltend macht im dumpfen Schlafzustande, dann will dieser zweite Mensch, der im ersten, im gewöhnlichen Menschen drinnensteckt, im Mondenlichte herumwandeln und nimmt den ersten Menschen mit. Und jener somnambule Zustand entsteht, den wir bei den Mondenwandlern auftreten sehen.

Jetzt stellen Sie sich vor, wenn äußerlich der Mond scheint, kann auferweckt werden der zweite Mensch, der dann in besondere magische, das heißt außergewöhnliche, von Naturwirkungen abweichende Wirkungen hineinbringt. Der Mensch wandelt herum. Stellen Sie sich diesen Nachtwandler vor. Bei herabgedämpftem Bewußtsein tut der Mensch allerlei, was er bei gewöhnlichem Bewußtsein nicht tun würde. Er würde bei gewöhnlichem Bewußtsein ruhig im Bette liegenbleiben. Da ist sein Ort. Statt dessen wandelt er draußen herum, steigt auf Dächern herum. Er sucht dasjenige Gebiet auf, das eigentlich außer seinem physischen Leibe sein soll.

Sehen Sie, ins Normale übersetzt, zur bewußten innerlichen Erfahrung gebracht, ist das der Fall im beginnenden Initiatenbewußtsein; nur daß man sich da nicht der Mondenwirkung nähert, der wirklichen Mondenwirkung von außen, sondern die innerlich getragene Mondenwirkung das Bewußtsein vom zweiten Menschen ausbilden läßt. Und man muß nun alle Kraft zusammenhalten, damit einem dieser zweite Mensch jetzt nicht weggeht. Mit dem ersten Menschen würde man ruhig bleiben. Aber dieser zweite Mensch, der könnte weggehen, wesenlos in die Irre wandeln, ganz falsche Wege gehen. Man muß ihn halten.

Das ist eben dasjenige, was bei der Erwerbung des Initiatenbewußtseins unbedingt eintreten muß: innere Festigkeit und Haltung, damit dasjenige, was heraus will, in einem drinnenbleibt und man es verbunden erhält mit dem ganz gewöhnlichen, nüchternen Bewußtsein, das man in seinem physischen Leibe hat. Aber man muß fortwährend kämpfen dagegen, daß einem dieser zweite Mensch, der sich da durch das verstärkte innere Mondenwesen gebildet hat, nicht davongeht. Und dieser zweite innere Mensch, der sich da bildet, er hat eine sehr starke Anziehung zu allem, was da Stoffwechselwirkungen, Bewegungswirkungen sind im Menschen, zu allem, was vom Magen und anderen Organen ausgeht; zu all dem hat er eine sehr, sehr starke Anziehung. Und er nimmt diese Kräfte sehr, sehr stark in Anspruch.

Das, sehen Sie, ist das Vorliegende, dasjenige, was zunächst Erfahrung ist für das beginnende Initiatenbewußtsein, daß es einen von den zwei Wegen geht, die gegangen werden müssen: den Weg durch die Ausgestaltung der Traumeswelt, durch die Realisierung, durch die Verwirklichung der Traumeswelt. Und besinnt man sich nun – und man muß sich eben besinnen, wie ich jetzt auseinandergesetzt habe –, dann kommt man darauf: äußerlich ist der Tag, doch innerlich trägt man die Nacht in sich; und es erwacht mitten im Tag etwas wie eine innerliche Nacht.

Tritt dieses Initiatenbewußtsein auf, dann, sehen Sie, dann ist da für die äußeren Augen der Tag, für das äußere Angreifen von Dingen der Tag; aber im Raume dieses Tages, da beginnt überall zu weben und zu leben das geistige Mondenlicht, das herumstrahlt, herumscheint, und das Geistige beginnt zu beleuchten. Also man weiß, man setzt durch seine eigene Seele in den Tag die Nacht hinein. Wenn das alles im vollen Bewußtsein geschieht, so geschieht, wie etwas anderes am Tage vom besonnenen Menschen verrichtet wird, wenn dieser besonnene Mensch in die Tageswirkungen die Monden-Nachtwirkungen hereinzuzaubern vermag, dann ist er auf dem richtigen Pfad. Wenn er aber irgend etwas in sich hereinbringt ohne das volle Bewußtsein, daß da im Tage die Nacht aufgeht durch seine innerlichen Kräfte, dann gerät er auf den falschen Weg, der zuletzt ins Mediumhafte führt.

So ist also das volle Bewußtsein, die innerliche Beherrschung der Tatsache, in die man sich hineinlebt, dasjenige, was maßgebend ist, nicht die Erscheinung an sich, nicht die Tatsache an sich, sondern die Art, wie man sich in sie hineinlebt. Könnte der gewöhnliche Monden-Nachtwandler in dem Augenblicke, wo er auf dem Dache oben herumsteigt, seine volle Besonnenheit entwickeln, er wäre in diesem Moment ein Initiat. Das wird er nicht, sondern wenn Sie ihn anschreien, damit er erwacht, fällt er herunter. Wenn er nicht herunterfiele, sondern das volle Wachbewußtsein entwickelte und dann in diesem Zustand bleiben könnte, dann wäre er ein Initiat. Dasjenige, was da auf krankhafte Weise entwickelt wird, nicht bloß in gesunder, sondern in übergesunder Weise zu entwickeln, das ist die Aufgabe der Initiationserkenntnis. Sie sehen, wie haarscharf nebeneinander stehen Falsches und Richtiges in der geistigen Welt. In der physischen Welt kann man noch, weil man da ja die grobmaschige Logik, die grobmaschige Erfahrung hat, Falsches vom Richtigen leicht unterscheiden. Sobald man in die geistige Welt eindringt, ist diese Unterscheidung außerordentlich schwer, hängt ganz ab von der inneren Haltung, von der inneren Besonnenheit.

Und weiter, wenn der Mensch so die Nacht im Tag erweckt hat, dann verliert allmählich das Mondenlicht den Charakter des äußeren Scheinens. Es scheint nicht mehr so äußerlich. Es bewirkt nur ein allgemeines Lebensgefühl. Aber etwas anderes tritt auf. An diesem geistigen Nachthimmel erglänzt jetzt in wunderbarem glimmenden Lichte Merkur. Es geht der Stern Merkur in dieser in den Tag hineingezauberten Nacht wirklich auf, aber nicht so, wie man den Merkur durch das Teleskop sieht, sondern man wird gewahr: das ist etwas Lebendiges. Man kann noch nicht gleich die lebendigen Geistwesen, die den Merkur bewohnen, unterscheiden, aber man wird gewahr im allgemeinen an der Art und Weise, wie einem der Merkur entgegentritt, daß man es mit einer geistigen Welt zu tun hat.

Wird einem im Geiste das Mondenlicht zum allgemeinen Lebenselixier, in dem man sich drinnen fühlt, dann geht allmählich der Geiststern Merkur in dieser in den Tag hineingezauberten Nacht auf. Heraus tritt aus diesem funkelnden Dämmern und dämmernden Funkeln, in dem einem der Merkur entgegentritt, diejenige Wesenheit, die dann als das Götterwesen Merkur bezeichnet wird. Den braucht man. Den braucht man unbedingt, sonst kommt Verwirrung zustande. Man muß zunächst in der geistigen Welt dieses Wesen finden, von dem man genau weiß, es gehört zu den Merkurwesen. Und dadurch, daß man ihn kennenlernt, kann man den zweiten Menschen, der in einem belebt wird, nun beherrschen, willentlich beherrschen. Man braucht nicht mehr so wie ein Mondenwandler sich unbestimmten Wegen zu überlassen, sondern man kann an der Hand dieses Götterboten Merkur die bestimmten Wege in die geistige Welt hinein tun.

Und so handelt es sich darum: Will man die richtigen Wege in die geistige Welt hinein finden, so muß man ganz bestimmte Erfahrungen zunächst machen, welche lenkend und leitend sind. Der gewöhnliche Mystiker vertieft sich in sein Inneres. Da kommt ein Gefühlsbrei zustande, in dem alles durcheinandergerührt ist; Gott und Welt und Engel und Teufel, sie sind ja bei dem gewöhnlichen Mystiker durcheinandergerührt. Höchstens kann es zu allgemeinen Träumen kommen, an denen man nicht unterscheiden kann, ob sie aus der Geschlechtssphäre oder aus der Kopfsphäre sind. Im allgemeinen sind sie durcheinandergebrodelt, die Erlebnisse, oder breiartig durcheinandergerührt. Das ist die unklare, die nebulose Mystik, die den Traum nicht durchhellt, die den Traum im Gegenteil mit größerem Chaos, das dann nur dem Initiaten verständlich ist, durchwirkt.

Solche Erlebnisse, wie sie beschrieben werden, die so wunderbar sind, so großartig poetisch sind wie die von *Katharina von Siena* und ähnliche, die kann nur der Initiat verstehen, denn nur er weiß, was da eigentlich vorgeht. Und daher kann gesagt werden: Treibst du deine Initiation mit vollem Bewußtsein, das so klar und durchsichtig wie das Bewußtsein ist, wenn du rechnest oder Geometrie treibst, gehst du mit dieser ganzen vollen Besonnenheit in diese Dinge hinein, so findest du den rechten Weg. – Erst dadurch, daß du weißt, du zauberst die innerliche Nacht in den äußeren Tag hinein, findest du die wirkliche, reale geistige Welt. So wie niemand leugnen kann, daß der Mond aufgeht, daß der Merkur aufgeht in der äußeren Raumeswelt, daß das nicht erträumt, sondern real ist, so findet man das, wenn man mit vollem Bewußtsein hineingeht und Geistwesen begegnet, so, wie man in der physischen Welt Menschen begegnen kann. Und falsche Wege werden überall da gegangen, wo man den Geist suchen will, ohne sich bewußt zu werden dessen, was da in der geistigen Welt ist. Wenn man nur auf Erden bleibt und meinetwillen mit Medien experimentiert, ohne in die geistige Welt wirklich einzutreten, sondern nur an dem, was die Medien äußerlich auswirken, experimentieren will, nicht dem Geistigen wirklich begegnet, dann ist man auf falschem Wege. Alles, was nicht das Bewußtsein erweckt in der geistigen Welt, sondern im Schlafe weiterwandelt und nur die Wirkungen studieren will wie der äußerliche Okkultismus, ist auf falschem Wege. Alles dasjenige, was, indem es in die geistige Welt eintritt, sogleich der geistigen Welt als einer Realität entgegentritt, die aber geistig ist, ist auf richtigem Pfade.

Und, sehen Sie, so ist das innerliche, lebendig erkennende Erfassen der Mondensphäre der Ausgangspunkt des einen Initiationsweges. Und wir können sagen: Was sonst im Wachen, wo der menschliche Mond im Inneren wirkt, was sonst im Wachen nur mit Bezug auf Sonne und Mond auftritt, das tritt jetzt so auf beim Initiaten während des Wachens, wie es sonst im Schlafe auftritt. Der Mensch wird gewahr der Mondenwirkungen, wie wenn sie äußerlich wären. Er zaubert die Nacht in den Tag hinein. Und statt daß für die gewöhnliche Nachtbetrachtung der ganze Himmel gleich sternenbeglänzt wird, geht zuerst geistig der Stern Merkur auf. Und hat man dann nach dem Wege, wie ich es geschildert habe in «Wie erlangt man Erkenntnisse der höheren Welten?», hat man es dahin gebracht, Imaginationen auszubilden, zu wirklichen Imaginationen zu kommen, so tritt einem eben in dieser Mondenwelt während des Tages die Welt der Imaginationen als Wirklichkeit entgegen.

Aber indem man in die Merkurwirkungen eintritt, gehen diese Imaginationen zu ihren Wesenheiten über. Man stellt jetzt nicht mehr bloß Visionen dar, hinter denen nichts Reales ist, sondern man stellt jetzt Visionen wie Imaginationen vor – aber die gehen zu ihren entsprechenden Wesenheiten hin. Sie können daher, wenn Sie noch nicht weit genug gekommen sind in Ihrem Initiationsweg, die Vision des Archangelos, des Erzengels, haben, aber es bleibt eine Vision. Erst wenn Sie weiterdringen, dann geht diese Vision zum Erzengel wirklich hin, und Sie schauen dann die Vision des Erzengels, der darinnensteckt. Vorerst, beim bloßen Mondenscheine, braucht er nicht drinnenzustecken. Jetzt steckt er drinnen. Und so werden Sie sich der Merkurwirkungen bewußt, indem Ihre visionäre Welt in eine wahre Wahrnehmungswelt des Geistigen hineinfließt. Das alles kann nur – das muß immer wieder erwähnt werden – bei vollster Besonnenheit in richtiger Weise erreicht werden.

Und dann, wenn der Mensch weiter seine Meditationen treibt, sein Inneres weiter erkraftet, aktiver und aktiver macht, dann erlangt er zu der Merkurwirkung hinzu die Venuswirkung. Und siehe da, wenn die Venuswirkung auftritt, wenn in dieser in den Tag hineingezauberten inneren Nacht die Venus aufgeht, da verlieren sich gegenüber den Wesenheiten, die da aufgetreten sind, die in den Bildern der Imagination, der realen Visionen erscheinen, da verlieren sich darinnen die Visionen, und man steht mit leerem Bewußtsein gegenüber der geistigen Welt. Man weiß, die geistigen Wesenheiten sind da. Man ist in der Venussphäre angelangt. Die geistigen Wesenheiten sind da. Man wartet, bis einem entgegenkommt die Sonnensphäre. Das ganze ist eine Vorbereitung, um nun die Sonne ein zweites Mal zu erleben. Man tut ja das alles während des Tagwachens, wo man in den Sonnenwirkungen von außen steht. Man macht diesen Weg durch, den ich beschrieben habe, durch Mond, Merkur, Venus. Da verlieren sich die Visionen. Man dringt weiter. Der ganze Weg war ein Weg von Erde zu Mond, zu Merkur, zu Venus, zur Sonne hin. Man dringt in das Innere der Sonne. Man schaut die Sonne ein zweites Mal, geistig. Sie bleibt noch nicht, ist undeutlich, aber man weiß: man schaut sie geistig. Man schaut in das Innere der Sonne hinein.

Es ist so, wenn ich einen ganz groben Vergleich gebrauchen darf, wie wenn man sich sagen würde: Ich sehe dort etwas in der Ferne; ich nähere mich ihm, halte es zuerst für etwas künstlich Gemachtes, nähere mich ihm, greife es an, da fängt es mich in seinen Zähnen an der Hand. Jetzt weiß ich, das ist nicht künstlich gemacht, das ist ein wirklicher Hund. Ich werde gewahr, daß das ein Inneres war. Dieser grobe Vergleich kann Sie darauf aufmerksam machen, daß das etwas ist, was Realität hat. Man geht von der Erde durch die Mondenwirkungen, Merkurwirkungen, Venuswirkungen und kommt darauf, die Sonne zu schauen, so daß man merkt: sie ist ein lebendiges Geistwesen; da leben auch Wesen darinnen.

Das ist zunächst der Weg, der ausgebildet werden kann und der durch und durch auf jedem seiner Schritte zeigt, wie der Initiat, indem er weiterschreitet, die volle Besonnenheit bewahren muß und dann auf richtigem Wege wandelt; und wie der Mensch, wenn er gar nicht gewahr wird, daß er, indem er in irgendeiner Weise aus sich herausgeht, in den Kosmos tritt und daß der Kosmos geistig wird vor seinem geistigen Blick, wie er da auf falschem Wege geht. Sehen Sie, innerlich muß man den Unterschied zwischen wahren und falschen Wegen in der geistigen Anschauung kennen.

Das Ergreifen der menschlichen Organisation in Imaginationen

Nun habe ich bereits gestern angedeutet, wie aus einer Notwendigkeit der Zeit heraus von den verschiedensten psychisch-okkulten Gesellschaften, welche in einer karikaturhaften Nachahmung naturwissenschaftlicher Methoden arbeiten, gesucht wird, an äußeren Erscheinungen die geistige Welt zu erforschen. Mißverstehen Sie mich nicht, ich will nicht als Kritiker dieser Methoden auftreten, da ich zu genau weiß, wie stark die Sehnsucht sein kann, durch Beobachtung äußerer Tatsachen auf naturwissenschaftlichem Wege in das Wesen der geistigen Welt hineinzukommen. Ich will nur zeigen, wie diese Wege in Irrtum führen und wie sich dagegen die wahren Wege verhalten müssen. Es ist durchaus begreiflich heute, weil wir im naturwissenschaftlichen Zeitalter leben und weiterleben müssen, daß Menschen auftreten, die über die geistige Welt so forschen wollen, wie man in der Naturwissenschaft unmittelbar forscht, und die für unsicher halten andere, rein geistige Wege. Und so kommen sie darauf, zu sagen: Auf der einen Seite liegt eben die normale Welt vor; da gehen Menschen herum, die ihre Absichten ausführen, die ihnen vom äußerlichen sozialen Leben auferlegt sind; da gehen Menschen herum, die im Sinne dieses äußerlichen sozialen Lebens denken und wirken. Das hat weiter, weil man es gewohnt ist, nichts Besonderes. Darinnen forscht eben die Naturwissenschaft, die sich mit den äußeren Erscheinungen, mit Wärme-, Licht-, elektrischen, magnetischen Erscheinungen und so weiter befaßt.

Nun treten aber auch im Leben abnorme Tatsachen auf. Menschen verhalten sich als automatische Schreiber, als Vollführer von diesem oder jenem, wozu sie in Hypnose, durch Suggestion veranlaßt werden. Man vermutet, auf diese Weise spricht eine unbekannte Welt herein in diese gewöhnliche Welt. Man will diese äußeren Zeichen, die man da bekommt, diese abnormen Tatsachen deuten. Man will deuten, wie es kommt, wenn in New York jemand irgend etwas lebhaft denkt und erlebt und ein mit ihm in Seelengemeinschaft in Europa lebender Mensch innerlich die Nachricht davon bekommt, es weiß, wie man sonst nur durch die drahtlose Telegraphie auf äußere Weise Nachricht bekommt. Solche Erscheinungen, die man zu Hunderten, zu Tausenden anführen könnte, sie werden auf naturwissenschaftlich-äußerem, statistischem Wege erforscht.

Der Weg kann deshalb nicht zu einem Ziele führen, weil, wenn man nicht eine geistige Richtung hat, in die man gehen soll, die aber in der geistigen Welt selber drinnenliegen muß. Dann bleiben alle diese Erscheinungen, so wunderbar sie sein mögen, als Aggregate in der äußeren Welt liegen, eines neben dem anderen. Man kommt überhaupt nicht zu einem Wissen, zu einer Erkenntnis, kann diese Erscheinungen nur registrieren, als etwas Wunderbares anschauen, Hypothesen ersinnen über die geistige Welt, die aber keine Bedeutung haben, weil die Erscheinungen selber in dieser äußeren Welt, in die sie ja hereingestellt sind, zu einer äußeren Welt eben nicht wirklich sprechen, was sie sind. Wir können noch so viel mit Medien, mit äußeren naturwissenschaftlichen Tatsachen uns abgeben, die geistige Welt offenbart sich hinein; aber sie spricht sich nicht aus über das, was sie eigentlich ist.

Sehen Sie, da tritt dann diejenige Forschung ein, von der ich gestern sagte, daß von Dr. *Wegman* mit mir zusammen nun versucht wird, auch exakt sie darzustellen. Diese Forschung geht ebensowenig wie die andere Forschung, die ich jetzt eben dargestellt habe, die das innere Traumleben zu erhellen sucht, so vor, daß sie die geistige Welt vermeidet; sondern sie geht so vor, daß sie direkt mit dem Ziele, das sich in der geistigen Welt selber eröffnet, die Erscheinungen nimmt, die sich darbieten für eine solche Forschung. Aber diese Erscheinungen liegen nicht in den zerstreuten wunderbaren Tatsachen, die uns auf die eben geschilderte Weise in der Außenwelt entgegentreten. Diese Erscheinungen liegen auf dem Gebiete, das der medizinisch, anatomisch und physiologisch Durchgebildete anschaut, wenn er von dem Begreifen der äußeren Form eines Menschenorgans, der Lunge oder

der Leber oder irgendeines anderen Organs aufsteigt zu einem imaginativen Erfassen dieses Organs, wenn er allmählich beginnt, die menschliche Organisation in Imaginationen sich vor die Seele stellen zu können.

Sehen Sie, es ist das also möglich, wenn man die Organe des Menschen, die normalerweise nicht wie die äußeren Naturerscheinungen wirken, sondern die normalerweise so wirken wie die abnormen Erscheinungen, wenn man diese Organe zu studieren vermag, wenn man also von einer im Menschen liegenden, wissenschaftlich-anatomischen Erkenntnis ausgehen kann, die sich dann erhebt zum geistigen Durchschauen der menschlichen Organisation. Vom ganzen Menschen geht man aus bei der Methode, die ich vorhin geschildert habe. Von den einzelnen menschlichen Organen, die man durch eine geistige Anatomie ergreift und unmittelbar anschaut, geht man aus bei dem Wege, der zum Richtigen führen kann gegenüber dem Irrtümlichen, das die äußeren Erscheinungen auf statistisch karikiert naturwissenschaftliche Weise begreift. Daher können Sie verstehen, daß sich erst ein Mensch finden mußte, der in dieser Weise ganz regulär im Medizinischen drinnensteht, damit die Dinge dargestellt werden können.

Nun handelt es sich im weiteren darum, daß in dem Augenblicke, wo in dieser Weise ein menschliches Organ von einem Menschen geistig erfaßt wird, wo ein Mensch also dasteht, der in dieser Weise Anatomie anschaut, daß dann in seinen Gedanken dieses Ziel nicht als ein unbestimmtes Ziel lebt. Und jetzt geht nicht ein innerlicher Mensch auf, wie ich ihn früher beschrieben habe, sondern es geht ein äußerlicher Mensch auf, ein kosmischer Mensch, der allerdings noch nebulos erscheint, aber wie ein kosmischer Mensch, wie ein großer, gigantischer Mensch, der Mensch, wie er angeschaut wird nicht als Erdenganzes, sondern angeschaut wird dadurch, daß man seine Organe anschaut, innerlich geistig umfaßt. Dadurch, daß sich diese Organe im Geiste zeigen, steht nicht mehr der Erdenmensch bloß da, sondern der Mensch, der umfassend ist den Kosmos. Dann schaut man: Geradeso wie man früher hineingezaubert hat in die Tagwelt die Nachtwelt, die Mondenwelt, so zaubert man jetzt herein in den

Menschen, in dasjenige, was jetzt nicht der ganze Mensch, der konturierte Mensch ist, sondern der aus seinen einzelnen Organen bestehende Mensch, in das zaubert man herein die Impulse der Saturnsphäre.

Geradeso wie früher die Mondensphäre hereingezaubert worden ist in das gewöhnliche Tagesbewußtsein, so wird jetzt in das wissenschaftliche Bewußtsein die Saturnsphäre hereingezaubert, und man wird gewahr, daß die Kräfte des Saturn in jedem Organ auf besondere Art wirken, daß die Kräfte des Saturn wirken in der Leber zum Beispiel am allerstärksten, in der Lunge verhältnismäßig sehr schwach, im Kopfe am allerwenigsten. Man wird also das Ziel gewahr, das man so aussprechen lernt: Du hast den Saturn allüberall zu suchen. Und ebenso wie man früher vorgedrungen ist durch Meditation, so dringt man jetzt durch ein Sich-Hineinleben in dieses Suchen des Saturn, des innerlichen Geistgefüges in jedem Organe, so dringt man jetzt ein in die Jupitersphäre und lernt erkennen, wie jedes Organ eigentlich das irdische Abbild eines geistig-göttlichen Wesens ist. Der Mensch trägt innerlich in seinen Organen die Abbilder geistig-göttlicher Wesen. Der ganze Kosmos, der zuerst ein großer Mensch gewesen ist in der Saturnsphäre, der ganze Mensch wird als ein gigantisches kosmisches Wesen klar, aber indem er als die Summe, als das innerlich-organische Zusammenwirken von Göttergenerationen erscheint.

Wiederum ist notwendig, daß dieser Weg in voller Besonnenheit gegangen wird. Aber er muß so gegangen werden, daß in ihm die Kräfte wirken, die all das aufrechterhalten können. Sie müssen bedenken, das alles sind ja Wirkungen, die zunächst wie im Status nascendi leben, die da sind, aber indem sie da sind, sogleich wieder vergehen. So daß man sie ja schon leicht erfassen kann; aber es wird unmöglich, sie zu beschreiben, sie festzuhalten, sie irgendwie gedanklich-bildhaft zu gestalten, wenn man dem unterliegt, was hier die Gefahr ist, daß [nämlich], indem alles das, was ich Ihnen erzählt habe, hervortritt und alles gleich wiederum vor dem Bewußtsein vergeht, so daß man gar nicht dazu kommt, es anzuschauen. Sehen Sie, die modernen Menschen vom Psychical research, die denken ja gar nicht daran, da wirklich das Geistige heranzurufen. Sie möchten das alles laboratoriumsmäßig machen, in beliebiger Weise, indem sie A, B, C, als

Menschen in das Laboratorium hineinrufen und das ausführen. So lassen sich die geistigen Realitäten nicht an die für den Menschen erkennbare Welt heranbringen, vor allen Dingen nicht diese Realitäten, die in dieser Weise erfaßt und nach und nach wirklich wissenschaftlich beschrieben werden sollen.

Das, was ich gestern von dem medizinischen Buche gesagt habe, wird nur den alleresten, elementaren Anfang darstellen können, und das wird nach langer Zeit, wenn wir nicht mehr leben werden, die ausgebildete Wissenschaft erst werden. Aber so sehr diese Dinge auch in der geistigen Welt heute vorhanden sind, so sehr sie zum Beispiel unter den Wesen gang und gäbe sind, die nicht auf Erden, sondern in der Sonne leben, so sehr können sie auf die geschilderte Weise in das Erdenbewußtsein hereingebracht werden. Nur muß man eben nicht glauben, daß man laboratoriumsmäßig Versuche machen kann, und auch nicht glauben, daß man mit der abstrakten Anatomie und so weiter, wie sie in den Lehrbüchern steht, da weiterkommen könnte. Da handelt es sich darum, daß das alles durch den lebendigen Menschen geht. Warum?

Weil diese Dinge nur festgehalten werden können, wenn man sie mit denjenigen Kräften anfaßt, die auch aus dem gemeinsamen Zusammenstreben von Menschen zustande kommen, wenn sie sozusagen erfaßt werden mit den Kräften, die die Menschen aus ihren früheren Erdenleben in sich tragen, und diese Kräfte vor allen Dingen zum Halten, zum Festhalten dieser Dinge benutzt werden. Dann, wenn das geschieht, tritt in jene Welt der Saturn- und Jupitersphäre dasjenige ein, was man die Marssphäre nennen kann. Von da ab beginnen die Dinge zu sprechen. Von da ab werden die Dinge offenbar durch Inspiration. Und dann kommt man wiederum zurück zur Sonne mit dem inspirierten Bewußtsein. Das ist der andere Weg, der sich heute als derjenige ergibt, den die Naturwissenschaft fordert, den die Initiaten, von denen ich gestern gesprochen habe, gerne vermeiden möchten. Es ist ihnen unbehaglich, wenn sie auf diesen Weg kommen, der aber gegangen werden muß.

Denn der Weg durch die Mondensphäre – das wird Ihnen auch aus den heutigen Auseinandersetzungen klar sein –, der ist ja gerade von den alten Initiaten wunderbar gegangen worden, und man hat auch wunderbare Dinge, namentlich in der «Secret Doctrine» von *Helena Petrowna Blavatsky* in bezug auf diesen Mondenweg. Man muß nur das Richtige vom Unrichtigen unterscheiden können; dann sind aber großartige Wahrheiten in dieser «Secret Doctrine». Aber es ist der Weg, welcher hinaufgeht durch das Mondenastrallicht, in dem Helena Petrowna Blavatsky in wunderbarer Weise leben konnte, und in dem ihr für ihre Interpretationen der Merkurbote ein ganz wunderbarer Führer geworden ist. Man kann das sehen, wenn man ihre Auseinandersetzungen verfolgt, wie sie überall die Imagination an die richtige Stelle hinleitet. Es ist ja wunderbar bei der Blavatsky: Wenn sie eine Imagination entwickelt, so ist diese Imagination da; der Merkurbote leitet sie; er leitet sie hinein da, wo eine verborgene Bibliothek ist. Die Idee entsteht in ihr; der Merkurbote leitet sie hin zu einem sorgfältig vom Vatikan bewahrten Buche; die Blavatsky liest darinnen. Und manches steht bei der Blavatsky, was sie sonst nicht hätte finden können, weil es der Vatikan sorgfältig bewahrte, weil es gut seit Jahrhunderten bewahrt ist! Dieser Weg ist tatsächlich derjenige, der viel, viel begangen ist, und den man sorgfältig unterscheiden muß von alledem, was an fester innerer Haltung gemacht wird, wie ich es erwähnt habe.

Und der andere Weg führt diejenige Bahn, die ich beschrieben habe, die rechnet mit dem modernen naturwissenschaftlichen Wege, den ja Helena Petrowna Blavatsky auch haßte wie die Nacht, das heißt, sie haßte die Nacht, aber der gewöhnliche Mensch fürchtet Gespenster. Das ist der Weg, der gegangen werden muß in der Weise, wie ich es Ihnen gekennzeichnet habe, der sich bewußt werden muß, daß er in den karmischen Kräfteentwickelungen der Menschen die Stütze, die Stärke findet, nicht so sehr um die Erinnerungen zu bekommen, sondern um sie festzuhalten, so daß sie beschrieben werden können. Da muß schon die gegenwärtige Wissenschaft menschlich vertieft werden, so wie ich das gestern an meiner Mitarbeiterin auf diesem Gebiete charakterisiert habe. Sie sehen also, an dem Exempel kann man am besten erörtern, wie sich die richtigen Wege und die falschen Wege ergeben. Nicht durch Definitionen erreicht man das, sondern man erreicht das dadurch, daß man an realen Beispielen die Dinge erörtert.

So viel noch darüber gesagt werden kann in der kurzen Zeit, werde ich mir erlauben, morgen noch hinzuzufügen zu den Dingen, um in gewissem Sinne für diesen Kursus dann einen Abschluß zu haben.

ELFTER VORTRAG

Torquay, 22. August 1924

Wie steht es mit dem Verständnis für geistige Forschung?

Zwei Forschungsmöglichkeiten

Es wäre natürlich außerordentlich viel in direkter Fortsetzung desjenigen zu sagen, was in diesen Vorträgen angeschlagen worden ist; allein wir wollen heute versuchen, eine Art summarischer Abrundung dieser Vorträge vor unsere Seele hinzustellen.

Da muß uns vor allen Dingen aus der ganzen Haltung dieser Vorträge eine Frage vor das Seelenauge treten, das ist die Frage: Wie steht es eigentlich mit dem Verständnis der Anthroposophie, der geistigen Forschung, wie sie durch Anthroposophie in die Welt gesetzt werden soll? Wie steht es mit der Einsicht in dasjenige, was durch solche Anthroposophie gegeben wird, gegenüber der Tatsache, daß doch nicht jeder Mensch in der Gegenwart unmittelbar so an jene Exerzitien, an jene Übungen herantreten kann, die ihn schnell dazu bringen, alles das, was man durch Anthroposophie hört, auch selber in den entsprechenden Welten wahrzunehmen, um es so in restloser Weise zu prüfen? Das ist ja eine Frage, die den meisten derjenigen, die zur Anthroposophie einen gewissen Drang, eine gewisse Sehnsucht haben, am Herzen liegt. Aber diese Frage wird gerade immer in einem falschen Lichte gesehen, und sie kann gerade durch das, was man als Richtiges ausspricht, wie ich es in diesen Vorträgen getan habe, erst recht in einem falschen Lichte gesehen werden. Man kann sagen: Ja, was sollen mir alle diese Darstellungen aus der geistigen Welt helfen, wenn ich nicht selber in die geistige Welt hineinschauen kann? – Deshalb möchte ich die betreffende Frage in die heutigen summarischen Auseinandersetzungen hineinverweben.

Es ist eben gar nicht so, daß man sagen kann, man kann nicht eine Einsicht, nicht ein Verständnis für die Dinge erwerben, welche durch

Anthroposophie gegeben werden, ehe man in der geistigen Welt selber forschen kann. Man muß unterscheiden, insbesondere in der heutigen Zeit unterscheiden zwischen dem Forschen, das heißt dem Auffinden solcher Tatsachen, die den verschiedenen Welten angehören, und dem Verständnis dessen, was durch diese Forschungen gegeben wird. Und das Begreifen dieses Unterschiedes wird Ihnen vollständig aufgehen, wenn Sie bedenken, daß der Mensch, so wie er heute vor uns steht, ja verschiedenen Welten angehört, und daß er die Erlebnisse, die er hat, durchaus aus verschiedenen Welten heraus hat. Der Mensch, wie er heute ist, erwirbt sich im gewöhnlichen Leben das Bewußtsein des Alltagslebens und der gewöhnlichen Wissenschaft, von dem wir ausgegangen sind. Dieses Bewußtsein gibt ihm während des Tagwachens einen gewissen Überblick über ein Stück Welt, über all dasjenige in der Welt, was durch Sinne sich offenbart und was durch den Intellekt, der vom Menschen im Laufe der Zeit in der Evolution angeeignet worden ist, interpretiert werden kann, begriffen werden kann.

In eine an diese unmittelbar angrenzende Welt, die sich aber schon hinter der Sinneswelt verbirgt, reicht der Mensch mit seinem Verständnis in ganz undeutlicher Weise, wie ich es auseinandergesetzt habe, im Träumen hinein. Und in jene Welt, die der Mensch durchlebt zwischen dem Tode und einer neuen Geburt, erstreckt er sich mit seinem Seelenleben auf Erden nur hinein während des traumlosen Schlafes, in welchem es um ihn herum seelisch finster und schwarz ist, und in welchem er ein Leben vollbringt, an das er gewöhnlich keine Erinnerungen hat.

Dieses Bewußtsein mit seinem dreifachen Zustand, dem Wachzustand, dem Traumzustand, dem tiefen Schlafzustand, dieses Bewußtsein kennt der Mensch. Aber er lebt nicht allein in den Welten, die ihm dadurch zugänglich sind. Der Mensch ist nun einmal ein Wesen, das in einer ganzen Reihe von Welten lebt. Sein physischer Leib lebt in einer anderen Welt, als sein ätherischer Leib, dieser wieder in einer anderen Welt als der astralische Leib, und all das zusammen wieder in einer anderen Welt als das Ich. Und dieses Bewußtsein: helles Wachbewußtsein, Traumbewußtsein, schlafendes, man möchte sagen Nichtbewußtsein, aber man muß nur sagen dumpfes Bewußtsein, diese drei Bewußtseinszustände hat eigentlich das Ich, so wie es heute ist. Und dieses Ich, so wie es heute ist, hat dann, wenn es nach innen schaut, auch drei Zustände. Drei Zustände hat es, wenn es nach außen schaut: waches Tagesleben, Traumbewußtsein, Schlafbewußtsein. Schaut es nach innen, dann hat es das helle Denkbewußtsein; es hat das schon viel trübere, dem Traumleben viel ähnlichere, als man gewöhnlich glaubt, Gefühlsbewußtsein, das Leben in Gefühlen; und es hat das dumpfe, dämmerhafte, dem Schlafleben sehr ähnliche Willensbewußtsein. Wie unser Wollen zustande kommt, ist dem gewöhnlichen Bewußtsein ganz, ganz unbekannt, eigentlich so unbekannt wie der Schlaf. Der Mensch, wenn er etwas will, hat den Gedanken; der ist klar und hell. Er entwickelt dann etwas dunkler über diesen Gedanken das Gefühl. Und dann geht der gefühlsdurchdrungene Gedanke hinunter in die Glieder. Was da vorgeht, das erlebt der Mensch mit dem gewöhnlichen Bewußtsein nicht. Vor jener Forschung, von der ich gestern und vorgestern gesprochen habe, nimmt sich das Wollen so aus: Während der Gedanke im Haupte etwas will und er dann durch das Gefühl hinuntergeht in den ganzen Leib, und der Mensch durch seinen ganzen Leib will, während dieser Zeit entwickelt sich im Menschen etwas wie ein feiner, subtiler, intimer Verbrennungsprozeß.

Der Mensch kann, wenn er zum Initiatenbewußtsein kommt, dieses durch die Wärme influenzierte Wollen erleben. Aber das bleibt für das gewöhnliche Bewußtsein ganz im Untergrunde. Das ist nur ein Beispiel dafür, wie dasjenige, was schon heraufgehoben werden kann in das Initiatenbewußtsein, doch für das gewöhnliche Bewußtsein in den Untergründen bleibt. Man wird zum Beispiel einmal folgendes einsehen, wenn die Dinge, die durch das gestern erwähnte Buch nach und nach in die Welt kommen werden, wirklich eingesehen werden. Man wird einsehen, daß, wenn ein Mensch etwas will und man das mit dem Initiatenbewußtsein anschaut, es so ist, wie wenn man einen äußeren Vorgang des Verbrennens einer Kerze oder überhaupt ein wärmeentwickelndes Licht äußerlich anschaut. Geradeso wie man da von der äußeren Anschauung ein klares Bild hat, so kann man das Hineinschlagen des Gedankens in den Willen so sehen, daß man sagt: Der

Gedanke entwickelt das Gefühl, und aus dem Gefühl geht hinunter – es bewegt sich beim Menschen von oben nach unten – Wärmeentwickelung, Flamme; und diese Flamme will. – Es enthüllt sich also nach und nach.

Wir können geradezu dieses gewöhnliche Bewußtsein schematisch so vor uns hinstellen:

Innen: Klares Denken	Außen: Waches Tagesbewußtsein
Gefühlsleben	Traumbewußtsein
Willensbewußtsein	Schlafbewußtsein

Nach außen waches Tagesbewußtsein, nach innen klares Denken; nach außen Traumbewußtsein, nach innen unklares, aber warmes Gefühlsleben; nach außen Schlafbewußtsein, nach innen ganz dunkles Willensbewußtsein.

Nun aber, wenn auch der Mensch, um in der geistigen Welt zu forschen, das heißt, um die Tatsachen aufzusuchen, die aus der geistigen Welt heraus geoffenbart werden können, in die Notwendigkeit versetzt ist, sein Bewußtsein dorthin zu tragen, wo die Welt ist, in die er erkennend eindringen will, so geht doch dann, wenn die Forschungen ehrlich mitgeteilt werden, dasjenige, was an Ideen durch Worte mitgeteilt wird, in die anderen Bewußtseine hinein. Und nun können Sie vielleicht begreifen, daß es zweierlei gibt. Erstens gibt es das, daß man zum Beispiel in der Welt der menschlichen Organe forscht, wie ich es gestern auseinandergesetzt habe, daß man da mit den beim Menschen im Heranleben an die geistige Welt herankommenden Kräften die Tatsachen, um die es sich handelt, untersucht. Da findet man die entsprechenden Tatsachen. Da legen sie sich für das Erkennen vor die Seele, diese Tatsachen. Da hat man sie. Da stehen also Menschen in der äußeren Welt diesen Tatsachen gegenüber. Nun werden diese Tatsachen durch diese betreffenden Menschen mitgeteilt, sie werden der Welt dargelegt. Wenn sie durch Menschen der Welt dargelegt werden, dann sind sie mit dem gewöhnlichen Bewußtsein zu begreifen, wenn man nur die nötige Unbefangenheit dazu mitbringt. Daher war ja immer in der menschlichen Evolution die Einrichtung, daß wenige Menschen sich damit befaßt haben, die

Tatsachen zu erforschen, die für die geistige Welt in Betracht kamen, und sie dann, wenn sie sie erforscht hatten, den anderen mitgeteilt haben.

Nun spricht heute gegen das in Empfangnehmen solcher Erkenntnisse nur das eine, daß die Menschen in der Regel in einem sozialen Milieu und in einer Erziehungsentwickelung aufwachsen, die ihnen in ihren Empfindungsgewohnheiten beibringt, daß man nur an die äußere Tatsachenwelt glauben könne, an die Welt der Sinne und an das, was der Verstand erkundet aus der Welt der Sinne. Das ist eine Gewohnheit, die so stark wirkt, daß man aus dieser Gewohnheit heraus jederzeit geneigt ist, zu sagen: Da ist eine Universität; an der Universität sind Leute graduiert; die lehren jetzt an der Universität, die erforschen auch gewisse Tatsachen, oder wenn andere gewisse Tatsachen der sinnlichen Welt erforschen, so bestätigen sie es. – Man glaubt daran! Man erforscht ja diese Tatsachen der sinnlichen Welt auch nicht selber, man glaubt daran. Und gerade mit Bezug auf die heutige Naturwissenschaft sind ja die Menschen unendlich gläubig. Sie glauben Dinge, die für den, der Einsicht hat, durchaus nicht nur problematisch, sondern sicher ganz unwahr sind. Das rührt nur von einer jahrhundertealten Erziehung her.

Diese Erziehung hatten die Menschen früherer Jahrhunderte, darf ich sagen, nicht. Da waren die Menschen dadurch, daß bei allen noch etwas heraufkam von einem Hineinschauen in die geistige Welt, von einem gefühlsmäßigen, willensmäßigen Sich-Hineinleben in die geistige Welt, schon noch geneigter, auch denjenigen zu glauben, die geistige Tatsachen erforschten. Heute sind die Menschen das einfach nicht gewöhnt, und man hat sich an eine Anschauungsweise gewöhnt, die auf dem Kontinente mehr theoretisch, in England und Amerika mehr praktisch, sich ganz eingebürgert hat.

Auf dem Kontinente gibt es ausführliche Theorien darüber, in England und Amerika gibt es ein Gefühl dafür, das man innerlich gar nicht leicht besiegen kann. Es ist dieses: Die Menschen haben sich eingewöhnt in das, was durch Jahrhunderte heraufgekommen ist, Naturwissenschaft, die sich auf die äußeren Sinne bezieht, zum Beispiel Astronomie, Pflanzenkunde, Tierkunde, Medizin so hinzunehmen, wie man es für sie präpariert in den anerkannten Schulen und an den anerkannten Stätten. Daran haben sich die Menschen durch Jahrhunderte gewöhnt, und heute halten sie an dem furchtbar fest. Und wenn ein Chemiker in seinem Laboratorium etwas erforscht, und man hat keine blasse Ahnung von dem, wie er das macht, aber es wird bekannt, so sagen sie: Das ist wahr, das ist Erkenntnis. – Sie sagen: Das ist kein Glaube, das ist Erkenntnis. – Es ist natürlich purer Glaube! Aber die Menschen sagen: Das ist Erkenntnis.

Und nun auf all den Wegen, die man anwendet, um so die Sinneswelt zu erforschen, um so mit dem Verstande die Gesetze der Sinneswelt zu finden, auf all den Wegen findet man nichts über die geistige Welt. Aber der Menschen, die die geistige Welt ganz entbehren können, sind ja nur wenige, und die reden es sich ein, sind darin nicht ehrlich. Die Menschen haben vor allen Dingen ein Bedürfnis, auch über die geistige Welt etwas zu wissen. Sie hören heute noch nicht auf diejenigen, die ihnen von der geistigen Welt nach heutiger Art etwas sagen können, aber sie hören auf dasjenige, was geschichtlich überkommen ist, was in den Büchern steht, was in den heiligen Schriften des Ostens, was in der Bibel steht. Sie hören auf das, weil sie nicht anders können, als irgendwie einen Bezug zur geistigen Welt zu haben. Und trotzdem alles, was in der Bibel oder in den heiligen Schriften des Ostens steht, auch nur von einzelnen Initiaten erforscht worden ist, so sagen sie: Ja, das ist eine andere Art von Anschauung. Das ist nicht so, wie das Erkennen der äußeren Sinneswelt, wie das Erkennen der Wissenschaft, sondern das beruht auf einem Glauben. Da muß man glauben. – Und da machen die Menschen dann den strammen Unterschied, etwas ist Wissenschaft, etwas anderes ist Glaube. Und sie beziehen dann die Wissenschaft auf die Sinnenwelt und den Glauben auf die geistige Welt.

Darüber gibt es auf dem Kontinent, namentlich unter den Theologen der evangelischen Kirche – nicht unter den Theologen der katholischen Kirche, die haben nur die Traditionen der früheren Zeit bewahrt und die unterscheiden nicht in derselben Weise wie die evangelischen Theologen oder wie die äußeren Wissenschafter –, da gibt es auf dem Kontinent ganze Theorien, wie das Erkennen bis zu einem gewissen

Punkte kommt, dann beginnt der Glaube. Das müsse so sein. Hier in England gibt es weniger Theorien, weil man Theorien nicht so liebt. Aber hier gibt es diese Lebenspraxis, richtig auf der einen Seite nach der Wissenschaft hinzuhören und das für etwas zu halten, was man von der Wissenschaft annimmt; richtig auf der anderen Seite zu leben, pietätvoll, ich will nicht sagen pietistisch, im Glauben, und die beiden Dinge streng voneinander zu trennen.

Das bringen nicht nur die Laien fertig, das bringen ja auch die Gelehrten fertig, schon seit langer Zeit. *Newton* begründete auf der einen Seite die Gravitationslehre, das heißt eine Raumesweltanschauung, welche durch dasjenige, was sie ist, jede Anschauung vom Geistigen ausschließt. Wenn die Welt so wäre, wie sie Newton angeschaut hat, so könnte sie keinen Geist enthalten. Man hat nur nicht den Mut, sich das zu gestehen. Geradesowenig wie aus einem Spinnrad jemals ein Mensch werden könnte, wie vorgestellt werden könnte in einem Spinnrade ein Mensch, ebensowenig kann in der Newtonschen Welt ein göttlich-geistiges Walten und Weben vorgestellt werden. Man hat nur nicht den inneren Mut, die innere Courage, sich das zu gestehen. Aber nicht nur diejenigen, die so etwas aufnehmen, bringen es fertig, auf der einen Seite einer Raumesweltanschauung und einer Zeitenweltanschauung sich hinzugeben, die das Geistige ausschließt, sondern auch diejenigen, die selber forschen, wofür Newton ein schönes Beispiel ist, der auf der einen Seite eine Weltanschauung begründet, die alles Geistige ausschließt, auf der anderen Seite mit vollständiger Trennung der Seele davon die Apokalypse interpretiert.

Es sind die Brücken abgebrochen zwischen demjenigen, was Wissen, Erkenntnis von der äußeren Sinneswelt ist, und dem, was Wissen, Erkenntnis von der geistigen Welt ist. Und man versucht heute sogar da, wo man Theorien liebt, das streng zu beweisen, da, wo man Theorien nicht liebt, es recht in die Empfindungs- und Denkgewohnheiten einzufressen, so daß man gar nicht daraus herauskommt. Dagegen ist der Verstand der Menschen, das Verstehen, die Ideenkraft, die Ideenfähigkeit heute schon so weit, wenn man sich nur darauf besinnt, wenn man sie nur recht in der Hand hat, daß dasjenige, was aus Initiationswissenschaft hervorgeht, durch den Verstand voll begriffen werden, aber nicht erforscht werden kann.

Was ist denn daher das Notwendige? Daß sich die Anschauung entwickele: Es muß zunächst dasjenige erforscht werden, was aus der geistigen Welt erforscht werden soll, durch diejenigen Menschen, die in ihrem gegenwärtigen Leben Kräfte zu Hilfe nehmen können aus früheren Inkarnationen, die sie befähigen, dasjenige heraufzubringen, was notwendig ist, um zu forschen; daß ferner das, was so erforscht wird, von einer Anzahl von Menschen, von immer mehr und mehr Menschen aufgenommen werde, verstanden werde in Ideen, wie es verstanden werden kann; und daß dadurch, wenn in gesundem Verstehen das spirituell Erforschte aufgenommen wird, gerade für diese anderen Menschen aus dem Verstehen heraus die Grundlage geschaffen wird, auch wirklich in die geistige Welt hineinzuschauen. – Denn ich habe es ja oftmals ausgesprochen: Es ist der gesündeste Weg, um wirklich in die geistige Welt hineinzukommen, sich zunächst mit der Lektüre zu befassen oder mit dem Aufnehmen dessen, was aus der geistigen Welt verkündet wird.

Nimmt man diese Gedanken auf, so beleben sie sich innerlich, und der Mensch kommt hinein in das Verstehen nicht nur, sondern auch in das Erschauen, so wie es sein Karma zuläßt. Und gerade auf diesem Punkte muß man sich in die Anschauung vom Karma streng hineinfinden. Der heutige Mensch denkt nicht an Karma. Er redet davon, daß man, wie man im Laboratorium den Schwefel untersucht, so auch laboratoriumsgemäß untersuchen müsse, wie ein Mensch sogenannte abnorme Erscheinungen zustande bringt. Man müsse mit dem Menschen, der abnormes Erkennen aus sich herausbringt, so experimentieren, wie man mit dem Schwefel experimentiert. Aber sehen Sie, der Schwefel hat kein Karma. Nur derjenige «Schwefel», der vom Menschen geredet wird, hat ein Karma! Der gewöhnliche mineralische Schwefel hat kein Karma. Nur die Menschen haben ein Karma. Und es kann niemals vorausgesetzt werden, daß der Mensch es in seinem Karma hat, in einem Laboratorium mit sich experimentieren zu lassen, und das müßte vorliegen, wenn die Forschungen fruchtbar werden sollten.

Daher müßte zunächst Geisteswissenschaft vorliegen. Man müßte zunächst die Bedingungen untersuchen, wie es aus dem Karma hervorgeht, daß man durch einen Menschen etwas erfahren kann über die geistige Welt. Das habe ich in den späteren Auflagen meiner «Theosophie» am Schlusse deutlich ausgesprochen. Aber dazu ist die gegenwärtige Welt nicht geeignet – nicht aus Unfähigkeit, sondern aus Gewohnheit –, die Dinge aufzunehmen. Aber das ist unendlich wichtig. Wichtig ist es vor allen Dingen, sich darüber klar zu sein: Du mußt nicht gleich auf Forschungswegen in die geistige Welt eingedrungen sein; sondern, wenn du nur auf dem physischen Plane hier nicht ein Ungesundes anwendest, wie ein Experimentieren mit Karma unbedingt nicht karmisch bedingt wäre, oder mit Medien, deren Handlungsweise du nicht verstehst; wenn du dich hier verlässest auf dasjenige, was für diese Welt vorerst gerade das richtige Bewußtsein ist, und was ich geschildert habe als das Alltagsbewußtsein; wenn du dich auf dieses Alltagsbewußtsein richtig verlässest, dann kommst du auf ein völliges Verständnis dessen, was aus der Initiationswissenschaft heraus gesagt wird. – Und wenn man glaubt, man könne nicht ein solches Verständnis haben, ehe man selber eindringen kann, so gibt man sich einem ganz großen Irrtum hin. Und das ist wieder einer der falschen Wege, auf die man sich heute begibt, zu sagen: Was geht mich die Geistwelt an, solange ich nicht selber hineinschauen kann. – Hier liegt einer der allergrößten, der allergefährlichsten, der allerdeutlichsten Irrtümer vor. Dieser Irrtum muß vor allen Dingen von einer Bewegung, wie sie die Anthroposophische Gesellschaft verkörpert, scharf ins Auge gefaßt werden.

Geburt und Tod und das Böse

Daß der Mensch mit seinem Dasein hier in der physischen Welt verschiedenen Welten angehört, das kann dem unbefangenen Bewußtsein einfach daraus hervorgehen, daß die Tatsachen, die der Mensch erlebt, so wie sie nun einmal sich darstellen vor dem gesamten menschlichen Erfahren, sich so ausnehmen, daß sie überall, wo es auf

Wichtigstes im Leben ankommt, an die Unverständlichkeit des Alltagsbewußtseins stoßen, anstoßen dadurch, daß sie auseinandergerückt erscheinen, während sie für gewisse Fälle eng zusammengehören.

So möchte ich in dieser summarischen Betrachtung zunächst auf das Hereinkommen des Menschen in diese physische Welt und das Hinausgehen des Menschen hinweisen, möchte hinweisen auf Geburt und Tod. Geburt und Tod, diese zwei ja einschneidendsten Ereignisse im menschlichen Erdenleben, sie erscheinen dem gewöhnlichen Bewußtsein auseinandergerückt. Alles, was der Geburt vorangeht, was damit zusammenhängt, daß der Mensch ins Erdendasein hereintritt, ist an den Anfang des Erdenlebens gestellt. Der Tod ist an das Ende des Erdenlebens gestellt. Sie scheinen auseinandergerückt zu sein. Für denjenigen, der auf dem Gebiete des geistigen Lebens forscht, rücken sie immer mehr und mehr zusammen. Denn wenn man den Weg beschreitet, den ich dadurch charakterisiert habe, daß der Mensch in die Mondenmysterien eindringt, die Nacht so hereinzaubert in den Tag, wie ich das gestern beschrieben habe, so schaut er, wie in all den Vorgängen des Geborenwerdens der physische und der Ätherleib immer sprießender und sprossender werden; wie sie aus dem kleinen Eikeim hervorgehen, wie sie sich allmählich zur menschlichen Gestalt heranbilden, wie sie auch noch während des Erdenlebens ein, man möchte sagen, aufwärtsgehendes Leben zeigen und erst in der Mitte des Erdenlebens, etwa mit dem fünfunddreißigsten Jahre, beginnen, allmählich zu verfallen, ein abwärtsgehendes Leben zu zeigen. Das schaut der Mensch ja auch äußerlich. Derjenige aber, der sich auf jenen Mondenweg begibt, von dem ich gestern gesprochen habe, der sieht nun auch, wie zu gleicher Zeit, indem ein sprießendes, sprossendes Keimesleben für das Physische und Ätherische beginnt und sich weitergestaltet, ein anderes Leben, das wir zusammenfassen auf dem Gebiete der Anthroposophie als astralischen Leib und Ich, eigentlich erstirbt, dem Tode unterliegt.

Man sieht, wenn man so in das mystische Leben hineinkommt, das ich gestern in seiner Konkretheit geschildert habe, nicht nur ein Geborenwerden des Physischen und Ätherischen, man sieht ein Sterben des Astralischen und Ich-Wesens. Man sieht den Tod sich hineinverweben in das Leben, das Absterbende dem Aufsprossenden sich vermählen. Und wiederum, wenn man den Menschen mit diesem Initiatenbewußtsein beobachtet, so sieht man dann, wenn sein Leib zerfällt, vom fünfunddreißigsten Lebensjahre an ein Beginnen des Auflebens im Astralischen und im Ich-Wesen. Nur sind diese gestört durch das, was ringsherum abstirbt im physischen und ätherischen Wesen. Aber ein wirkliches Aufleben geschieht. Und so lernt man durch diesen geistesforscherischen Weg den Tod schon im Leben, das Leben im Tode kennen. Dadurch bereitet man sich eben vor, dasjenige, was man absterben sieht während des Geborenwerdens, weiter zurückzuverfolgen ins vorirdische Leben, wo es sich in seiner vollen Bedeutung, in seiner Größe zeigt. Und dadurch, daß man im absterbenden Erdenleben das Astralische und das Ich-Wesen allmählich frischer werden sieht, nur eben gefangengenommen durch das Ätherische und durch das Physische, bereitet man sich wiederum vor, dem zu folgen, was durch die Pforte des Todes hinausgeht aus dem menschlichen Physischen und Ätherischen, dem zu folgen in die geistige Welt hinein. Tod und Geburt rücken aneinander, während sie im gewöhnlichen Bewußtsein als auseinandergerückte Tatsachen vorliegen.

Das alles aber, was so herausgeholt wird durch die Forschung aus der geistigen Welt, kann eben in der Weise, wie ich es im ersten Teil des heutigen Vortrags angedeutet habe, durchaus mit dem gewöhnlichen Bewußtsein erfaßt werden. Man muß sich nur dasjenige abgewöhnen, was dieses gewöhnliche Bewußtsein für den heutigen Tag verlangt. Sehen Sie, ich habe einen Menschen gekannt, der sagte: Der Stein fällt hinunter; wenn ich einen Stuhl aufhebe und ihn loslasse, fällt er hinunter; alles fällt hinunter zur Erde. Da behaupten die Menschen, die Erde stünde nicht auf etwas drauf; da müßte sie doch hinunterfallen – sagte er. Und dieser Mensch beachtete nicht, daß alles, was auf der Erde ist, hinunterfallen muß, weil die Erde da ist, daß aber die Erde selber frei im Weltenraum schwebt, wie die Sterne in ihrer Totalität sich gegenseitig stützen und halten.

Die Menschen, die heute behaupten, alles müsse durch die äußeren Sinne nach dem Muster der heutigen Wissenschaft bewiesen werden, die gleichen dem Menschen, der sagt: Wenn die Erde nicht auf einem großen Pflock aufruht, dann muß sie herunterfallen. – Die anthroposophischen Wahrheiten sind eben so, daß sie sich gegenseitig stützen wie die Sterne. Darauf muß man kommen. Und ist man mit seinem gewöhnlichen Verständnisse einmal dazu gekommen, dann beginnt man tatsächlich ideenmäßig Anthroposophie zu begreifen, auch solche Dinge wie das Zusammenrücken von Geburt und Tod. Aber gehen wir weiter. Fassen wir ins Auge, wie derjenige, der zunächst gut vorbereitet ist durch das, was die gegenwärtige Wissenschaft bedeuten kann, aber mit lebendiger Empfänglichkeit sich hineinstellend, nun nicht den ganzen Menschen erkennen lernt, sondern in der gestern ausgeführten Weise seine Organe.

Ja, sehen Sie, durch diese Organerkenntnis, durch diese auf dem Initiatenweg ergriffene Organerkenntnis stellen sich nicht Geburt und Tod vor die Seele, sondern etwas ganz anderes. Vor der Organerkenntnis haben Geburt und Tod sogar ihren gewöhnlichen Sinn verloren, denn sterben kann eigentlich nur der ganze Mensch, sterben kann nicht ein einzelnes Organ. Die Lunge zum Beispiel stirbt nicht. Das hat schon die gewöhnliche Wissenschaft heute ein bißchen an einem Zipfel erfaßt, daß, wenn der ganze Mensch gestorben ist, die einzelnen Organe in einer gewissen Weise für sich belebt werden können. Die einzelnen Organe sterben nicht, gleichgültig, ob der Mensch beerdigt oder verbrannt wird, die einzelnen Organe suchen sich für ihr Wesen ein jedes den Weg hinaus in den Kosmos, wenn auch der Mensch in der Erde liegt und die Erde über ihm, wenn er beerdigt worden ist, ihn zudeckt; es suchen sich die Organe den Weg durch Wasser, Luft und Wärme in den Kosmos hinaus. Die Organe lösen sich in Wirklichkeit auf, sterben nicht; nur der ganze Mensch stirbt.

Vom Tode zu sprechen beim Menschen hat nur einen Sinn in bezug auf den ganzen Menschen. Beim Tier muß man von den Organen in dem Sinne sprechen, daß sie sterben. Beim Menschen ist der Unterschied gegenüber dem Tiere, daß die Organe sich auflösen. Sie lösen sich nur schnell auf, so, wie wenn Sie einen unreifen Apfel kochen, er in einem gewissen Sinne den Prozeß schneller durchmacht, als der reife Apfel. Das Beerdigen ist der langsame Prozeß, das Verbrennen ist der schnelle Prozeß. Die Organe können auch in ihrer Eigenart verfolgt werden, wie sie ins Unendliche hinausgehen. Aber da draußen im Kosmos, da ziehen sie nicht ins Unendliche hinaus, sondern es kommt einem zurück dasjenige, was ich gestern geschildert habe, der große Mensch, der kosmische Mensch.

Man schaut also, wenn man die Organe mit dem Initiatenbewußtsein verfolgt, das, was im Tode mit den Organen sich wirklich vollzieht, dieses Hinausgehen nach ihrer Verwandtschaft in die Regionen des Kosmos. Das Herz geht woandershin als die Lunge, die Leber geht woandershin als Lunge und Herz. Sie zerstreuen sich im Kosmos. Das kann man schauen, wenn man auf dem Initiatenwege das Organbewußtsein, das Bewußtsein über die Organe entwickelt. Dann erscheint dieser Mensch. Dann erscheint der Mensch, so wie er eigentlich in den Kosmos eingegliedert ist. Und im Anschauen dieses Menschen, wie er eigentlich in den Kosmos eingegliedert ist, kann sich dasjenige darstellen, was zum Beispiel aufeinanderfolgenden Inkarnationen zugrunde liegt.

Man braucht das Anschauen, das sich nicht aus dem ganzen Menschen, sondern nur aus dem Organanschauen ergibt, um auch wiederum erkennen zu können das Zurückkommen früherer Erdenleben für die Anschauung in dieses Erdenleben. Daher war es so, daß die Leute, die auf dem Mondenwege, wie die Mystiker, die Theosophen und so weiter, sich hinbegaben in die geistige Welt, durchaus alles mögliche, Menschenseelen, wie sie früher gelebt haben, Götter, Geister gesehen haben, aber sie nicht eigentlich erkennen konnten, nicht darauf kommen konnten, was sie waren, nicht in bestimmter Weise sagen konnten: Das ist der *Alanus ab Insulis;* das ist *Dante;* das ist *Brunetto Latini.* – Die Wesenheiten waren da; sie wurden mitunter mit ganz grotesken Bezeichnungen belegt. Frühere Inkarnationen waren da. Aber man konnte nicht unterscheiden, ob es die eigenen oder fremde oder irgendwelche andere waren. So daß die geistige Welt in diese in den Tag hereingezauberte Nachtwelt hineintritt, sich aber eben dann unter dem Einfluß der Venusimpulse auflöst, und nun als geistige Welt in der Gesamtheit da ist, nicht die Bestimmtheit bekommt, die sie bekommen soll. Sehen Sie, in dieser Welt beginnt also die Möglichkeit, einzusehen, wie der Mensch im ganzen in die Welt hineingestellt ist, wie er als kosmisches Wesen existiert.

Auf der anderen Seite ist damit verbunden eine, ich möchte sagen außerordentlich tragische Erkenntnis. Denn wenn der Mensch nur der ganze Mensch wäre, wie er eben in seiner Haut hier auf der Erde erscheint, ach, das wäre ja ein so gutes, ein so zahmes, ein so edles Wesen! Geradesowenig wie man den Tod mit dem gewöhnlichen Bewußtsein erforschen kann – begreifen kann man ihn in dem angedeuteten Sinne, aber nicht ihn erforschen –, so kann man auch nicht erforschen mit dem gewöhnlichen Bewußtsein, warum die Menschen mit ihren treuherzigen Gesichtern – sie haben ja alle so treuherzige Gesichter –, warum sie mit ihren treuherzigen Gesichtern auch böse werden können. Böse wird man nämlich nicht als ganzer Mensch. Die Haut ist etwas außerordentlich Braves. Böse wird man durch die einzelnen Organe. In den Organen liegt die Möglichkeit des Bösen. Und daher lernt man im Zusammenhange dieser Verwandtschaft der Organe mit den einzelnen Weltregionen auch erkennen, aus welchen Weltregionen herkommt die Besessenheit von dem Bösen; denn eine solche liegt im Grunde genommen vor selbst beim geringsten Bösen. So daß zuerst beim Menschen auftritt aus dem Erkennen des ganzen Menschen Geburt und Tod; zweitens aus dem Erkennen der Organisation des Menschen Verwandtschaft mit dem Kosmos im gesunden und kranken Zustande: das Böse.

Und so kann auch diejenige Gestalt, die durch das Mysterium von Golgatha gegangen ist, vor die menschliche Seele nur hintreten, wenn man zuerst eine Möglichkeit hat, aus der menschlichen Organologie heraus den kosmischen Menschen anzuschauen. Denn als kosmischer Mensch kam Christus von der Sonne. Er war bis dahin noch nicht Erdenmensch. Er kam als kosmischer Mensch heran. Wie soll man einen kosmischen Menschen erkennen, wenn man sich nicht dazu erst vorbereitet hat, den kosmischen Menschen überhaupt zu ergreifen! Gerade eine Christologie kann hervorgehen aus diesem Begreifen des kosmischen Menschen. Und so sehen Sie, wie die richtigen Wege hineinführen in die geistige Welt, führen zum Erkennen von Geburt und Tod, führen zum Erkennen der Verwandtschaft der menschlichen Organe mit dem Kosmos, führen zum Erkennen des Bösen, führen zum Erkennen des kosmischen Menschen: Christus.

Das alles, wenn es dargestellt wird, so daß es sich gegenseitig stützt, kann verstanden werden. Und das Verstehen ist dann der beste Weg, selber hineinzukommen in die geistige Welt, das Verstehen und Meditieren über dasjenige, worinnen man im Verstehen ist. Die anderen Meditationsregeln sind dann weitere Unterstützungen. Aber so ist für jeden heutigen Menschen der rechte Weg hinein in die geistige Welt. Dagegen alles Probieren auf anderen Wegen, die heute nicht durch das gewöhnliche Bewußtsein gehen und das gewöhnliche Bewußtsein bewahren, alles Probieren mit ausgeschaltetem Bewußtsein, wie beim Mediumismus, beim Somnambulismus, bei der Hypnose und so weiter, alles Untersuchen an solchen Weltenvorgängen, an die man nicht herankommen kann mit dem Bewußtsein im Sinne einer karikaturhaften heutigen Naturwissenschaft, alles das sind falsche Wege, denn sie führen nicht in die wirkliche geistige Welt hinein.

Die Offenbarung des Himmlischen im Irdischen durch die Kunst

Wenn der Mensch gefühlsmäßig aufmerksam wird – und das kann er – auf dasjenige, was durch die Forschung sich ergibt, wie ich es nun angedeutet habe, daß durch die Organerkenntnis der kosmische Mensch zurückkehrt, der Christus gewissermaßen in diesem Zurückkehren verstanden werden kann; wenn der Mensch dieses, was der okkulten Forschung und Anschauung aufgehen kann, was in das Initiatenbewußtsein hereingenommen werden kann an Forschung, wenn das im Menschen gefühlsmäßig ersteht, dann ist gewissermaßen innerhalb des Irdischen das Himmlische durch das Gefühl in dem Ihnen angedeuteten Bewußtsein geoffenbart. Und das geschieht durch die Kunst. In der Kunst hält ein halb Unterbewußtes seelisch fest dasjenige, was aus der geistigen Welt eben auf den Rückwegen herankommt an die Menschen, auf jenen Rückwegen, die ich charakterisiert habe. Daher war es, daß zu allen Zeiten diejenigen Menschen, die durch ihr Karma dazu prädestiniert waren, in der Kunst durch das Irdisch-Stoffliche das Geistige festgehalten haben.

Unsere naturalistische Kunst ist davon abgegangen. Aber jede Höhe der Kunstentwickelung in der Menschheit stellt ein Geistiges im Sinnlichen dar, oder, könnte man auch sagen, erhebt das Sinnliche in die Sphäre des Geistigen hinauf. Man schätzt *Raffael,* den Maler, deshalb so hoch, weil er, wie kein anderer in diesem Maße, imstande war, im Sinnlichen etwas darzustellen, was sich zu dem Geistigen hinauferhebt.

Nun gab es im allgemeinen in der Menschheitsentwickelung eine Strömung, welche vorzugsweise eine plastische, den bildenden Künsten zugeneigte war. Wir müssen heute wiederum neues Leben in den bildenden Künsten finden; aber der unmittelbare elementarische Impuls in der bildenden Kunst ist erflossen in vergangenen Zeiten. Seit längerer Zeit, seit Jahrhunderten, bildet sich der andere Impuls aus, der Impuls nach dem Musikalischen hin. Daher nehmen auch die bildenden Künste mehr oder weniger eine musikalische Form an. Das Musikalische ist in künstlerischer Beziehung die Zukunft der Menschheit, und alles Musikalische, das auch sonst in den redenden Künsten zutage treten kann. Der Dornacher Goetheanumbau war im Musikalischen gehalten. Daher ist er als Architektur und Plastik und Malerei vorläufig so wenig verstanden worden. Auch derjenige, der erstehen soll, wird eben aus diesem Grunde schwer verstanden, weil das Musikalische ganz im Sinne der Menschheitsentwickelung in das Plastisch-Malerische, Bildhauerische hineingeführt werden muß.

Aber gerade das, was ich angedeutet habe, was für die Menschheitsentwickelung ein Höchstes ist, das Herankommen der Gestalt des Christus, ja, der lebensvollen, geist-lebensvollen Gestalt des Christus, das ist etwas, was in gewissem Sinne ja wunderbar der Malerei durch die Renaissancemalerei und das, was ihr vorangegangen ist, gelungen ist, was aber künftig durch das Musikalische wird gefunden werden müssen. Sehen Sie, der Drang war da. Es war der Drang da in *Richard Wagner.* Und dieser Drang hat Richard Wagner zuletzt zu seinem «Parsifal» gebracht. Aber der «Parsifal» ist in bezug auf das Hereinzaubern des Christus-Impulses in die physisch-sinnliche Welt, wo er am christlichsten sein will, doch sozusagen nur in eine symbolistische Andeutung verschwebt: die Taube erscheint und dergleichen. Die Kommunion ist symbolisch da. Es ist nicht im Elemente des Musikalischen dasjenige erreicht, was im Kosmos und im Irdischen den Christus-Impuls eigentlich ausmacht. Das Musikalische ist aber befähigt, diesen Christus-Impuls in Tönen, in gestalteten Tönen, in durchseelten, in durchgeistigten Tönen einmal vor die Welt hinzustellen. Läßt sich die Musik inspirieren von anthroposophischer Geisteswissenschaft, wird sie die Wege dazu finden, denn sie wird rein künstlerisch, artistisch, gefühlsmäßig enträtseln, wie in Tönen symphonisch belebt werden kann dasjenige, was im Kosmisch-Tellurischen als der Christus-Impuls lebt.

Man braucht dazu nur in einer innerlich bis ins Mystische in der Empfindung gehenden Vertiefung des musikalischen Erlebens das Terzengebiet in Dur vertiefen zu können. Erlebt man dies als etwas, was musikalisch ganz im Inneren des Menschen beschlossen ist, und empfindet man dann das Quintengebiet in Dur, empfindet man das Quintengebiet als dasjenige, was etwas Umhüllendes hat, was etwas davon hat, daß, wenn der Mensch in die Quintengestaltung hineinwächst, er bis an die Grenze des Menschlichen und Kosmischen gelangt, wo das Kosmische in das Menschliche hereintönt, das Menschliche in das Kosmische hinaus sich sehnt, ja hinaussehnend stürmt, dann kann man gerade im Musikalischen durch das Mysterium, das zwischen dem Terzen- und Quintengebiete in Dur sich abspielt etwas erleben von dem, was als Innermenschliches in das Kosmische hinaus will. Und gelangt man dann dazu, zuerst auftönen zu lassen in den Septimendissonanzen das Leben im Kosmos, wo die Septimendissonanzen sprechen als dasjenige, was der Mensch im Kosmos empfindend erleben kann, wenn er sich auf dem Wege befindet in die verschiedenen Geistesregionen hinaus, und gelangt man dazu, die Septimendissonanzen verschweben zu lassen so, daß sie gerade durch ihr Verschweben etwas Bestimmtes annehmen, dann bekommen die Septimendissonanzen zuletzt im Verschweben etwas, was sich wie ein musikalisches Firmament dem musikalischen Erleben darstellt.

Und findet man dann, indem man vorher schon angedeutet hat in intimen Zügen ein Moll-Erleben in dem Dur-Erleben, findet man dann in diesem Verschweben der Septimendissonanzen, in diesem Sich-Gestalten der Septimendissonanzen zu einer Totalität, die in ihrer Totalität fast harmonisch wird, fast konsonierend wird, weil sie verschwebt, findet man darinnen die Möglichkeit, in intensivem Moll herauszubekommen aus der Septimendissonanz, aus dem fast Harmonischen des Verschwebens der Septimendissonanzen, findet man zurück den Weg ins Quintengebiet in Moll und von da das Durchsetzen des Quintengebietes mit dem Moll-Terzengebiet, dann hat man auf diesem Wege erzeugt das Erleben, das musikalische Erleben der Inkarnation, und zwar gerade der Inkarnation Christi.

Denn man wird finden können in diesem Sich-hinaus-Fühlen in das dem kosmischen Empfinden gegenüber nur scheinbar dissonierende Septimengebiet, das man zu einem Firmament gestaltet, indem man die Oktave wie dahinterstehend, aber nur annähernd dahinterstehend hat, hat man dieses im Erfühlen ergriffen, kehrt man dann in der angedeuteten Weise zurück und findet, wie in der Keimgestalt der Terzenkonsonanzen in Moll die Möglichkeit liegt, wie etwas Musikalisches die Inkarnation darzustellen, dann darf, wenn wiederum zurückgegangen wird zum Dur auf diesem Gebiete, da das «Halleluja» des Christus aus dieser musikalischen Gestaltung herausklingen, rein musikalisch, rein aus der Gestaltung der Töne heraus. Dann wird der Mensch innerhalb der Gestaltung der Töne herauszaubern in dieser Formung der Töne ein unmittelbar Übersinnliches, es für das musikalische Empfinden hinstellen.

Der Christus-Impuls kann im Musikalischen gefunden werden. Und jene Auflösung des Symphonischen in das nicht ganz mehr Musikalische, das bei *Beethoven* vorhanden war, kann wiederum zurückgeführt werden in das wirklich kosmische Walten im musikalischen Elemente. Aus einer gewissen Engigkeit und, ich möchte sagen, aus einer gewissen traditionellen Beschränktheit heraus hat *Bruckner* das versucht. Aber wie er drinnen stecken blieb, zeigt gerade die nachgelassene Symphonie, wenn man sie auf der einen Seite in ihrer Wunderbarkeit hat, auf der anderen Seite in einem Sich-Vortasten durch die eigentlich musikalischen Elemente und Nichtkommen zu einem vollen Erleben dieser musikalischen Elemente, die man nur erleben kann in der Weise, wie ich es jetzt angedeutet habe, wenn man im rein Musikalischen vorschreitet und im Musikalischen drinnen das Essentielle, das Wesenhafte findet, das eine Welt in Tönen hineinzaubern kann.

Es wird einmal ganz gewiß, wenn die Menschheit nicht in die Dekadenz kommt, durch anthroposophische Inspiration dasjenige entstehen können, was ich angedeutet habe. Und so kann es einmal dazu kommen – es hängt ja nur von den Menschen ab –, daß gerade im Musikalischen der Christus-Impuls in wahrer Gestalt auch vor die äußere Offenbarung hintritt.

Ich wollte dieses aus dem Grunde vor Ihre Seele hinstellen, weil Sie daraus sehen können, daß Anthroposophie auf allen Gebieten hineinfließen will in das Leben, und es kann das geschehen, wenn das Leben auch wirklich auf der anderen Seite den Weg, den rechten Weg findet hin zu dem anthroposophischen Erfahren, zu dem anthroposophischen Erforschen. Und es wird sogar das sein können, daß dasjenige, was auf anthroposophischem Gebiet da ist, einmal wie in einem Echo aus dem Musikalischen heraustönt, wie wenn das Echo eine Lösung wäre des christologischen Rätsels.

Mit diesen Worten möchte ich abgerundet haben dasjenige, was ich durch diese Vorträge ja nur andeuten konnte, andeuten, welche Absichten damit verbunden waren. Ich möchte nur noch das Wort anfügen, daß es mir gelungen sein möge, in den Seelen ein wenig anzuregen, was ich bemerklich zu machen versuchte durch diese Darstellungen anthroposophischer Wahrheiten, daß tatsächlich diese anthroposophischen Wahrheiten Keime sein können in jeder Seele, die zu Leben erstehen können, die zu immer weiterem und weiterem Leben in der Zivilisation führen können.

Möge auch dieser Vortragszyklus ein kleiner Beitrag zu diesen weitgehenden Absichten anthroposophischen Wollens sein.

Aufzeichnung Rudolf Steiners zum vierten Vortrag vom 14. August 1924

Eine düster wirkende Landschaft – eckig wirkende Gebäudeformen ragen da und dort im Umkreise empor – es ist der letzte Strahl der Sonne im Entschwinden –
Ankommen an einem Walde – Eingang in schmalen Gang – es wird immer dunkler –
Ganz finster –
Tempelpforte =
Anschlagen = −..−..−..
Öffnen =
Ein Geistwesen: Wer seid ihr?
(nur durch sich leuchtend)
Wir sind alt verwandt Bekannte –
Ihr seid ungetreue Erdenmenschen; ihr habt eure Hüter vergessen –
Wir haben Früchte gesammelt im Erdensein für die Ewigkeit –
Vor euren Früchten vergeht mein Licht
Ich halte dein Licht, so lange wir es brauchen.

Das Licht trägt weiter
Ergreife, was vor dir steht = Eph[esus] G[eheimnis] =
Erlöschen des Lichtes.
Von oben Mond –

HINWEISE

Die Vorträge wurden im Rahmen einer von der Anthroposophischen Gesellschaft in England veranstalteten «International Summer School» unter dem Titel «Die wahren und die falschen Wege der geistigen Forschung» gehalten.

Der Titel «Das Initiaten-Bewußtsein» wurde von Marie Steiner für die Buchausgabe 1927 gewählt; von ihr stammen auch die Titel der einzelnen Vorträge sowie die Überschriften der Unterabschnitte.

Die Dreiteilung der Vorträge erklärt sich daraus, daß der Redner jeden Vortrag zweimal unterbrach, um den Übersetzer George Adams-Kaufmann zu Worte kommen zu lassen.

Die Begrüßungs- und Abschiedsworte für die Tagung wie auch Rudolf Steiners hier nur auszugsweise wiedergegebener Artikel im Nachrichtenblatt vom 24. August 1924 «Unsere Sommerkurse in Torquay» sind abgedruckt im Band «Die Konstitution der Allgemeinen Anthroposophischen Gesellschaft und der Freien Hochschule für Geisteswissenschaft. Der Wiederaufbau des Goetheanum 1924/25», GA Bibl.-Nr. 37/260a. Marie Steiners Vorwort zur ersten Auflage 1927 befindet sich nunmehr in: Marie Steiner-von Sivers «Gesammelte Schriften I: Die Anthroposophie Rudolf Steiners», Dornach 1967.

Textunterlagen: Die Vorträge wurden von der Berufsstenographin Helene Finckh mitgeschrieben, die Rudolf Steiner auf der Vortragsreise in England begleitete. Dem vorliegenden Druck liegt ihre Übertragung in Klartext zugrunde. Er wurde für die Auflage 1983 durch U. Trapp mit dem ursprünglichen Stenogramm verglichen. Einige auf Übertragungsschwierigkeiten beruhende Fehler im Text der vorangehenden Auflagen konnten dadurch berichtigt werden. Diese Berichtigungen und auch unklar gebliebene Stelle sind am Schluß der Hinweise separat vermerkt. Das in eckige Klammern [ ] Gesetzte kennzeichnet Ergänzungen des Textes, die größtenteils bereits in den Vorauflagen (seit 1927) enthalten waren.

Zeichnungen: Es ist zu beachten, daß diese oft im Laufe der Vorträge in Etappen entstanden sind. Die Entwicklung ist nicht immer nachvollziehbar. Für die vorliegende Ausgabe wurde versucht, auf die Phasen der Entstehung der Zeichnungen hinzuweisen, soweit sich im Originalstenogramm diesbezügliche Angaben befinden.

Werke Rudolf Steiners innerhalb der Gesamtausgabe (GA) werden in den Hinweisen mit der Bibliographie-Nummer angegeben. Siehe auch die Übersicht am Schluß des Bandes.

Zu Seite

13 *«Erkenne dich selbst»:* Inschrift an dem Apollon-Tempel zu Delphi, zugeschrieben einem der «sieben griechischen Weisen».

16 *Charles Darwin*, 1809–1882, englischer Naturforscher.

Thomas Huxley, 1825–1895, englischer Naturforscher.

Herbert Spencer, 1820–1903, englischer Philosoph.

Giordano Bruno, 1548–1600, Philosoph.

Nikolaus Kopernikus, 1473–1543, Astronom.

Galileo Galilei, 1564–1642, Astronom und Naturforscher.

19 *Raffael* (Raffaello Santi), 1483–1520, italienischer Maler.

Michelangelo Buonarroti, 1475–1565, italienischer Bildhauer, Architekt.

32 *einen dreizehnten Monat:* Die alten Chaldäer hatten ein Sonnenjahr von 360 Tagen und nahmen nach sechs Sonnenjahren einen Schaltmonat hinzu.

39 *«Wie erlangt man Erkenntnisse der höheren Welten?»* (1904/05), GA Bibl.-Nr. 10; *«Die Geheimwissenschaft im Umriß»* (1910), GA Bibl.-Nr. 13.

66 *Mysteriendramen* («Vier Mysteriendramen», 1910–13, GA Bibl.-Nr. 14.) *ins Englische übersetzt:* «Four Mystery Plays», übersetzt durch H. Collison, London 1920; Neuauflagen (andere Übersetzer).

72 *Es werden da Übungen gegeben:* Außer dem erwähnten Werk sei verwiesen auf «Praktische Ausbildung des Denkens» (aus GA Bibl.-Nr. 108), sowie auf «Anweisungen für eine esoterische Schulung», GA Bibl.-Nr. 42/245.

79 *Schule von Chartres:* Vergleiche hierzu die Vorträge: «Esoterische Betrachtungen karmischer Zusammenhänge», Band III: «Die karmischen Zusammenhänge der anthroposophischen Bewegung», GA Bibl.-Nr. 237.

Bernardus Silvestris (Bernhard von Tours), gestorben um 1150.

Bernardus von Chartres, gestorben zwischen 1124 und 1130.

Alanus ab Insulis, um 1114–1203, genannt: Doctor universalis.

Joachim de Fiore, gestorben 1202, Zisterzienserabt zu Floris in Kalabrien.

Johannes von Auville. In einem Notizbuch notiert Rudolf Steiner das Werk «Architrenius» (1184) von Johannes von Auville.

81 *Dante Alighieri*, 1265–1321.

Brunetto Latini, geboren zwischen 1210–1230, gestorben 1294; italienischer Staatsmann, Gelehrter und Dichter. Schrieb in französischer Sprache «Li livres don Trésor», eine Enzyklopädie, die einen Überblick über das Gesamtwissen seiner Zeit gibt. Ein Auszug aus der großen Enzyklopädie in allegorischer Einkleidung ist der «Tesoretto» in italienischen Versen. Vergleiche auch Vortrag vom 29. Dezember 1918 in «Wie kann die Menschheit den Christus wiederfinden? Das dreifache Schattendasein unserer Zeit und das neue Christus-Licht», GA Bibl.-Nr. 187.

85 *Plato*, 427–347 v. Chr.

Sokrates, ca. 496–399 v. Chr.

Heraklit, um 500 v. Chr., aus Ephesus, sog. Vorsokratiker.

86 *Mysterien von Ephesus:* Vergleiche hierzu die auf Seite 237 wiedergegebenen handschriftlichen Aufzeichnungen Rudolf Steiners aus dem Archiv der Rudolf-Steiner-Nachlaßverwaltung.

95 *Asa foetida:* Erhärteter Milchsaft der Wurzel einer orientalischen Steppenpflanze; wird als Heilmittel verwendet.

110 *Klinisch-Therapeutisches Institut, Dr. Wegman:* Dr. Ita Wegman, holländische Ärztin (1876–1943). Gründete 1921 das Klinisch-Therapeutische Institut in Arlesheim/Schweiz.

111 *«marschieren»* gemäß Stenogramm (statt «schreiten» in Vorauflagen).

113 *wachen Tageslebens:* Kursiv Gesetztes, auch auf den folgenden Seiten, wurde an die Tafel geschrieben.

122 *Brunetto Latini:* Siehe Hinweis zu S. 81.

135 *haben wir mit solchen Persönlichkeiten ein ganz bestimmtes Zeitalter bezeichnet:* Hierzu eine Notizbucheintragung Rudolf Steiners für diesen Vortrag: «Vormittags 18. August 1924, Torquay: 1879–1510 Gabriel/1510–1190 Samael/1190–850 Raphael/850–500 Zachariel/500–150 Anael/150 v. Chr.–200 n. Chr. Oriphiel.»

Vergleiche auch «Esoterische Betrachtungen karmischer Zusammenhänge», Band III, GA Bibl.-Nr. 237, Vortrag vom 8. August 1924. Die Lehre von den Planeten-Intelligenzen geht auf Johannes Trithemius von Sponheim (1462–1516) zurück: «De septem intelligentiis libellus».

142 *Paracelsus*, 1493–1541.

Jakob Böhme, 1575–1624.

Johannes Scotus Erigena, um 810 bis um 877; Übersetzer der Schriften des Dionysius Areopagita; Verfasser von «De divina praedestinatione», «De divisione naturae». 1225 wurde vom Vatikan das Verbrennen aller seiner Schriften angeordnet.

147 *vom Menschen ausgestrahlte Bewegungen:* Diese Worte und die folgenden *kursiv* gesetzten wurden an die Tafel geschrieben.

148 *Moriz Benedikt*, 1835–1920, Kriminalanthropologe. Vergleiche «Ruten- und Pendellehre», Wien und Leipzig 1917.

152 *Albert Freiherr von Schrenck-Notzing*, 1862–1929, Mediziner und Psychologe. «Materialisationsphänomene zur mediumistischen Teleplastie», 1914; «Physikalische Phänomene des Mediumismus», 1920.

154 *Eliphas Levi* (Abbé Alphonse Louis Constant), 1810–1875, Theologisch-okkulter Schriftsteller. «Dogme et Rituel de la Haute Magie» 1854–56; «La clef des Grands Mystères», 1861.

Dr. Encausse: Schrieb unter dem Pseudonym «Papus». «Traité méthodique de Science occulte», 1891; «Traité élémentaire de Magie pratique», 1893.

183/216 *Helena Petrowna Blavatsky*, 1831–1891, «Isis unveiled» (Die entschleierte Isis), 1877, deutsch 1909; «The secret doctrine» (Die Geheimlehre), 1887–97, deutsch 1899.

190 *die geistige Gestalt des Christus in einer physischen Persönlichkeit:* Unter dem Namen Alcyone wurde J. Krishnamurti von Anni Besant und ihrem Anhang mit Hilfe des zu diesem Zweck gegründeten Orden vom «Stern des Ostens» als der wiedergeborene Christus propagiert.

196 *dem ersten Bande des Buches:* Dr. R. Steiner und Dr. I. Wegman, «Grundlegendes für eine Erweiterung der Heilkunst nach geisteswissenschaftlichen Erkenntnissen» (1925), GA Bibl.-Nr. 27.

198 *Matthias Jakob Schleiden*, 1804–1881, Professor der Botanik und Anthropologie.

Gustav Theodor Fechner, 1801–1887, Physiker und Philosoph. Über den Streit beider vergleiche das Kapitel «Einfluß des Mondes auf die Witterung» in Fechners Schrift «Professor Schleiden und der Mond», Leipzig 1856.

224 *Isaak Newton*, 1642–1727, englischer Naturforscher. Vergleiche seine Schrift «Philosophiae naturalis principia mathematica», London 1687.

235 *Anton Bruckner*, 1824–1896. Die letzte hinterlassene Symphonie Nr. IX in d-Moll blieb unvollendet.

Veränderungen gegenüber Vorauflagen auf Grund des Stenogramms

97 *Aus unseren Nerven:* Gegenüber den Vorauflagen auf Grund des Stenogramms abgeändert.

116 *6.–9. Z.v.O.:* Einige Korrekturen gegenüber dem früher gedruckten Text gemäß Stenogramm.

124 4. Z.v.O.: *[«heutige»]* gemäß Stenogramm (statt «neuere»).

126 12. Z.v.O.: Das Wort *[«bildhafte»]* ist von den Herausgebern zur Verdeutlichung eingefügt.

127 *wie wenn wir da im Saale reden würden:* Stenogramm hier unleserlich; der Text ist ein Interpretationsversuch.

128 *Initiaten:* Abgeänderte Stelle. Das Stenogramm kann sowohl «Initiaten» wie auch «Initiation» gelesen werden.

141 *1.–5. Z.v.U.:* Stenogramm nicht klar entzifferbar. Der Text ist eine möglichst sinngemäße Interpretation.

148/149 Veränderungen gegenüber Vorauflagen auf Grund von Stenogrammvergleichen.

185 *1. Absatz:* Wegen Unklarheit der Nachschrift von den früheren Herausgebern redigierter Text.

214 16. Z.v.U.: *aber indem er als die Summe:* Stenogramm teilweise unleserlich, Text so gut wie möglich redigiert.

ÜBER DIE VORTRAGSNACHSCHRIFTEN

Aus Rudolf Steiners Autobiographie
«Mein Lebensgang» (35. Kap., 1925)

Es liegen nun aus meinem anthroposophischen Wirken zwei Ergebnisse vor; erstens meine vor aller Welt veröffentlichten Bücher, zweitens eine große Reihe von Kursen, die zunächst als Privatdruck gedacht und verkäuflich nur an Mitglieder der Theosophischen (später Anthroposophischen) Gesellschaft sein sollten. Es waren dies Nachschriften, die bei den Vorträgen mehr oder weniger gut gemacht worden sind und die – wegen mangelnder Zeit – nicht von mir korrigiert werden konnten. Mir wäre es am liebsten gewesen, wenn mündlich gesprochenes Wort mündlich gesprochenes Wort geblieben wäre. Aber die Mitglieder wollten den Privatdruck der Kurse. Und so kam er zustande. Hätte ich Zeit gehabt, die Dinge zu korrigieren, so hätte vom Anfange an die Einschränkung «Nur für Mitglieder» nicht zu bestehen gebraucht. Jetzt ist sie seit mehr als einem Jahre ja fallen gelassen.

Hier in meinem «Lebensgang» ist notwendig, vor allem zu sagen, wie sich die beiden: meine veröffentlichten Bücher und diese Privatdrucke in das einfügen, was ich als Anthroposophie ausarbeitete.

Wer mein eigenes inneres Ringen und Arbeiten für das Hinstellen der Anthroposophie vor das Bewußtsein der gegenwärtigen Zeit verfolgen will, der muß das an Hand der allgemein veröffentlichten Schriften tun. In ihnen setzte ich mich auch mit alle dem auseinander, was an Erkenntnisstreben in der Zeit vorhanden ist. Da ist gegeben, was sich mir in «geistigem Schauen» immer mehr gestaltete, was zum Gebäude der Anthroposophie – allerdings in vieler Hinsicht in unvollkommener Art – wurde.

Neben dieser Forderung, die «Anthroposophie» aufzubauen und dabei nur dem zu dienen, was sich ergab, wenn man Mitteilungen aus der Geist-Welt der allgemeinen Bildungswelt von heute zu übergeben hat, trat nun aber die andere, auch dem voll entgegenzukommen, was aus der Mitgliedschaft heraus als Seelenbedürfnis, als Geistessehnsucht sich offenbarte.

Da war vor allem eine starke Neigung vorhanden, die Evangelien und den Schrift-Inhalt der Bibel überhaupt in dem Lichte dargestellt zu hören, das sich als das anthroposophische ergeben hatte. Man wollte in Kursen über diese der Menschheit gegebenen Offenbarungen hören.

Indem interne Vortragskurse im Sinne dieser Forderung gehalten wurden, kam dazu noch ein anderes. Bei diesen Vorträgen waren nur Mitglieder. Sie waren mit den Anfangs-Mitteilungen aus Anthroposophie bekannt. Man konnte zu ihnen eben so sprechen, wie zu Vorgeschrittenen auf dem Gebiete der Anthroposophie. Die Haltung dieser internen Vorträge war eine solche, wie sie eben in Schriften nicht sein konnte, die ganz für die Öffentlichkeit bestimmt waren.

Ich durfte in internen Kreisen in einer Art über Dinge sprechen, die ich für die öffentliche Darstellung, wenn sie für sie von Anfang an bestimmt gewesen wären, hätte anders gestalten *müssen*.

So liegt in der Zweiheit, den öffentlichen und den privaten Schriften, in der Tat etwas vor, das aus zwei verschiedenen Untergründen stammt. Die ganz öffentlichen Schriften sind das Ergebnis dessen, was in mir rang und arbeitete; in den Privatdrucken ringt und arbeitet die Gesellschaft mit. Ich höre auf die Schwingungen im Seelenleben der Mitgliedschaft, und in meinem lebendigen Drinnenleben in dem, was ich da höre, entsteht die Haltung der Vorträge.

Es ist nirgends auch nur in geringstem Maße etwas gesagt, was nicht reinstes Ergebnis der sich aufbauenden Anthroposophie wäre. Von irgend einer Konzession an Vorurteile oder Vorempfindungen der Mitgliedschaft kann nicht die Rede sein. Wer diese Privatdrucke liest, kann sie im vollsten Sinne eben als das nehmen, was Anthroposophie zu sagen hat. Deshalb konnte ja auch ohne Bedenken, als die Anklagen nach dieser Richtung zu drängend wurden, von der Einrichtung abgegangen werden, diese Drucke nur im Kreise der Mitgliedschaft zu verbreiten. Es wird eben nur hingenommen werden müssen, daß in den von mir nicht nachgesehenen Vorlagen sich Fehlerhaftes findet.

Ein Urteil über den Inhalt eines solchen Privatdruckes wird ja allerdings nur demjenigen zugestanden werden können, der kennt, was als Urteils-Voraussetzung angenommen wird. Und das ist für die allermeisten dieser Drucke *mindestens* die anthroposophische Erkenntnis des Menschen, des Kosmos, insofern sein Wesen in der Anthroposophie dargestellt wird, und dessen, was als «anthroposophische Geschichte» in den Mitteilungen aus der Geist-Welt sich findet.

RUDOLF STEINER GESAMTAUSGABE

Gliederung nach: Rudolf Steiner – Das literarische
und künstlerische Werk. Eine bibliographische Übersicht
(Bibliographie-Nrn. *kursiv* in Klammern)

A. SCHRIFTEN

I. Werke

Goethes Naturwissenschaftliche Schriften, eingeleitet und kommentiert von R. Steiner, 5 Bände, 1883–97, Neuausgabe 1975 *(1a–e)*; separate Ausgabe der Einleitungen, 1925 *(1)*
Grundlinien einer Erkenntnistheorie der Goetheschen Weltanschauung, 1886 *(2)*
Wahrheit und Wissenschaft. Vorspiel einer «Philosophie der Freiheit», 1892 *(3)*
Die Philosophie der Freiheit. Grundzüge einer modernen Weltanschauung, 1894 *(4)*
Friedrich Nietzsche, ein Kämpfer gegen seine Zeit, 1895 *(5)*
Goethes Weltanschauung, 1897 *(6)*
Die Mystik im Aufgange des neuzeitlichen Geisteslebens und ihr Verhältnis zur modernen Weltanschauung, 1901 *(7)*
Das Christentum als mystische Tatsache und die Mysterien des Altertums, 1902 *(8)*
Theosophie. Einführung in übersinnliche Welterkenntnis und Menschenbestimmung, 1904 *(9)*
Wie erlangt man Erkenntnisse der höheren Welten? 1904/05 *(10)*
Aus der Akasha-Chronik, 1904–08 *(11)*
Die Stufen der höheren Erkenntnis, 1905–08 *(12)*
Die Geheimwissenschaft im Umriß, 1910 *(13)*
Vier Mysteriendramen: Die Pforte der Einweihung – Die Prüfung der Seele – Der Hüter der Schwelle – Der Seelen Erwachen, 1910–13 *(14)*
Die geistige Führung des Menschen und der Menschheit, 1911 *(15)*
Anthroposophischer Seelenkalender, 1912 *(in 40)*
Ein Weg zur Selbsterkenntnis des Menschen, 1912 *(16)*
Die Schwelle der geistigen Welt, 1913 *(17)*
Die Rätsel der Philosophie in ihrer Geschichte als Umriß dargestellt, 1914 *(18)*
Vom Menschenrätsel, 1916 *(20)*
Von Seelenrätseln, 1917 *(21)*
Goethes Geistesart in ihrer Offenbarung durch seinen Faust und durch das Märchen von der Schlange und der Lilie, 1918 *(22)*
Die Kernpunkte der sozialen Frage in den Lebensnotwendigkeiten der Gegenwart und Zukunft, 1919 *(23)*
Aufsätze über die Dreigliederung des sozialen Organismus und zur Zeitlage 1915–1921 *(24)*
Kosmologie, Religion und Philosophie, 1922 *(25)*
Anthroposophische Leitsätze, 1924/25 *(26)*
Grundlegendes für eine Erweiterung der Heilkunst nach geisteswissenschaftlichen Erkenntnissen, 1925. Von Dr. R. Steiner und Dr. I. Wegman *(27)*
Mein Lebensgang, 1923–25 *(28)*

II. Gesammelte Aufsätze

Aufsätze zur Dramaturgie 1889–1901 *(29)* – Methodische Grundlagen der Anthroposophie 1884–1901 *(30)* – Aufsätze zur Kultur- und Zeitgeschichte 1887–1901 *(31)* – Aufsätze zur Literatur 1886–1902 *(32)* – Biographien und biographischen Skizzen 1894–1905 *(33)* – Aufsätze aus «Lucifer-Gnosis» 1903–1908 *(34)* – Philosophie und Anthroposophie 1904 bis 1918 *(35)* – Aufsätze aus «Das Goetheanum» 1921–1925 *(36)*

III. Veröffentlichungen aus dem Nachlaß

Briefe – Wahrspruchworte – Bühnenbearbeitungen – Entwürfe zu den Vier Mysteriendramen 1910–1913 – Anthroposophie. Ein Fragment aus dem Jahre 1910 – Gesammelte Skizzen und Fragmente – Aus Notizbüchern und -blättern – *(38–47)*

B. DAS VORTRAGSWERK

I. Öffentliche Vorträge

Die Berliner öffentlichen Vortragsreihen, 1903/04 bis 1917/18 *(51–67)* – Öffentliche Vorträge, Vortragsreihen und Hochschulkurse an anderen Orten Europas 1906–1924 *(68–84)*

II. Vorträge vor Mitgliedern der Anthroposophischen Gesellschaft

Vorträge und Vortragszyklen allgemein-anthroposophischen Inhalts – Christologie und Evangelien-Betrachtungen – Geisteswissenschaftliche Menschenkunde – Kosmische und menschliche Geschichte – Die geistigen Hintergründe der sozialen Frage – Der Mensch in seinem Zusammenhang mit dem Kosmos – Karma-Betrachtungen – *(91–244)*
Vorträge und Schriften zur Geschichte der anthroposophischen Bewegung und der Anthroposophischen Gesellschaft *(251–263)*

III. Vorträge und Kurse zu einzelnen Lebensgebieten

Vorträge über Kunst: Allgemein Künstlerisches – Eurythmie – Sprachgestaltung und Dramatische Kunst – Musik – Bildende Künste – Kunstgeschichte *(271–292)* – Vorträge über Erziehung *(293–311)* – Vorträge über Medizin *(312–319)* – Vorträge über Naturwissenschaft *(320–327)* – Vorträge über das soziale Leben und die Dreigliederung des sozialen Organismus *(328–341)* – Vorträge für die Arbeiter am Goetheanumbau *(347–354)*

C. DAS KÜNSTLERISCHE WERK

Originalgetreue Wiedergaben von malerischen und graphischen Entwürfen und Skizzen Rudolf Steiners in Kunstmappen oder als Einzelblätter: Entwürfe für die Malerei des Ersten Goetheanum – Schulungsskizzen für Maler – Programmbilder für Eurythmie-Aufführungen – Eurythmieformen – Skizzen zu den Eurythmiefiguren, u.a.

Die Bände der Rudolf Steiner Gesamtausgabe
sind innerhalb einzelner Gruppen einheitlich ausgestattet
Jeder Band ist einzeln erhältlich